CONTEMPORARY

RUSSIAN

LEGAL

SYSTEM

周 珩 龙长海/著

# 当代俄罗斯法律制度概述

当代世界出版社
THE CONTEMPORARY WORLD PRESS

# 目录

# 第一编　俄罗斯宪法

宪法是一个国家的根本大法，规定的是国家最为根本的问题。了解当代俄罗斯法律制度，需要先从俄罗斯的现行宪法入手。

## 第一章　现行俄罗斯宪法的制定过程

1991年12月21日，《阿拉木图宣言》宣布苏联不复存在。1991年12月25日晚，戈尔巴乔夫宣布辞去苏联总统职务，1991年12月26日，苏联最高权力机构召开会议，履行了解体手续。苏联解体后，俄罗斯内部各派政治势力经过长时间的博弈，最终于1993年通过了俄罗斯宪法，这是今天俄罗斯仍然适用的一部宪法，该宪法由总统叶利钦领导制定。

现行俄罗斯宪法的起草过程，并不是一帆风顺的。宪法规定的是一国最为根本的政治制度，这些制度的确立，伴随着各种政治势力的角力，甚至伴随着流血事件，俄罗斯1993年宪法的颁布过程，就是个很好的例证。

苏联解体、叶利钦当上俄罗斯总统之后，俄罗斯内部曾经就国家宪法体制问题产生过巨大争议。当时，苏联刚刚解体，俄罗斯社会还没有完全转型为西方议会民主国家，而是沿用苏维埃制度。在这种情况下，就出现了以叶利钦为首的总统派，以副总统鲁茨科伊和议长哈斯布拉托夫为首的反对派，两派政治势力围绕国家应该采用总统共和制还是议会共和制展开论战。[1] 当然，大家可能会产生这样的疑问，两种体制之间的区别在哪里？区别在于：如果采用总

〔1〕 参见刘向文、宋雅芳：《俄罗斯联邦宪政制度》，法律出版社1999年版，第23页。

统制，则总统权力大，而如果采用议会制，则议会占主导地位。不同的制度将直接决定公职人员获得权力的方案和拥有权力的份额。这样的情况在 20 世纪初的中国也曾发生过，中华民国刚刚成立时，孙中山任临时大总统，但是孙中山先生面对复杂的形势，选择了妥协，将总统的职权交给了袁世凯。袁世凯担任总统后，也围绕政权展开过斗争，袁世凯采用的是总统制，也就是总统掌握实权；而民主派的人士想采用的是议会制，以议会来制衡总统的权力。

俄罗斯在新宪法出台之前也经历过这样的斗争阶段。叶利钦主张建立总统制国家，而议会方面则主张建立高效率的议会和高效率的总统体制。在这种议会制中，总统和议会平权，总统无权解散议会，议会也无权罢免总统。但是议会的这种主张没有成为现实，最后俄罗斯制定的宪法，我们称之为超强权总统制的宪法。它的特点如下：

第一，总统由俄罗斯公民直接选举产生，这是总统产生的方式；

第二，总统可以解散议会；

第三，总统提名政府总理的人选；

第四，总统可以提名宪法法院的法官和最高法院法官的人选；

第五，在极其严格的情况下，议会还有可能罢免总统。

在俄罗斯，总统掌握着俄罗斯整个社会的权力和资源，议会方面对总统的制约很小。这一点和美国不一样，美国立法权在议会的手里，司法权在法院手里，行政权在总统手里。美国的总统实际上是美国的最高行政长官，同时又是部队的武装统帅。而俄罗斯不同，俄罗斯总统下面有政府，政府还会产生政府总理，政府的总理要向总统负责，总统可以任免总理，只不过总统提名的总理人选需要议会的批准，议会可以不批准。第一次总理提名的人选议会不批准，总统可以再次向议会提名，若仍然不能通过，总统可以第三次向议会提名，如果议会仍然不同意总统提名的人选，总统有权解散议会或者解散政府。一般而言，总统都会直接解散议会，而这样的事情在俄罗斯的历史上曾经上演过。1998 年叶利钦曾经推选基里延科任俄罗斯政府总理的人选，三次提交同一人选给议会，直到第三次时议会批准了叶利钦提名的人选。[1]

---

〔1〕 参见江智武:《试析当前俄罗斯政局》，载《今日东欧中亚》1998 年第 3 期。

议会和总统的斗争曾经引发过一次“十月流血”事件（也称“炮打白宫”事件），即以叶利钦为首的一派派军队围攻俄罗斯议会，并且发生了枪战，伤亡惨重，最后议会一派被叶利钦控制。1993 年 3 月，叶利钦提出了总统议案。1993 年 7 月 12 日，其在议长哈斯布拉托夫缺席的情况下通过了这一草案，进而导致了 1993 年的“十月流血”事件，叶利钦武力镇压了该事件，也就是上文提到的“炮打白宫”。这个过程不仅有政治斗争，还升级为流血事件。[1]

议长哈斯布拉托夫被捕入狱，叶利钦趁此机会于 1993 年 10 月公布了确认法国式总统制的第四部俄罗斯联邦宪法。1993 年 12 月 12 日，俄罗斯宪法正式通过。这部宪法之所以能够出现，是和戈尔巴乔夫在 20 世纪 80 年代的改革紧密相联的。

1993 年俄罗斯宪法具有以下特点：

第一，确认了俄罗斯联邦的国家制度和社会制度。任何一部宪法都要将其社会发生的变化以法律形式固定下来，这一点在任何一个国家都是如此，而这也是成文法本身固有的一个特点。成文法制定的依据是已经形成的社会生活，所以立法一通过，其立即落后于社会实践。俄罗斯国家制度采用的是联邦制，是一种共和民主国家制度。共和制意味着不是一个人说了算，和君主制是相对的。民主制的特点，也是主权在民。俄罗斯宪法对这样的制度有明确规定，同时它又规定这是一个法治社会国家。法治国家强调的重点在于领导，或者说国家的政策不因领导人的改变而改变，任何人都要处于法律之下。法治国家又是法律的统治。社会国家是指，俄罗斯最终的根本目的，是要保障俄罗斯人的权利和自由。1993 年的俄罗斯宪法明确规定了意识形态多元化，允许国家中存在不同的意识形态。除此之外，所有制形式从公有制转变为多种所有制形式并存。

第二，确立了三权分立的原则。俄罗斯宪法明确规定，俄罗斯国家的权力要根据立法权、执行权和司法权进行划分。这里我们要注意的是，俄罗斯的权力分化没有采用美国的体制，而是采用了法国总统制的一些要素。

第三，建立了超强权总统制。俄罗斯的总统制要远远超出法国的总统制，

---

〔1〕 参见刘向文、宋雅芳：《俄罗斯联邦宪政制度》，法律出版社 1999 年版，第 23—24 页。

或者说，俄罗斯总统的权力要比法国总统的权力大。[1] 有人对此反思，为什么俄罗斯的总统制虽然对俄罗斯进行了民主改造，但最终衍生出来的却是这样一种民主制度？人们发现，一个国家若真要想改革，并不是一下就能改过来的，很多方面与这个国家的人们所经历的思想上已经形成的认识存在直接的联系，这一点俄罗斯就表现得非常明显。俄罗斯作为一个欧亚国家，从面积上来看，一小半在欧洲，一大半在亚洲，他们说自己是一个欧洲国家，但是同时又受到亚洲国家的强烈影响。俄罗斯总统的权力要超过议会，超过社会，超过司法，没有一个真正能和总统抗衡的权力，于是它形成了超强权总统制。[2] 俄罗斯移植了西方的人权理论，这种人权理论最重要的体现是其宪法的第 2 条：人的权利是最高价值，承认、尊重和捍卫人与公民的权利和自由是国家的义务。俄罗斯宪法规定得很好，但是实践可能是另外一回事。宪法规定得再完美，但当这个国家的社会层面、经济层面没有达到一定高度的时候，其很难一下子实现国家转型，这是非常现实的问题。

第四，俄罗斯联邦的主权享有者和权力的唯一来源是组成它的人民，这是任何一个现代民主国家都有的特点。主权在民——俄罗斯宪法的第 2 条规定，人与公民的权利和自由是最高价值。这在部门法上也是有体现的，最典型的是俄罗斯联邦的刑法典。俄罗斯联邦刑法典将侵害人身权利和自由放在了刑法典分则的第一章，该章规定侵害人权最严重的犯罪是故意杀人罪，所以该分则当中第一个罪名就是故意杀人罪。俄罗斯其他的部门法中对此也有直接反映。

## 第二章　俄罗斯宪法的基本原则

俄罗斯是主权国家。俄罗斯宪法第 4 条规定，俄罗斯联邦主权及于其全部的领土，俄罗斯联邦宪法和俄罗斯法律在俄罗斯全境享有至高无上的地位。另

---

〔1〕 参见张树华：《过渡时期的俄罗斯社会》，新华出版社 2001 年版，第 49 页。

〔2〕 参见杨昌宇：《由俄罗斯总统选举透视其宪法实施》，载《俄罗斯中亚东欧研究》2008 年第 6 期。

外，俄罗斯保证自己的领土完整不可侵犯。这实际上说明了俄罗斯联邦的主权问题。目前，俄罗斯对双重主权论持反对立场。因为，俄罗斯联邦下面又有22个共和国，例如布里亚特共和国、车臣共和国等，这些共和国也曾经主张过自己拥有主权，为此，车臣共和国曾经和俄罗斯爆发了两次战争。

俄罗斯是民主法治国家。这在俄罗斯宪法中有明确的规定。俄罗斯是共和政体的、民主的、联邦制的法治国家。俄罗斯宪法第15条第1款规定，俄罗斯宪法在俄罗斯全境具有最高的法律效力，俄罗斯所有联邦主体所通过的法律文件不得与俄罗斯宪法相抵触。需要注意的是，俄罗斯是民主的法治国家，这种民主制和君主制是对立的，民主制强调的是主权在谁的问题，法治国家强调法大还是权大的问题。一旦立法通过，便要求宪法在全境内拥有至高无上的地位，任何一个人出任这个国家的领导人都要服从宪法和法律的规定，这是法治国家的特点。

俄罗斯是联邦制国家。联邦制和单一制是对应的。我们的国家是单一制国家，只不过我们的单一制国家制度的内部又有一些独特之处，比如国家的内部实行民族区域自治。俄罗斯联邦由共和国、边疆区、州、联邦直辖市、自治区、自治州和民族专区等主体组成，这种联邦制也有一些自己的特点。美国是一个联邦制国家，由若干个州组成，印度也是联邦制国家，而俄罗斯的联邦制特点是联邦主体司法机关不具有独立性，也不具有独立的法律体系。在联邦内部，组成联邦的各个主体的地位不一样。如果是以共和国的形式出现，则说明这个地方权力相对而言拥有得多，这22个冠以联邦共和国的主体，他们有自己的宪法，有自己的总统，有自己的总理。但是像边疆区域、州、自治州等主体，相对而言它的法律地位要低一些。法律地位低是指主体与主体之间享有的权力不一样。作为俄罗斯主体的共和国，在叶利钦执政时期，曾经一度出现离心的趋势，很多地方闹独立，比如车臣与俄罗斯直接发生武装冲突。到普京上台以后，其采取铁血手段进行镇压，然后在政治体制上又进行了一定的改革，才使得俄罗斯这种分离主义的趋势得到了遏制。[1]

俄罗斯采取共和制管理体制，共和制在俄罗斯的含义为：

---

〔1〕 参见刘向文、宋雅芳：《俄罗斯联邦宪政制度》，法律出版社1999年版，第85—97页。

第一，对国家的管理是集体管理，而非个人管理；

第二，国家公职人员和立法机关由人民选举产生；

第三，对公职人员和立法人员实行的是任期制而非终身制，国家权力的行使以权力的分类为基础，国家公职人员在国家活动过程中滥用权力要被追究责任，这也是俄罗斯宪法直接规定的。[1]

俄罗斯是社会国家。社会国家的政治目的在于保证人的体面生活和自由发展的条件。

在这里我们给出了社会国家的概念，这一概念在我们国家的宪法上没有明确的规定。但是我们知道，国家存在的根本目的在于保障组成这个国家的人的发展。尽管我们在宪法上没有明确的规定，但是可以理解。例如，现在有人衡量政府工作的好坏，指标是老百姓的就业问题，有工作干，才会有收入，有收入了才会保障一个人实现自己的目标，如果没有物质基础，一切都是空谈。俄罗斯宪法规定的社会国家的原则，即国家存在的目的是保障人的社会生活和自由的发展。

俄罗斯是非宗教国家。俄罗斯宪法规定，国家不得被宗教控制。宗教团体与国家分离，并在法律面前一律平等，这也是现代国家的一个重要的原则，即政教分离原则。现在绝大多数国家是政教分离的，只有个别的国家没有分离。

在俄罗斯，虽然宪法规定政教分离，但是从其实践状况来看，俄罗斯政府还是推行了它的共同的意识形态。[2] 实际上我们看到，俄罗斯政府在苏联解体后用宗教来维护社会理想信念的价值标准，也就是维护人的思想。所以尽管俄罗斯宪法明确规定，俄罗斯是一个世俗国家，要做到政教分离，支持信仰自由，但实际上并非如此。[3]

经济基础是多种所有制形式并存。这一点在俄罗斯体现得非常明显，经济可以是私有的，且私有是主流和主导。因为资本主义要求产权明晰，但是除了

---

〔1〕 参见刘向文、宋雅芳：《俄罗斯联邦宪政制度》，法律出版社 1999 年版，第 51 页。

〔2〕 参见卢绍君：《民族心理、社会现代化与俄罗斯的政治转型——兼论俄罗斯政治发展的未来方向》，载《俄罗斯中亚东欧研究》2012 年第 3 期。

〔3〕 参见刘旭光、蒋莉：《苏联解体以来俄罗斯东正教信仰的复兴》，载《国际研究参考》2019 年第 8 期。

私有，还有国家所有。国家所有的典型是它的自然资源，如石油、天然气收归国有。此外，还有地方所有和其他的混合所有制形式并存。俄罗斯经过私有化改革之后，已经是一个资本主义国家。俄罗斯学者将在俄罗斯发生的这一幕称作资本主义的“复辟”。[1] 俄罗斯土地可以归个人，个人拥有所有权。我们国家仅仅规定个人只享有土地的使用权，土地所有权在宪法上有明确的规定，要么是国家的，要么是集体的，但绝对不能是个人的。

人和人的权利与自由是最高价值。俄罗斯宪法第 2 条明确规定：“人、人的权利与自由是最高价值。承认、遵循和捍卫人与公民的权利和自由是国家的义务”。俄罗斯申请加入了欧洲理事会，承诺就人权保护问题，俄罗斯公民可以向欧洲人权法院起诉。并且，欧洲人权法院的判决将在俄罗斯得到执行。为了彰显人权保护优先的立场，俄罗斯规定国际法优先于国内法。直到近期俄罗斯和欧洲关系恶化，它才改变了过去的立场，提出了主权高于人权的主张。[2] 欧洲人权法院的判决要得到执行，必须不能与俄罗斯的宪法相违背。这种变化也是值得我们关注的，因为一项制度、一种规定的制定和执行，离不开其赖以存在的历史环境。

## 第三章　俄罗斯的联邦制

俄罗斯是联邦制国家，俄罗斯联邦制的发展历史经历了三个阶段。它有其独特的特点和内容，但也存在着矛盾和冲突。

### 一、俄罗斯联邦制经历的历史阶段

第一阶段是从 1917 年到 1922 年。1917 年之前我们称之为沙俄时期。在沙皇统治时期，俄罗斯国家是一个中央集权的单一制国家。沙皇通过武力征服获

---

[1] 参见［俄］库兹涅佐娃、佳日科娃主编：《俄罗斯刑法教程》（上卷·犯罪论），黄道秀译，中国法制出版社 2002 年版，第 57 页。

[2] 参见王志华：《俄罗斯与欧洲人权法院二十年：主权与人权的博弈》，载《中外法学》2016 年第 6 期，第 1554—1579 页。

得了大片领土，在短短几百年时间内，从弹丸之地扩张为欧亚大国。武力征服是获得领土的主要方式，沙皇的单一制统治也就是必然。但是到了 20 世纪初期，沙俄领域内各种思潮抬头，典型的有列宁领导的布尔什维克革命，其最终推翻了沙皇政府。之后，有一个非常现实的问题，即如何管理曾经由沙皇统治的广大区域？最早列宁提出建立拥有民族独立权力的国家。1917 年革命之后，随着沙皇俄国的倒台，1917 年 12 月 6 日，芬兰宣布脱离沙俄统治独立。芬兰曾经是瑞典的一部分，1809 年被沙俄从瑞典手中吞并。芬兰的独立给布尔什维克出了一道难题，即如何解决领土问题。最早列宁提倡的是单一制建国，认为单一制国家是最好的形式。但是在后来的实践中其发现，单一制并不可行。原因是沙俄统治这么长时间，特别是到了沙俄末期，对一些少数民族聚居的地区没有实现有效的控制，民族之间的隔阂比较深。

后来列宁接受了联邦制建国的思想，开始筹建大的联邦制的国家。其在沙俄的领域上成立了若干个共和国，最典型的是俄罗斯联邦苏维埃社会主义共和国，外高加索联邦、乌克兰等其他的共和国也纷纷成立。在这种情况下，到 1922 年的时候，苏联的联邦条约签署，苏联正式成立。[1]

联邦制发展的第二个阶段是从 1922 年 12 月 30 日到 1991 年 12 月 25 日，苏联国旗在克里姆林宫落下，标志着苏联的解体。在这个阶段，虽然国家的名称是苏联，但是苏联所做的是一种是由多联邦向中央集权过渡的努力，苏联的中央拥有强大的权力。

第三阶段是从 1991 年 12 月 26 日到现在。苏联解体之后，俄罗斯面临着同样的形势，即如何在原有的俄罗斯领域上进行有效的管理。最后俄罗斯也采用了联邦制建国。不过，其不再是由联邦共和国组成，而是由联邦主体组成。联邦主体具有多样性，有边疆区域、州、自治州、共和国，等等。

## 二、俄罗斯联邦制的主要内容

在俄罗斯联邦制的主要内容中，首先涉及俄罗斯联邦的组成问题。

俄罗斯宪法第 5 条规定：“俄罗斯联邦由共和国、边疆区、州、联邦直辖

---

〔1〕 参见刘向文、宋雅芳：《俄罗斯联邦宪政制度》，法律出版社 1999 年版，第 57—59 页。

市、自治州、自治区——俄罗斯联邦的平等主体组成。”这条其实明确规定了俄罗斯联邦主体的构成问题。俄罗斯联邦中离我们比较近的是布里亚特共和国，后贝加尔边疆区、哈巴罗夫斯克边疆区、滨海边疆区、阿穆尔州与中国毗邻。联邦直辖市现在有 3 个，原来是 2 个——莫斯科和圣彼得堡，2014 年克里米亚和塞瓦斯托波尔通过公投，加入俄罗斯，[1] 塞瓦斯托波尔成了俄罗斯第三个联邦直辖市。自治州、自治区也是俄罗斯的组成部分。自治州中最典型的是犹太自治州，也是在远东地区。自治区是没有上升为共和国的主体，同时又有少数民族聚居。到目前为止，俄罗斯联邦主体中，共和国有 22 个，边疆区有 9 个，州有 46 个，联邦直辖市有 3 个，自治州有 1 个，自治区有 4 个，共计 85 个联邦主体。

俄罗斯宪法规定，各联邦主体的地位平等。当然，这种平等是从联邦主体和联邦中央的关系方面而言的，并不是说各个主体都在立法权限上平等。

而俄罗斯联邦各主体间的权限是如何划分的呢？这在俄罗斯联邦宪法上有明确规定，具体有三个方面。

第一，是俄罗斯联邦的专有权限。哪些归联邦中央，哪些归各联邦主体，哪些是联邦中央和联邦主体所共有的权限，这些是联邦制要从法律上解决的主要问题。实际上我们的国家也有这样的问题，哪些权力归中央，哪些权力归地方，哪些是中央和地方共有的，也需要明确的划分。俄罗斯联邦中央的权限包括：处理跨联邦主体的事务和国家对外活动的相关事务，进行国家的法律建设、经济社会文化发展方面的建设。这些职权关系整个联邦国家前途和命运，被收归中央统一行使，而这有利于整个俄罗斯国家职能的顺利开展。

第二，是联邦和联邦主体共有的职权。具体包括：经济、社会文化建设方面的共有职权，国家建设方面的职权和其他职权。共有职权的存在要求联邦中央与地方主体共同努力，共同促进俄罗斯社会的繁荣发展。

第三，是联邦中央和联邦主体都被禁止行使的职权。具体有如下四个：其一，在俄罗斯联邦内不得颁布取消和限制公民权利和自由的法律。无论是联邦

---

〔1〕 杨勉：《克里米亚和塞瓦斯托波尔脱乌入俄的历史背景和现实动因》，载《西伯利亚研究》2014 年第 3 期。

层面还是地方层面，都不得通过限制和取消公民权利和自由方面的法律。这是从人权保护的视角，对中央和地方主体权力的明确限制。如果出现类似的法律，则公民可以向俄罗斯宪法法院提起诉讼，从而被宪法法院认定为违宪。其二，俄罗斯公民不得被驱逐出境或者交给其他国家。[1] 这里的问题是，某一国家的公民会不会被驱逐出境呢？通常而言，驱逐出境是针对外国人才适用的行政或刑事制裁措施。俄罗斯的宪法直接规定俄罗斯联邦的公民不得被驱逐出境，是有前车之鉴的。其三，在俄罗斯境内，禁止为阻挠商品、劳动、资金的自由流动而设立海关区界、关税、收费或者其他任何障碍。这一点在我们国家也是如此，不能在境内人为地设立任何关税壁垒等。这主要是考虑到，在一国内部不同地区之间存在着利益冲突，必须从国家层面对这种国家内部的贸易壁垒进行限制，以便促进商品的自由流动，促进国家经济的发展。其四，俄罗斯联邦的货币单位是卢布。在俄罗斯主要适用卢布，这也是一国国家独立权力的表现之一。

## 三、俄罗斯联邦制的基本特征

那么，俄罗斯联邦制有哪些基本特征呢？首先，联邦主体呈现多样化特征。俄罗斯联邦主体非常多，在苏联解体后俄罗斯独立之初，俄罗斯境内的联邦主体曾经一度出现过分裂主义的倾向，严重危害了其国家的统一与领土完整，为此甚至爆发了车臣战争。普京上台之后，对此进行了整合。俄罗斯一度盛行直接选举制，总统由全民投票选举产生，各联邦主体的行政长官，也由当地拥有选举权的居民直接选举产生。这是一种非常好的民主形式，但在地方行政长官由选民直选的情况下，总统很难制衡联邦主体的行政长官。一旦某一个人被直接选为共和国的总统，他想让自己的国家拥有不断增长的强权，但最后导致的是中央和地方之间的权力冲突。权力冲突最直接的表现便是武装战争，车臣战争实际上是这种状况的恶果。

普京对这种体制进行了改革，联邦主体的行政长官由总统任命，这曾经实行了一段时间，后又将直选改成了议会推荐人选，由总统确定谁是行政长官，

[1] 参见韩亚光：《俄罗斯宪法研究》，知识产权出版社 2012 年版，第 197 页。

然后又在各主体之间设立了 8 个联邦大区，每个联邦区派驻总统全权代表。设立联邦区总统全权代表的目的是要严格地执行总统的命令，防止地方行政主体行政长官脱离中央。

比较典型的是卢日科夫和梅德韦杰夫的冲突事件。卢日科夫是莫斯科市的市长，任职近 20 年。卢日科夫在梅德韦杰夫当上总统之后，与他不和。因为梅德韦杰夫非常年轻，当时只有 40 多岁。但卢日科夫已经 70 多岁，属于俄罗斯的元老级人物。他不听从梅德韦杰夫的领导，后来梅德韦杰夫发布了一道总统令，以卢日科夫已经丧失了总统对他的信任为由，解除了卢日科夫的莫斯科市长职务。[1] 我们可以看到，在俄罗斯联邦制中总统的权力之大。这实际上是最高权力机关的领导人对联邦各个主体领导人的控制，一旦这种控制消失，其将无法掌控某一联邦主体的事务。

因此，在这种联邦制当中体现出的是高度的中央集权，任何一个联邦主体的行政长官，都首先要获得总统的认可。

## 第四章　俄罗斯检察机关

国家机构是指为实现国家职能而建立起来的国家机关的总称。国家要想运行，其权力必须由相应的机关来履行，否则国家将无法存在。其由于国家之间对国家机构权力划分的原则不同进而表现出差异。苏联时期实行的是议行合一的制度。我国实行的是人民代表大会制度，国家的最高权力机关是全国人民代表大会，由全国人大派生出一府两院一委。一府两院要向最高权力机关负责，定期要向全国人大汇报工作。国家主席代表国家，被称作国家的元首，对外代表中华人民共和国。苏联解体后，俄罗斯政治体制发生了根本变化，从议行合一改成了三权分立。这种议行合一的体制，最早是马克思提出的。马克思在关于巴黎公社的论述中，便指出无产阶级要实行议行合一的制度。因此，我们的政治设计和马克思主义理论存在密切联系，比如我们的民主集中制就是如此，

---

〔1〕 参见刘岩:《莫斯科市长的 18 年》，载《世界知识》2010 年第 21 期。

我们强调的是集体，而非个人。

戈尔巴乔夫执政时，大力推行西化。[1] 现行俄罗斯宪法第10条规定，俄罗斯联邦的国家权力根据立法权、执行权和司法权分立的原则来实现。立法权、执行权和司法权的执行机构是独立的。这里执行权指的就是行政权。因此，俄罗斯宪法明确规定了权力分立和制约。我们国家通常将检察院和法院称作司法机关，公安机关是典型的行政机关。但是，检察院是否属于典型的司法机关，实际上是存在争议的。在检察机关行使的职权中，只有侦监部门的审查批捕权具有中立、事后、消极的司法权属性，其他权力与行政权更为相似。在很多国家，包括当今的俄罗斯，批捕权被归入法院，批捕权是典型的司法权。在俄罗斯联邦，法院系统具有典型的司法权，包括宪法法院、仲裁院和最高法院，当然，现在俄罗斯最高法院和仲裁院进行了合并。而俄罗斯将审查批捕权从检察院中剥离出来后，检察院主要担负着法律监督职能，当然还包括起诉职能。在这种情况下，俄罗斯将检察院称为护法机关，保护着法律的执行。[2] 这种对检察院的定位还是有道理的。

俄罗斯立法机关包括上下两院。上院叫联邦委员会，下院叫国家杜马。这种上下两院的设计参考了美国的制度，美国议会分成上下两院，即参议院和众议院。在众议院中，议员由选民选举产生，遵循的是人口比例原则，至少每州要保证一人。但这会导致，若某一州人口多，产生的议员数就多。这样在议会中可能会通过对议员人数多的州有利的法律，进而损害议员人数少的州的利益。在这种情况下，又建立了议会上院，即参议院。参议院实行各州平等原则，每个州有两名议员。俄罗斯联邦议会下院议员由选举产生，选举分为独立选区选举和党派提名选举，也就是混合选举制。现在俄罗斯联邦主体有85个，上院议员也是每个联邦主体各出两人。最早叶利钦成立联邦委员会时，要求一个联邦主体选两个人，但选谁他不管。在这种情况下，出现了大多数联邦主体推选出了各主体行政长官和立法委员会主席作为俄罗斯联邦委员会的组成人员的情况。因此，对联邦委员会成员不做限制不行。后来，对俄罗斯联邦委员会

---

[1] 参见［俄］马尔琴科：《国家与法的理论》，许晓晴译，中国政法大学出版社2010年版，第279-281页。

[2] 参见刘向文、宋雅芳：《俄罗斯联邦宪政制度》，法律出版社1999年版，第269页。

成员规定为，各联邦主体行政长官委派一个人，再由各联邦主体立法委员会选一人，由这两人作为联邦委员会的组成人员。但是，如果俄罗斯联邦主体是共和国呢？因为作为俄罗斯联邦主体的共和国，其议会也是由上下两院组成的。在这种情况下，由议会选出的联邦委员会代表实行轮流制，两院各选一人，每人各担任一半的联邦委员会任期。

俄罗斯联邦政府是执行机关，我们通常将执行权称作行政权，此外，还包括各联邦主体的政府。

俄罗斯的司法机关主要由俄罗斯宪法法院、最高法院和俄罗斯各联邦主体的法院组成。俄罗斯宪法规定，审判权只能由法院行使。这与我国的规定相同。审判权是最典型的司法权，法院遵循不告不理原则，遵循中立原则，法院和法官都要保持中立。司法权是通过宪法、民事、刑事、行政审判来实现的。

检察院不是司法机关，也不是立法机关，而是护法机关。俄罗斯检察院的设置，尤其是苏联时期检察院的设置对我国的影响较大。当时列宁主张建立法律监督机关，以维护苏联法制的统一。最初这个机关的领导体制是存在争议的，这一点在我们国家也一样。检察院实行的是双重领导，既受上级检察院的领导，同时也得对同级人民代表大会负责。因此，检察长通常是由上级检察院检察长提出人选，然后由下级人大任命。我国目前的体制，对检察院而言，叫作双重领导。问题是，本级检察院受本级人大的制约，存在着能否独立履行检察监督职能问题。因为，检察院是法律监督机关，但当检察院一旦受地方制约，可能会影响检察机关按照法律来公正执法。

苏联在要建立检察机关时，最早要采用双重领导体制，列宁还写了一封信，论证了检察院应该是垂直领导的问题。检察机关的目的是维护法制统一，[1] 而一旦实行双重领导，则可能会受到地方利益的干扰，进而对法制的统一造成影响。在俄罗斯，检察机关不属于上述任何一种国家机关，运行一种独特的体制。俄罗斯联邦检察机关是统一的、下级检察长服从上级检察长和俄罗斯联邦总检察长的集中体系。领导体制采用的是下级服从上级，采用的是命令关系。而上下级法院呢？上下级法院之间是独立的关系。上级干上级的，下

---

〔1〕 参见王海军:《苏维埃政权下的俄罗斯司法》，法律出版社 2016 年版，第 97 页。

级干下级的，绝对不能是领导关系。这是因为，上下级法院行使的都是审判权，审判权的特点是被动和中立。而对同一个案件、同一个法律问题，上下级法院之间完全可能存在不同的观点，而且，根据人类的认识水平，并不是所有案子都能查清楚，这在民事诉讼中是最典型的。在证据上，民事诉讼采用的是谁主张谁举证原则，采用优势证据原则，而不论真实情况到底是什么，这与人的认识能力存在局限性有关。如果采用下级法院服从上级法院的模式，则会打破这一规律。我们说，如果下级法院法官审理案件时出现问题，则可以通过二审进行纠正。这样区别一二审就会有意义。反之，如果采用下级服从上级的方式，再次进行二审已经失去意义，也就与两审制的设计初衷相悖离了。因此，法院与检察院的区别还是非常明显的。

俄罗斯联邦总检察长由联邦委员会根据俄罗斯联邦总统的提名任命和解除职务。总检察长是由总统任命，要听命于总统，联邦委员会只是走任命程序。当总检察长与总统发生冲突时，后果就是被解职。因此，俄罗斯总统拥有绝对的权力。

俄罗斯联邦各主体的检察长由俄罗斯联邦检察长与其主体协商任命。当然，最终能否被任命为各主体的检察长，其决定权还是在总检察长。其他检察长由俄罗斯联邦总检察长任命，这是一种领导关系。

俄罗斯联邦检察机关具有法律监督职能，即对特定机关部门与人员对现行法律执行状况，特定机关与个人对人与公民的权利与自由恪守状况，从事侦讯活动、预侦（初步调查）与预审机关的法律执行状况、司法警察的法律执行状况，刑罚执行与法院裁定强制性处罚措施执行行政机关与机构、关押逮捕与拘禁人员场所的行政管理机关法律执行状况进行法律监督；任何破坏俄罗斯联邦检察机关履行法律监督职能的人，都必须承担过错责任，并要受到刑事追究。除此之外，法律监督职权的效力及于俄罗斯联邦总统下达的指令与命令。但是，依据俄罗斯联邦法律规定，法律监督职权的效力范围不能及于高级立法机关与执行权力机关，其中包括国家高级公职人员。同时，俄罗斯联邦法院不受检察机关法律监督权力的约束，其中包括俄罗斯联邦宪法法院、普通管辖法院与仲裁法院。

# 第五章　俄罗斯联邦政府

俄罗斯联邦政府是行政权的代表。政府在任何一个国家的社会生活中都扮演着极为重要的角色。但在人类历史上的不同阶段，我们对政府有不同的认识。

在资本主义时代之前，政府管理一切，达到了控制社会生活的地步。到了资本主义时期，资本主义国家有一句名言“政府乃社会守夜人”，即政府权力不能太大，一旦政府权力过大，就会威胁权利和自由。要把政府的权力限定在最小的范围，让从事经济等的权力回归给个人。基于这样一种理念，在政治制度的设计上，我们规定政府仅仅是一个执行机关，没有立法权，立法权要归议会行使。如果政府在执行权力过程中偏离了法律的要求，法院要对政府进行制约。

## 一、俄罗斯政府在国家机构中的地位

俄罗斯实行分权制后，想要实现权力的制衡。俄罗斯联邦的执行权是由俄罗斯政府来行使的，这里的政府包括联邦政府和各个联邦主体的政府，这是一套垂直的体系。俄罗斯宪法规定了俄罗斯政府在其国家机构中的地位。

政府要对总统负责。在典型的三权分立制国家中，如美国，美国的总统实际上是美国的最高行政长官，既是总统又是最高行政长官，实际上是合二为一的。俄罗斯没有采用这样的体制，而是赋予了总统更高的权力，凌驾于议会和司法机关之上。比较美国总统和俄罗斯总统，俄罗斯总统的权力更大。美国总统纯粹是三权中的一权，与议会的立法权和司法权是相互制约的关系，这是美国政治权力的特点。俄罗斯政府是向俄罗斯总统负责的，这种负责表现在，政府的总理由总统任命。总统任命总理后，还可以免除总理的职务。总理一旦被解职的话，整个政府就要重新组阁，总理换了，其他各个部的人选也要发生变化。

俄罗斯宪法第 110 条规定：“俄罗斯总理由俄罗斯总统提名经国家杜马同

意任命”。也就是说，在俄罗斯总理任命的人选上，国家杜马仅仅有同意权，当然也可以行使否决权，但是否决的后果非常严重，杜马可能会被总统解散。俄罗斯国家杜马三次否决总统提名的俄罗斯总理候选人资格后，俄罗斯总统将有权重新任命政府总理或选择解散国家杜马，并进行新的杜马选举。这就是总统的权力，是宪法明确规定的。[1] 接受俄罗斯联邦总理及其他人员的辞呈也是总统的一项权力。俄罗斯联邦总统任免其他政府人员，无须征求国家杜马的意见。俄罗斯宪法第 83 条第 5 款规定，俄罗斯联邦总统可以提名政府总理的人选，解除副总理及各部部长。

当然，具体到一些部委中，俄罗斯政府总理也有一些权力，如提名一些联邦部的部长人选。但是，一旦总理辞职，被总理提名的部长也会出现更替。

俄罗斯政府执行总统确定的内政外交方针。总统主持联邦总统的会议。一般而言，政府会议由总理主持，但在一些情况下，总统也有权力主持政府的会议。需要指出的是，总统直接领导俄罗斯一些重要的部门，如外交部、国防部、内务部这些权力机关，以保证总统的权力。在俄罗斯政府的决议或决定违背俄罗斯联邦宪法和法律以及总统令的情况下，俄罗斯总统有权废除。

除了政府对总统负责之外，政府还要对俄罗斯议会负责。从俄罗斯政府双重负责方面来看，政府更主要地是向总统负责。政府的组成、总理人选的确定都是总统决定的，而不是议会。但是反过来，议会作为一个国家的议事机构，是有权力对政府进行制约的。具体而言，表现在以下七个方面。

第一，对总统提名的总理进行同意权，这是国家杜马的职权，当然还有一个职权是反对，只不过反对之后，总统仍然可以任命同一个人。

第二，俄罗斯国家杜马可以对俄罗斯联邦政府表示不信任，这也是国家杜马的一项权力。关于对俄罗斯联邦政府的不信任，需要俄罗斯国家杜马议员的多数票通过才行。当国家杜马对俄罗斯联邦政府的不信任通过后，俄罗斯总统有权免去俄罗斯总理及各部部长的职务或不同意国家杜马的决议，总统仍然在制约着议会。在俄罗斯国家杜马 3 个月内再次对政府表示不信任的情况下，俄

---

〔1〕 参见［俄］马尔琴科：《国家与法的理论》，许晓晴译，中国政法大学出版社 2010 年版，第 285—286 页。

罗斯总统宣布俄罗斯政府辞职或者解散国家杜马，这又是总统的权力。解散政府的权力依然是由总统决定而不是议会决定，这是总统对议会的控制。

第三，俄罗斯联邦总统可以对国家杜马提出对俄罗斯政府的信任问题，如果国家杜马拒绝表示信任，俄罗斯联邦总统则在 7 天内作出解除政府或解散杜马的决定，重新选举。

第四，提交联邦预算并保证其执行，向国家杜马提交执行情况的报告。向杜马提交预算和执行情况实际上表明了议会对政府的监督，这是政府的一项职责。俄罗斯联邦政府其他机构也存在制约与监督关系。

第五，俄罗斯宪法第 113 条规定，俄罗斯联邦总统根据联邦宪法、联邦法律、俄罗斯联邦总统命令规定俄罗斯联邦总统的基本方针和组织政府工作。政府的运行是在法律的运行框架之内进行的，不能违背法律的规定。在确保法制、公民权利与自由、生命财产、社会秩序、同犯罪作斗争等方面采取措施，这也是政府最最基本的职能。

第六，政府保障国家公民个人的财产，保障人和公民的权利与自由。政府有一项基本职能，即保障公民的就业。在一个国家失业率达到一定程度的情况下，这个政府是不稳定的。所以在各个国家的政府工作中，提高就业率都是它的首要职责。

第七，联邦政府有权以联邦法律及各个国家机关的条约是否符合宪法向联邦宪法法院提出询问案。对一项法律是否符合宪法的裁决由俄罗斯联邦宪法法院决定。一旦联邦法律之间产生冲突，执行起来将会非常困难，在这种情况下，俄罗斯宪法法院将起到很大的作用。

## 二、俄罗斯联邦政府的组成、任免

俄罗斯宪法第 110 条规定，俄罗斯联邦政府由政府总理、副总理以及各部部长组成。我们国家的国务院由总理、副总理、各部部长以及委员组成。俄罗斯政府的组成办法如下。首先，提出关于俄罗斯联邦政府总理候选人的建议应不迟于新当选的俄罗斯联邦总统就职后或俄罗斯联邦政府辞职后两周，或在国家杜马否决候选人后的一周内。俄罗斯各届政府的组成不太一样，会进行适当的改变，这与一届政府在其任期内存在的任务有直接联系。每届政府上台后要制定施政方案，在政府任期内，实现哪些目标，这些目标设定之后，实现目标是需要人的，不同的人会被安排到合适的职位上去。俄罗斯联邦总理向俄罗斯总统提出副总理和各部部长的候选人。

在下列情况下，可以免除总理的职务。其一，俄罗斯联邦总统根据政府总理的辞职声明，解除其职务。其二，俄罗斯联邦总统在政府总理难以履行其权限的情况下，解除其职务。在这里用的词都非常模糊，什么叫作政府总理难以履行其权限的情况？这种情况需要有一个裁判的标准。但这个裁判的标准是由总统个人来决定的。实际上，总理下台可能有两种途径：一是向总统辞职，递交辞呈；二是总理还想继续任职，但总统不想让总理继续履行职责。这需要一个理由，这个理由就是难以履行其权限。至于哪些情况是难以履行权限，实际上是模糊的，由总统根据社会实际发展状况确定。

总理辞职或被中止职权时，俄罗斯联邦政府受俄罗斯联邦总统委托继续工作，直到俄罗斯联邦新政府组成为止。总理辞职了没关系，政府要继续工作。政府不运转，则会导致整个国家权力执行机构的瘫痪。毕竟国家需要一个行政机关来维持社会的正常运转。所以这里规定得很明确，即使总理辞职，原来的政府也应该继续履行它的职责，直到新政府产生为止。

### 三、俄罗斯政府的职权范围

俄罗斯政府的职权范围有如下七个：一是制定并向国家杜马提出联邦预算，保证其执行；向国家杜马提供关于联邦预算执行情况的报告。这一点和我们国家的政府没有太大区别。二是保证在俄罗斯联邦实行统一的财政、信贷和货币政策。三是保证在俄罗斯联邦的文化、科学、教育、卫生、社会保障和生态领域实行统一的国家政策。四是对联邦财产实行管理。俄罗斯财产是有分类的，有的财产归俄罗斯联邦主体所有，有的归地方政府所有，有的归公民个人所有、公司所有，财产所有制形式是多样的。五是在保证国防、国家安全、实现俄罗斯联邦对外政策方面采取措施。六是在确保法制、公民权利和自由、维护财产和社会秩序、同犯罪作斗争等方面采取措施。七是行使俄罗斯联邦宪法、联邦法律和俄罗斯联邦总统命令所赋予的其他职权。

俄罗斯政府领导、监督联邦部委。领导除总统直接领导的部委以外的其他各部委，俄罗斯也有很多的部门，除此之外，还有一些委员会，有一些临时性的，也有一些常设性的。

参与联邦立法权。这是每一个政府都有的一项权力。俄罗斯政府拥有法律草案的提案权。对部分法律草案提供结论意见权：关于实行和取消税收、免除纳税、发行国债、改变国家财政义务的法律草案、审议联邦预算外开支的其他法律草案，等等，这些也是政府的职权范围。以及对联邦法律和联邦法律草案提出正式意见，任命联邦政府驻两院代表。这一点是我们要注意的，政府有权力向议会任命自己的常驻代表。颁布决议和命令，政府的决议和命令是不能和联邦的宪法和法律相抵触的。[1]

# 第六章　俄罗斯议会

## 一、俄罗斯联邦会议概述

### （一）俄罗斯联邦会议的法律地位

俄罗斯宪法第 94 条规定，俄罗斯联邦会议——俄罗斯联邦议会是俄罗斯联邦立法机关。这一点俄罗斯宪法明确进行了规定。俄罗斯联邦议会是立法机关，拥有立法权。在同总统的关系方面，总统可以参与立法，签署公布法律，并有权否决联邦法律。在一定情况下，总统可以解散国家杜马，并确定新的选举。俄罗斯是超强权总统制，总统的权力往往超过了议会的权力，议会制定的法律最后要由总统签署，同时总统有否决议会法律的权力。[2]

### （二）联邦议会对总统也有制约关系

俄罗斯议会有权对总统提出弹劾议案，尽管弹劾总统的可能性非常之低。联邦议会和总统是相互制约与合作的关系。

联邦议会与总统在很多方面相互制约。总统的提议要得到联邦议会的同意

---

〔1〕 参见刘向文、宋雅芳：《俄罗斯联邦宪政制度》，法律出版社 1999 年版，第 211—217 页。

〔2〕 参见王志华：《论俄罗斯国家杜马的权力制衡功能》，载《上海政法学院学报》2019 年第 3 期。

或批准。议会参与任命俄罗斯政府总理，但这里仅仅是一种参与权。国家杜马所拥有的仅仅是同意权。一旦国家杜马否决总统对总理人选的提名，则面临着被解散的风险。俄政府向议会汇报工作，同时，俄罗斯国家杜马就某些问题可以对政府提出质询案。相应地，政府要向杜马做解释。如果政府工作不能使杜马满意，则最终可能会通过一个对联邦政府的不信任案。不信任案的后果是，俄罗斯总统来决定，是解散政府，还是解散国家杜马。因此，俄罗斯议会对政府有一定的制约关系。此外，俄罗斯政府还要向议会汇报联邦预算的执行情况等。

（三）议会与司法机关的关系

俄罗斯联邦宪法法院、俄罗斯联邦最高法院、俄罗斯联邦高等仲裁法院的法官由联邦委员会根据俄罗斯联邦总统的提议任命。任命权归俄罗斯联邦议会上院，上院被称为联邦委员会；反过来，俄罗斯宪法法院又对联邦议会通过的法律进行合宪性审查。同时，在保证这种制约关系方面，俄罗斯建立了行政诉讼制度，对于政府发布的规范性文件，公民可以向法院起诉。因此，俄罗斯司法机关对政府有制约关系。此外，联邦法院的财政是由政府提供保障的，政府实际上对法院在财政上也有一定的制约。

## 二、联邦会议的组成

联邦会议由两院构成，即联邦委员会和国家杜马。联邦委员会被称为上院，国家杜马被称为下院。

（一）俄罗斯两院制的组成程序

俄罗斯上下两院的组成程序不一样。联邦委员会和国家杜马议员的选举程序是由联邦法律直接规定的。国家杜马议员的450名代表是由公民选举产生，按照票数决的方式产生的，这种选举方式符合民主的原则。但如果单纯采用多数决的原则，会出现“多数人暴政”的情形。人多的一方，作出的决议可能会不利于人少的一方的利益。因此，民主制既要保证多数人说了算，又要保障少数人的利益。

俄罗斯最初只组建了国家杜马，后来又组建了联邦委员会，联邦委员会和各地方的利益有关。国家杜马是按照人数来选，但是联邦委员会是按照联邦主体的数量决定的。每个联邦主体都有 2 名代表，不管这个联邦主体人多还是人少，土地面积大还是小。这体现出各联邦主体平等的原则。否则就会出现，某一个主体人数特别多，选出来的代表人数就会多，就很可能制定出一个对自己主体有利的法律。为防止这一情况的出现，俄罗斯设立了联邦委员会。联邦委员会中，不管联邦主体是大是小，还是人多人少，各联邦主体的代表人数都是相同的。联邦委员会由每个俄罗斯联邦主体各派 2 名代表组成，即国家权力代表机关和国家权力执行机关各委派 1 人。

（二）两院代表的利益不同

国家杜马 450 名代表是选举产生，因此其被认为代表俄罗斯全体公民的利益，由普选制产生。而联邦委员会由于各联邦主体各派 2 人组成，因此被认为代表联邦主体的利益。

（三）两院的职权范围不一样

联邦委员会和国家杜马议员的区别之处在于，国家杜马的议员是专职的。一个人一旦参选并当选为国家杜马，就全职从事议员的工作，国家给议员提供相应的保障。但联邦委员会委员是各州委派的代表，往往是兼职的。联邦委员会成员，在其各自的联邦主体内会有一定的职务。在叶利钦执政时期，联邦委员会组成人员，往往都是联邦主体的最高行政长官和联邦主体议会的主席，这些人不可能由于成为联邦委员会的成员而辞去其担任的行政职务。这种区别就导致了二者的工作方式不一样。

弹劾总统时，由国家杜马提出议案，联邦委员会做出最终罢免总统的决定；立法时，国家杜马通过法律，联邦委员会的权力是对法律表示赞成与否。通过一项法律议案，需要长时间的酝酿，议员之间不断地进行磋商，征求意见，有专职的人进行审议。联邦委员会委员不是专职，很多人都是兼职开展工作的，法律议案不可能像国家杜马那样长时间地商讨，因此赋予的权力是对法律草案表示赞成与否。

此外，俄罗斯联邦委员会与国家杜马之间还有各自的独立职权，两院独立组织工作。俄罗斯宪法第 100 条第 1 款规定，“联邦委员会和国家杜马分别举行会议”。各自有各自的会议，各自会议的章程是不一样的。俄罗斯宪法第 101 条第 4 款规定，“两院各自通过自己的议事规则并解决自己活动的内部程序问题”。两院分别拥有自己的组织形式。国家杜马有 450 名议员，联邦委员会委员共 170 人。若俄罗斯联邦主体数量变化，联邦委员会的议员数量也会相应地发生变化。

### 三、俄罗斯国家杜马

（一）“国家杜马”的来源

“杜马”一词，是俄文“дума”音译，意为“议会”。沙皇俄国原是封建专制国家，1905 年爆发革命运动后，沙皇尼古拉二世为缓和政治危机，于同年宣布召集“国家杜马”，赐予一定权力。1906 年和 1907 年，产生了第一、第二届国家杜马，但随后不久被解散。后来又产生了第三、第四届国家杜马，其权力都不大，但名义上是国家的议会。1917 年十月革命胜利后，苏联建立了“议行合一”的苏维埃制度。1993 年，其又恢复“国家杜马”的之称。

（二）俄罗斯国家杜马的代表

杜马代表的选举产生是按照混合制进行的。2005 年曾经全部改成政党提名制。其在最初属于混合制，国家分选区 225 个，每个选区各选 1 个。剩下的名额由各政党按获得选民的支持率，在杜马中分配剩下的 225 个名额。2005 年时，为了全面地贯彻政党制、多党制，俄罗斯取消了杜马议员的直选，全部变为政党参选。按照政党参选制，其选举时不再划分选区，由俄罗斯在司法部登记的各政党在全俄争取选票，然后按照政党获得的支持率的百分比分配 450 个议席。

2012 年时，俄罗斯又恢复了混合选举制。在混合选举制中，如果某人不是某一政党的成员，也有可能当选杜马的议员。如果完全按照政党制，如果某人不是某一政党成员，是不能成为国家杜马议员的。2012 年时，又恢复了混合选举制，一半议员按照选区直选，一半议员根据政党得票的支持率百分比进行分配。

2005 年时，为什么要实行这种单纯的政党制来选举议员呢？有观点认为，2005 年时俄罗斯的政党数量太多。俄罗斯政党采用的是登记制，当政党成员达到一定数量的时候，俄罗斯就要给这个党进行登记，这也造成了党派过多的情况。国家杜马议员选举时，采用纯粹的党派原则，这使得某一个政党想要进入国家杜马并获得议席，就必须有很多人支持。通过国家杜马议员选举时，贯彻党派原则，便令很多小党派失去了进入俄罗斯国家杜马的可能性。2012 年又恢复了过去的混合选举制，还是 225 个选区各选 1 人，剩余 225 人按照党派原则进行分配。[1]

（三）俄罗斯国家杜马议员的任职条件

其一，年满 21 岁并有权参加选举的俄罗斯联邦公民均可当选。其二，同一个人不能同时成为联邦委员会委员和国家杜马议员。因为俄罗斯议会两院是独立行使职权，这是对两院独立行使职权的保障。其三，国家杜马议员不能成为国家权力代表机关和地方自治机关的议员。对国家杜马议员必须专职是有明确要求的。其四，国家杜马议员可以从事一些科学研究、教学或其他创造性活动。除此之外，都是被禁止的。

（四）俄罗斯国家杜马议员的任职期限

2008 年之前，每届俄罗斯国家杜马议员的任期是 4 年。2008 年时，俄罗斯通过宪法修正案，将杜马议员的任期从 4 年改成了 5 年。这种修改，在某种程度上，是俄罗斯杜马和俄罗斯总统的一种妥协。杜马议员同意修改俄罗斯宪法，总统的任期延长到 6 年。相应地，俄罗斯总统也给予了国家杜马议员一定优惠。杜马议员的任期，从 4 年改成了 5 年。

俄罗斯杜马议员的权利有很多。联邦委员会委员和国家杜马议员在其整个任期内享有不受侵犯权，不得被羁押、逮捕和遭受搜查等。但在犯罪现场被抓捕的除外。想要对议员采取强制措施，首先要通过议员的解除程序。剥夺议员不受侵犯权问题，须根据俄罗斯联邦总检察长的提议由联邦会议相应的院予以解决。[2]

（五）俄罗斯国家杜马的职权范围

俄罗斯国家杜马对俄罗斯联邦总统任命的俄罗斯联邦政府总理表示同意；对政府提出不信任案；任命和解除俄罗斯联邦中央银行行长职务；任命和解除检察厅主席及其半数成员的职务；任命和解除根据联邦宪法性法律开展活动的

---

〔1〕 参见官晓萌：《从第七届杜马选举看当代俄罗斯政党政治》，载《俄罗斯研究》2017 年第 3 期。

〔2〕 参见刘向文、宋雅：《俄罗斯联邦宪政制度》，法律出版社 1999 年版，第 187—193 页。

人权代表的职务；宣布大赦；国家杜马就俄罗斯联邦宪法划归其管辖的问题作出决议。如果俄罗斯联邦宪法对杜马通过决定的程序未做其他例外规定，则国家杜马的决议由国家杜马议员总数的多数票予以通过。

## 四、俄罗斯联邦委员会

### （一）联邦委员会的组成

俄罗斯联邦委员会，从最初由联邦主体的行政长官和议会的议长组成，演变成现在的委任制。[1] 各联邦最高行政长官委派1人，再由议会委派1人。作为俄罗斯联邦主体的共和国，采用的也是两院制。在这种情况下，俄罗斯联邦委员会由该联邦主体议会委派的人组成，任职期限分成两个委派时间段，在每个时间段分别委派1人。每人任职期限为联邦委员会原任职期限的1/2时长，这样便可保证联邦委员会人数的稳定性。

### （二）职权范围

属于联邦委员会管辖的是，批准各联邦主体之间的边界变动。俄罗斯曾经发生了几次联邦主体合并的情形。发生这种主体变动的情形时，需要联邦委员会做出决定；批准俄罗斯联邦总统关于实行战时状态的命令；批准俄罗斯联邦总统关于实行紧急状态的命令；决定在俄罗斯联邦境外动用俄罗斯联邦武装力量的问题；确定俄罗斯联邦总统选举；罢免俄罗斯联邦总统职务；任命俄罗斯联邦宪法法院、俄罗斯联邦最高法院法官；任命和解除俄罗斯联邦总检察长职务；任命和解除检察厅副主席职务及其半数成员。联邦委员会决议由联邦委员会委员总数的多数票予以通过，如果俄罗斯联邦宪法未对通过决议的程序作出其他规定。[2]

---

〔1〕 参见刘向文：《谈俄罗斯联邦议会上院的改革》，载《东欧中亚研究》2002年第6期。

〔2〕 参见刘向文、宋雅芳：《俄罗斯联邦宪政制度》，法律出版社1999年版，第171—172页。

# 第七章　俄罗斯法院

法院被称作“正义的守护者”。一般而言，社会生活中发生的所有争议，最终都可以通过法律途径来解决。这也说明了法院在国家社会生活中所起到的重要作用。如果社会生活中的争议和矛盾都能够在法院解决，那么很多暴力事件就没有了。当然，法院作出的裁决未必是绝对符合事实的，但鉴于法院的权威性，人们会认可法院作出的判决。

## 一、俄罗斯法院体系的历史演变

从苏联时期到俄罗斯联邦，俄罗斯法院体系发生了一些变化。在苏维埃时期，法院从属于立法机关，由立法机关产生，向立法机关负责，或者说是向最高权力机关负责。但是到了俄罗斯时期，也就是从苏维埃制度到当代俄罗斯的转型时期，法院不再是向立法机关负责的单位，而是拥有了自己独立的地位。在当今的俄罗斯，法院拥有司法权。出现争议时，由当事人诉讼到法院，法院进行裁决。为加强法院的审判权，在除了最高法院，也就是普通法院系统之外，还设置了一个宪法法院。如果公民认为某一法律中的某一条文侵害到了自己个人权利和自由，可以向宪法法院提出诉讼。宪法法院针对公民的诉讼对相应的法律条款做是否符合俄罗斯宪法规定的审查，如果审查发现某一法律条款确实侵犯到公民的权利，相应的条款会被修改或废除。这是俄罗斯加强司法权的重大改革。俄罗斯法院承担着保障人与公民权利和自由的重任。这在俄罗斯宪法、俄罗斯法院组织法等法律中有明显的体现。

从戈尔巴乔夫改革开始，俄罗斯法院也一直处于改革过程中。[1] 探索法院相应的改革一直持续到今天。1991 年俄罗斯颁布了《俄罗斯苏维埃社会主义共和国司法改革构想》，在这之后又颁布了一系列涉及法院改革的法律。《2013—2020 年俄罗斯司法改革构想》是正在适用的规范性文件。法院的改革

---

〔1〕 参见王海军：《苏维埃政权下的俄罗斯司法》，法律出版社 2016 年版，第 31—33 页。

事关国家的政治、经济、文化，事关公民个人权利与自由的保护。

## 二、当代俄罗斯法院的构架

俄罗斯法院的构架可以分为两个阶段。一个是在2014年之前，另一个是在2014年之后。这两个时间段的划分是与俄罗斯法院改革实践紧密联系在一起。2014年之前，俄罗斯法院由三大类组成，第一类是俄罗斯的宪法法院。这是在苏联解体之后，俄罗斯为了维护宪法的权威而专门成立的违宪审查的专门机构。该机构的设立使宪法不再是一个政治文件，而是变成了一个带牙齿的规范。宪法的实施，使得纸面上的文字获得了生命力。俄罗斯成立宪法法院到现在，运转状况良好。第二类是普通法院体系。该体系的法院，审理的是行政、刑事和民事案件。俄罗斯除了有普通法院体系之外，还有一个仲裁法院体系，主要解决经济纠纷。公民与公民之间、企业与企业之间、公民与企业之间的经济问题，由仲裁法院审理。俄罗斯仲裁法院体系曾经也是非常完备的。总之，在2014年之前，俄罗斯的法院分为三类，即宪法法院、普通法院、仲裁法院。

在某些法律违宪时，被侵害权益的公民可以向宪法法院起诉，以维护自己的权利。国家机关在职能之间、职权之间发生争议时，也可向宪法法院起诉，请宪法法院给出一个明确的解释。宪法法院审查俄罗斯联邦主体法律与宪法的合宪性问题。普通法院体系由俄罗斯联邦最高法院、各联邦主体法院、区法院和治安法官组成。治安法官制度是俄罗斯2000年以后施行的特别制度，主要审理一些争议不大的民事案件和较轻的刑事案件。俄罗斯设了治安法官之后，一些小的案件由治安法官直接独任审判，其效率之高减轻了区法院、联邦主体法院的压力。2014年之前，俄罗斯高等仲裁院与俄罗斯最高法院的地位平等，在俄罗斯高等仲裁院下设置了司法管辖区的仲裁院、联邦主体的仲裁院和基层仲裁院。相对而言，仲裁法院审理的是涉及标的额较大的经济案件。

2014年之后，俄罗斯法院体系发生了变化，撤销了高等仲裁院，并使其与普通法院合并形成了俄罗斯最高法院。因此，俄罗斯司法机构已经统一了。撤销高等仲裁院缘于2013年6月普京在出席彼得堡国际经济论坛时提出的一项建议。将俄罗斯高等仲裁法院与俄罗斯最高法院合并的原因如下。其一，俄罗斯最高法院和最高仲裁院部分职能重合，两者都是俄罗斯最高的司法机构。其二，实践中存在着对相似案件做出不同判决的情形。最高法院和仲裁法院的管辖范围，在很多方面都是重合的。但是，相似的案件在两个不同法院审理之后，得出的结论并不相同。相似的案件适用相同的法律审理，得出的结论应该是基本一致的，这样才能做到法律适用上的公平。另外，俄罗斯两套法院并行，出现了最高法院和高等仲裁院发布的解释存在矛盾的情形。其三，统一司法体系。撤销仲裁院，自然会把相应的司法体系统一起来。在俄罗斯社会，也有反对将仲裁院合并到最高法院的声音。着先，高等仲裁院比普通法院更加独立。这是俄罗斯反对撤销高等仲裁院的重要理由，认为高等仲裁院对经济案件的审理更加公正。其次，克里姆林宫撤销了高等仲裁院，是为了加强对司法权的控制。正是因为高等仲裁院保持了独立的地位，不听命于克里姆林宫，克里姆林宫才做出了撤销高等仲裁院的决定。最后，撤销高等仲裁院会导致外国投资者对俄罗斯司法信任度的降低，导致更大的腐败。把审理经济案件尤其涉及审理外国投资案件的比较独立的机构撤销掉，会导致投资者对俄罗斯法律体系信任的丧失，不利于俄罗斯的发展。尽管存在反对声音，但当普京总统提出这样的一个想法之后，相应的总统下属办事机构就开始准备法律议案，最后俄罗斯国家杜马通过了这个议案。从 2014 年 8 月 6 日开始，俄罗斯高等仲裁院被撤销，并将其相应职能划归到俄罗斯最高法院。

当今俄罗斯法院包括宪法法院和普通法院。普通法院中设有最高法院，最高法院之下设置相应级别的法院。俄罗斯宪法法院设在圣彼得堡，这是根据普京的建议从莫斯科迁到圣彼得堡的。且根据普京的建议，俄罗斯最高法院也要迁到圣彼得堡。俄罗斯官方对此的解释是要疏解首都莫斯科的功能。莫斯科的国家机关多，经济机构也多，人口密度大，这造成各方面的压力很大。

### 三、俄罗斯司法的基本原则

俄罗斯司法的基本原则，是在俄罗斯整个司法过程中，必须予以遵守的准则。这些基本原则在俄罗斯相关法律中得以具体化。因此，对俄罗斯司法基本原则的把握，有利于从整体上理解俄罗斯整个司法体系的运作规则。

#### （一）司法独立原则

司法独立原则是被俄罗斯宪法直接规定的。俄罗斯宪法第 118 条规定：俄罗斯联邦的审判权只能由法院行使，俄罗斯的批捕审查权也由法院行使。

按照俄罗斯宪法第 118 条的规定，俄罗斯联邦的法院系统由俄罗斯联邦宪法和联邦宪法性法律规定，不许成立特别法庭。按照该规定，规范俄罗斯法院体系的法律只能是宪法和联邦宪法性法律。特别法庭问题之所以在俄罗斯宪法中被明确禁止，是因为苏维埃时期曾经出现过特别法庭。斯大林进行大清洗时，被抓的人没有经过普通法院的审判，而是被特别法庭审判。特别法庭中的“特别”二字是指专门针对某事成立的，进而其导致法院的被动中立色彩被淡化了。俄罗斯联邦法院体系法中有一条规定得特别明确：司法权要独立于立法权和执行权。立法权、司法权、行政权，三权是相互独立的，这是司法独立的原则。

（二）法官独立原则

法官独立地审理案件，这一原则极其重要。司法中出现的很多问题的根本原因在于法官不独立。法官在审理案件过程中，遭到各方面的干涉，这导致法官不能独立、公正地审判案件，判决达不到公平正义的标准。这种现象发生得多，导致法院审判公信力丧失。美国联邦最高法院的一位大法官说过：“不是因为我的判决是正确的所以它才是终局的，恰恰相反，我的判决之所以是正确的，是因为它享有终局性。”审判独立的核心在于法官独立，只有法官独立才能够保证司法独立。如果法官个人在判案中不是根据自己对事实的认定和法律的理解做出判断的话，自然会影响到判决的公正性。为了保证司法独立，最高法院出台了很多措施，比如法官私下里不能接受当事人的宴请等，非常具体。我国推行的法官员额制改革，其核心要旨也是要让判案的人说了算，赋予审判案件法官以权力，同时要求办案法官承担相应的责任。为了防止公职人员干预法官办案，我们建立了“过问案件全程留痕制度”，以防止法外因素对法官审理案件的不良影响。

俄罗斯宪法第 120 条规定了法官独立。要求法官只服从联邦宪法和联邦法律，法官判案的根据只能是宪法和联邦法律。法院在审理案件时，确认国家机关或其他机关实行的法令不符合法律，可根据法律作出决定。这实际上赋予了法官对行政机关发布文件的实质性审查权。

为了保证法官独立，俄罗斯实行法官终身制。法官的职权只能基于联邦法律规定的程序和理由给予剥夺或终止。为了保证法官独立，俄罗斯对法官行使职权做了特别的规定，法官个人受到法律的严格保护。在法官的薪金待遇方面也作了特别规定，以保障法官体面地生活和公正地裁判。法官是社会的良心，如果不能保障法官体面地生活，会导致法官在审判的过程中，通过某种方式谋取个人利益，进而损害司法权威。

法官的职权被终止，只能根据法律的规定。俄罗斯成立了一个法官鉴定委员会。法官的任职条件，终止法官的职权，最终判断要由专业委员会来做出。这也是从法官任命和法官职务的终止上，防止外部势力的干涉。

法官独立需要制度的保障。俄罗斯宪法第124条规定，对法院的财政拨款只能出自于联邦预算，它应保证法官根据联邦法律完全而独立地进行司法活动的可能性。这是法院的资金来源问题。法院不是一个生产机构，而是一个纯粹的消费者。要想保障法院的公正审判，一定要有资金的支持，而且，法官还得拥有高薪。如果法院的财政来自地方政府的拨款，就可能出现地方干涉法院独立审判的可能性。

法院独立的核心问题是法官独立。独立的法官在审理案件时，需要具备必要的法律知识。俄罗斯对法官的任职条件做了明确规定，要求法官具备一定的专业素养。在俄罗斯，法官要求受过高等法学教育，这是学历的保证，此外，还需要通过一定的专业考试。除此之外，其任职限制更严格，要求俄罗斯宪法法院法官年龄应不低于40岁，而且要有15年以上的法律职业工作经历，需要精通法律。宪法法院的法官是国家宪法秩序的维护者，对此，必须要求其具备法律职业经验，这种法律职业经验和年龄的要求，能够保障法官具备专业素质和必要的生活经验。毕竟，法律是理性的产物，同时，其生命在于实践。俄罗斯宪法法院的很多法官，同时也是大学教授。因此，俄罗斯对宪法法院法官的要求是非常高的。

俄罗斯联邦最高法院法官年龄要求35岁以上，法律职业工作经历要求10年。法律职业者不仅仅包括律师，还包括和法律职业相关职业，如检察官，或高等学校的教师。俄罗斯联邦主体法官必须年满30岁，有7年以上的法律执业经验。联邦主体的各仲裁院以及宪章法院或各联邦主体的宪章法院，是独立于俄罗斯法院体系之外的，不属于普通法院体系，也不属于宪法法院体系。苏联解体后，俄罗斯的联邦制仍然被保留了下来。俄罗斯联邦主体中有 22 个共和国，都有自己独立的宪法，有自己的行政首脑，有自己的议会两院。共和国为了保证共和国宪章的实施，也建立了宪章法院，这个宪章法院不属于俄罗斯宪法法院体系。俄罗斯联邦主体法院的法官要求 25 岁以上、5 年的法律职业经验。

关于法官的任命，俄罗斯施行超强权总统制，总统处于国家权力机构的最高层，总统对立法、行政、司法享有一定的制约权。俄罗斯最高法院法官由联邦委员会提名，总统任命，法官任命权在总统手里。其他法官要根据相应级别法院领导人的提名由总统任命。为了保证总统对法院系统的制约，俄罗斯赋予了总统任命法官的权力。

俄罗斯法律规定，为了保障法官独立，其一，禁止颁发废除或损害法官独立的法律和其他规范性的文件。其二，司法权的行使要遵守宪法、民法、刑事和行政程序。其三，法官没有向任何人汇报自己审判活动的义务。只要是审判业务内的事，法官不需要向任何人汇报。法官的裁判依据是法律的规定及案件事实的认定和个人对法律的理解。这便需要法官的良心和良知。法院作出的判决仅仅是一审，如果当事人不服，还可以向上一级法院提起上诉，要由其他的法官组成合议庭，继续对案件进行审理。如果法官故意枉法裁判，应承担相应的纪律、行政和刑事责任。法官的独立是和法官的责任联系在一起的。其四，禁止干涉审判活动。其五，法官不受侵犯。俄罗斯法律规定了一系列的制度为法官提供保护。财政保障也为法官独立提供坚强的物质支持，即资金的预算要保障法院和法官的正常工作生活。

### （三）诉讼公开原则

公开保障公平与公正。所有案件的审理都应当是公开的，案件秘密审理只能是法律有特别规定的才允许。诉讼公开是保证司法独立的重要原则。公开保证公正，只有涉及国家秘密和公民隐私的案件，才可以不公开审理。

### （四）刑事案件不得缺席审理原则

俄罗斯不允许在法庭上缺席审理刑事案件，但是联邦法律另有规定的除外。除了法律有特别规定的情况之外，一定要保障刑事被告人的权利。只有在刑事被告人在场的情况下才能对案件进行审理，这也是确保刑事被告人权利的必要措施。因为刑事案件在被告人不在场的情况下，如果做出审判，则非常有可能侵害到被告人的重大人身权利和财产权利。

（五）辩论的原则

诉讼活动要在平等辩论的基础上进行。俄罗斯采用当事人主义的诉讼模式，法官成了居中裁判者。辩论原则，在俄罗斯的诉讼程序中都占有极其重要的地位。正是辩论原则，体现了诉讼当事人的地位平等，体现了法律的公平适用。根据控辩双方或是原被告对案件的辩论提交的证据进行裁判，这是法官、法院保持中立、消极裁判者的保障。

（六）陪审团参加审判原则

陪审团参与案件审判，是俄罗斯在当代司法改革中迈出的最大一步。俄罗斯实行陪审团制度的依据是俄罗斯宪法第 123 条第 4 款的规定，俄罗斯联邦法律规定的情况下由陪审团参加诉讼程序。陪审团决定犯罪嫌疑人的行为是否构成犯罪。

陪审团制度和人民陪审员制度存在一定的区别。苏维埃时期的人民陪审员制度除了涉及社会主义民主理论之外，还涉及同类人的审判的理论。这是因为，社会生活千姿百态，人们处于不同的阶层，个人对社会的体验并不相同。只有与被审判者地位、经历差不多的人，才能了解被审判者的疾苦，才能考虑被审判者的感受和权益。同类人参与案件审判，使得案件的判决更考虑社会的常理和人情，法院做出的判决也更容易被社会接受。

而在苏维埃时期的俄罗斯，陪审员制度在实践中遇到了一些共同问题。其一，陪而不审问题是最典型的。陪审员和法官坐在一起，法官问案，陪审员没有起到应起的作用。其二，不能保证司法独立。有陪审员参加审理的案子，并不是由陪审员来做出行为人是否有罪的结论，最后是由合议庭来做出。其三，在适用陪审员制度时出现了经费保障问题。苏维埃时期，大家都工作在国有单位，在哪干都一样，陪审员不涉及经费财政问题。[1] 但苏联解体，俄罗斯实行私有制后，每个公司企业都有自己独有的利益，不在这个单位工作，那么这

〔1〕 参见梁敏燕：《俄罗斯的陪审制度》，载《长春理工大学学报》2005 年第 2 期；胡云红：《俄罗斯陪审团制度的重建及其对完善我国人民陪审员制度的启示》，载《法律适用》2015 年第 2 期。

个单位将不会为这个人支付相应的工资。这就发生了经费问题。

就陪审团制度，俄罗斯存在赞成和怀疑两种态度。赞成者认为，将裁判权赋予独立判断的公民才能保证司法独立，陪审团是司法独立的基石。陪审团制度的好处在于，在审判前不能确定陪审团的具体成员，能成为陪审员的人非常多，陪审团是独立的，陪审团有权力确定某人的行为是否构成犯罪。检察院从能够对裁判者起到影响约束作用的角色，变成了与被告人的律师同堂辩论的控方。在这种情况下，对检察院的公诉人的素养要求就非常高。陪审团审理之后可能做出有罪判决和无罪判决。而正是基于这个原因，俄罗斯激进的改革派认为，陪审团制是司法独立的基石，同时也是对被告人的人权提供最有力保护的方式。当然，并不是对所有的案件都采用陪审团制度，只有对可能剥夺公民 10 年以上人身自由的重大刑事案件，才适用陪审团制度。

2005 年俄罗斯彻底废除了人民陪审员制度，2009 年全部实施了陪审团制度。在克里米亚和塞瓦斯托波尔被纳入俄罗斯后，俄罗斯计划从 2018 年 1 月 1 日起，在上述两个联邦主体也适用陪审团制度。

陪审团的权力非常大。犯罪嫌疑人的行为是否构成犯罪，由陪审团决定。陪审团成员人选，要求是精神智力正常的成年人，且行为品质端正，没有不良嗜好。这些人不需要了解法律，只需要听取控辩双方的意见。当控辩双方能够把一个案件说得足够清楚的时候，这些陪审团成员能够根据正常人的理智做出判断。根据普通人的理智和生活经验判断，是陪审团制度的精髓之处。

适用陪审团审理的案件范围一般是特别严重的犯罪案件，即可能判处 10 年以上有期徒刑的，而且还得需要被告人选择适用陪审团制度才可以。因此，不是说所有的可能被判 10 年以上有期徒刑的案件都适用陪审团制度，而是要求被告人进行选择。

俄罗斯陪审团制度的反对者认为，在俄罗斯建立陪审团制度太过主观化。俄罗斯实行陪审员制度后，也出现了诸多问题。比如，陪审团参与审理的刑事案件，无罪率太高，远远高出了适用陪审团制度的普通法系国家。这些问题也困扰着当前俄罗斯陪审团的实践。此外，部分反对者认为，参与陪审团审判的人也不懂法律，很难做出一个公正的判断。这种怀疑主要来源于司法实践部门的人员。当然，从目前俄罗斯陪审团制度的发展看，反对的声音在削弱，赞成的声音在增强。[1]

（七）无罪推定原则

俄罗斯宪法将无罪推定作为一个宪法原则进行了明确规定，这可见无罪推定原则在现代国家中极其重要的地位。根据俄罗斯宪法第49条的规定，其一，每个被控犯罪者在其罪名未经联邦法律规定的程序所证实和已经生效的法院判决所确认之前均为无罪。其二，被告没有证明自己无罪的义务。其三，无法排除的有罪的怀疑应作出有利于被告的解释。

宪法规定的这一原则，被俄罗斯刑事诉讼法进行了细化。具体而言，无罪推定原则是指任何一个被控告有罪的人，在未经法院有罪判定之前，必须推定该人是无罪的。被告没有证明自己无罪的义务，也就是说，控告某人犯罪这种举证责任在检察院方面。当检察院方面提供的证据不能证明对方有罪的时候，法院的判决应该是无罪判决。无法排除合理怀疑的时候，应当作出有利于被告的解释。这和我国的法律规定有一定的相似之处，存疑要有利于被告。在案件办理过程中，不得强迫被告认罪，但鼓励被告人自己供述自己的罪行，这便是自首和坦白制度。[2]

## 第八章　俄罗斯宪法法院

俄罗斯宪法法院是维护宪法制度的最高司法机关。

### 一、俄罗斯宪法法院的职权

合宪性审查。即审查联邦法律、各联邦主体颁布的法律的合宪性，比如说，作为各联邦主体的共和国颁布的宪章是否与俄罗斯联邦宪法相一致。当各联邦主体宪章与俄罗斯宪法相矛盾时，最终的裁决权由宪法法院来行使。俄罗斯宪法法院对俄罗斯联邦各主体通过的法律进行合宪性审查。在2000年之前，

---

〔1〕参见胡云红：《俄罗斯陪审团制度的重建及其对完善我国人民陪审员制度的启示》，载《法律适用》2015年第2期。

〔2〕参见刘向文、宋雅芳：《俄罗斯联邦宪政制度》，法律出版社1999年版，第246—249页。

部分俄罗斯联邦主体想要从俄罗斯分离出去，最典型的是车臣共和国。这便有必要由一个国家权力机关来维护宪法的权威。可以说，俄罗斯宪法法院在维护俄罗斯国家领土和主权完整方面发挥了重大作用。

解决各部门的职权纠纷。俄罗斯各职能部门间职权相冲突的案件，已经发生了很多起。叶利钦曾经三次连续提名基里延科为俄罗斯政府总理，当第三次提名基里延科时，俄罗斯国家杜马不敢再不同意。如果不同意，下一步总统将有权解散国家杜马并进行国家杜马的重新选举。当叶利钦第三次提名基里延科的时候，当时的俄罗斯国家杜马向俄罗斯宪法法院提出请求俄罗斯宪法法院对总统行为的合宪性做出解释。当时俄罗斯国家杜马就总统有没有权力连续提名同一人为政府总理人选及国家杜马三次否决总统提议的后果向俄罗斯宪法法院提出问询。俄罗斯宪法法院根据国家杜马的请求作出了解释：提名谁做总理是总统的职权，可以三次将同一个人选提交给国家杜马，也可以提名不同的人选给国家杜马，但国家杜马三次否决总统提议的时候，总统有权力解散国家杜马，实行新的选举。当叶利钦第三次提议时，国家杜马还是通过了总统政府总理人选的提名。

根据俄罗斯公民的诉讼或法院的询问，对具体案件中适用的法律是否符合俄罗斯宪法进行解释。俄罗斯社会处于转型时期。这对作为上层建筑的法律产生了极大的影响。那就是，法律处于不断的变革之中。这就导致，国家杜马通过的法律文本是不是绝对符合俄罗斯宪法规定呢？尽管经过法律专家的论证，但也有可能存在疏漏。例如，俄罗斯刑法典规定了走私罪。公民个人从境外把东西带到境内，逃避关税的行为，如果数额较大就可能构成走私罪。当时有一个加拿大人，携带东西经过海关到俄罗斯。俄罗斯海关当时就查获了其所携带的物品，然后按照俄罗斯市场的平均价格对该加拿大人携带的东西进行估价，发现其已经达到走私罪的入罪标准，进而对这个加拿大人提起了刑事诉讼。但这个加拿大人最后向宪法法院提起诉讼，要求俄罗斯宪法法院审查走私罪的规定是否与俄罗斯宪法的规定相符。理由有如下几个：其一，一个人携带东西的价格，不应该用俄罗斯平均市场价格来计算。因为一个外国人对俄罗斯平均市场价格并不知情，只能按当时购买的价格来计算，这才是合理的。其二，当外国公民把东西携带到俄罗斯国内，判断是否构成走私罪时，一定要去除法律规定的允许公民携带的合理商品数量才可以，不能把所有携带的东西都认定为走私。基于这两点理由，该加拿大人向俄罗斯宪法法院起诉，最后俄罗斯宪法法院支持了该加拿大公民的诉讼请求，判决俄罗斯走私罪的那个条款是要进行修改的，执法的标准是要统一的。[1] 这也能体现保护公民个人自由的俄罗斯宪法的价值。从这个案例中，我们也可以发现，法律中存在着某些条文会对公民个人权利和自由造成侵害的可能性。在发生类似问题的情况下，俄罗斯宪法法院有权将这些法律的条文宣布为违宪，进而对公民个人的权利和自由起到保护作用。

解释俄罗斯宪法。俄罗斯宪法法院负有解释宪法的职责。对指控俄罗斯总统犯有叛国或其他重大罪行是否符合法定程序作出结论。俄罗斯宪法规定，在某些情况下是可以罢免俄罗斯总统的，只不过其对总统的罢免设置了一些非常严格的程序，在这些程序中有一项叫作程序审查，最终程序审查权由宪法法院履行。立法提案权，即向国家杜马提出联邦宪法划归宪法法院管辖的立法动议，也是宪法法院的职权之一。行使联邦宪法、联邦条约、联邦宪法性法律、联邦国家权力机关与联邦主体赋予的其他职权。这是一项兜底性条款，以保证俄罗斯宪法法院有充分的权力，确保俄罗斯国家法治的统一。[2]

## 二、俄罗斯宪法法院法官的任职条件

俄罗斯联邦宪法法院在俄罗斯占有非常重要的地位，在保证俄罗斯宪法的权威上，保证俄罗斯宪法适应社会发展进而应具有的生命力上，起到了不可替代的作用。俄罗斯联邦法官法对俄罗斯宪法法院的法官任职资格进行了明确规定。具体而言，俄罗斯宪法法院法官应该年满 40 周岁、受过高等教育，并且要有 15 年以上从事法律工作的经验、精通法律，在法律界享有良好的声誉。

俄罗斯宪法法院法官拥有的权力很大，解释宪法、审查联邦法律和各联邦主体的法律的合宪性、对公民提出的维护个人权利和自由的诉讼进行裁判。在

---

〔1〕 参见龙长海：《俄罗斯刑法人权保障的经验及对中国的启示》，载《刑法论丛》2013 年第 2 期。

〔2〕 参见刘向文、韩冰、王圭宇：《俄罗斯联邦宪法司法制度研究》，法律出版社 2012 年版，第 101—121 页。

一个如此重要的机构里，能够担任宪法法院法官的人，通常都是非常优秀的。任职年龄是 40 岁，这是要保证法官有足够的社会生活阅历，足够长时间从事法律实践的经历。这种社会阅历和职业经历，能够使法官对社会和法律的适用有更为深刻的理解和掌握。除年龄上的限制外，它还要求俄罗斯宪法法院法官有从事法律工作 15 年以上的工作经历。这便保证了受过良好教育的法官，社会阅历丰富，而且确实是一个法律专家。唯有如此，才能谈得上精通法律。精通法律意味着，俄罗斯宪法法院的法官，不仅是一个纯粹的司法实践者，同时也要对法律理论有所精通。另外，俄罗斯宪法法院法官，要在业界享有良好的声誉。法官是社会的良心，宪法法院法官还起到了社会稳定器的作用。因此，对这类法官的职业道德要求也就会更高。

### 三、俄罗斯宪法法院的构成

俄罗斯宪法法院共有 19 名法官。19 名法官被分成两个法庭，一个法庭由 9 名法官组成，另一个由 10 名法官组成。同一审判庭会议不能同时包括法院院长和副院长。俄罗斯宪法法院在全体审判庭会议和法官会议上审理案件，全体法官会议要求所有法官参加。全体法官会议可以审查关于宪法职权的任何问题，但是有些类型的案件只能由全体法官会议审查。也就是说，将俄罗斯宪法法院的 19 名法官分成两庭，一个庭是 9 人，一个庭是 10 人。9 人庭和 10 人庭又可以合到一起叫作全体法官会议。下列重大事项只能由全体法官会议来审理：

其一，俄罗斯联邦宪法和俄罗斯联邦主体宪章的合宪性案件。这里就很明确，对联邦主体宪章是否符合俄罗斯联邦宪法进行合宪性审查时，必须由所有法官参加。其二，对俄联邦宪法进行解释。法律在适用过程中，很大程度上是需要进行解释的。这种解释在某种程度上相当于变相的造法，这种变相的造法不能由某一个庭进行，而是要由全体法院的法官同时参与才可以。其三，是对俄联邦总统犯有叛国罪或者其他重罪的指控是否符合法定程序作出结论。这也属于重大事项，需要由俄罗斯宪法法院的全体法官会议审议。其四，通过宪法法院的咨文。其五，决定是否提出立法建议。上述五项都是非常重大的事项，这些重大事项必须交由全体法院法官来审理。[1]

## 四、俄罗斯宪法法院的领导

按照俄罗斯相关法律规定，俄罗斯宪法法院在全体法官会议上匿名投票产生院长、副院长、秘书，任期都是3年。这便给出了俄罗斯联邦宪法法院的具体领导人员的产生办法。

宪法法院院长的职权包括：其一，领导召集主持宪法法院全体法官会议；其二，将在全体法官会议上审理的问题提交宪法法院讨论；其三，在同国家机关和组织联系时，以宪法法院的名义发表声明；其四，对宪法法院的机关进行领导；其五，下达命令和指示。

俄罗斯宪法法院副院长根据院长的授权行使院长的个别职权，以及宪法法院赋予的其他职权。俄罗斯宪法法院秘书长直接领导宪法法院机关的工作；将宪法法院所做的判决通知相关机关、组织和个人，并向宪法法院汇报判决的执行情况。

上述规定明确了俄罗斯宪法法院院长、副院长及秘书长的职责。在俄罗斯宪法法院中，院长是选举产生的，副院长同样也是在投票的基础上产生的。

## 五、宪法法院法官独立的保障

为了保障俄罗斯宪法法院法官独立地行使审判权，俄罗斯法律规定了相应的职业保障。

第一，宪法法院仅解决法律问题。这一点的重要之处在于，一旦宪法法院解决的是非法律问题，则会直接动摇或者损害宪法法院的权威，在俄罗斯的历史上曾经发生过宪法法院卷入到政治事件的案例。

俄罗斯宪法法院仅仅解决法律问题，但实际上所有涉及宪法问题的事件都不纯粹是一个法律问题，很大程度上是一个社会问题，或者是政治问题。所以俄罗斯宪法法院由于其本身工作的限制，想置身于政治之外，实际上是很难做到的。

---

〔1〕 参见尤晓红：《俄罗斯宪法法院研究》，中国社会科学出版社2009年版，第94—96页。

第二，俄罗斯宪法法院仅遵守宪法和宪法法院组织法。这一点是被明确规定的。俄罗斯宪法法院是维护宪法效力的最高机关，宪法法院在审理案件过程中一定以宪法为依据，为了让宪法法院更好地解释宪法或者维护宪法权威，就必须加强对宪法法院法官独立性的保护。法官遵守的仅仅是宪法，在审查其他联邦法律是否违宪的唯一依据是俄罗斯联邦宪法。俄罗斯宪法规定，俄罗斯联邦的人与公民的权利与自由是最高价值。这便要求以宪法为依据来保障人权。如果不能在立足于俄罗斯宪法的情况下做出裁判，那么，就必须从保障人权的角度对宪法进行解释。

第三，宪法法院的法官不可以更换。这是为了保证宪法法院的法官享有足够的权威。如果宪法法院的法官可以随意更换，当有政治争议的时候，就会出现双方选择对自己有利的法官来审案的情形。

第四，俄罗斯宪法法院的法官不受侵犯。这和俄罗斯法官的地位相关，俄罗斯宪法法院不受侵犯权，受法律保护。

第五，宪法法院的财政只能出自联邦预算。这是从财政上对宪法法院和法官提供坚实的物质保障，避免宪法法院的法官受地方势力或其他势力的不当干涉和影响。〔1〕

俄罗斯宪法法院自建立以来，在维护俄罗斯国家法治的统一、维护国家主权完整和社会稳定、保护人与公民的权利与自由方面起到了不可替代的作用。

---

〔1〕 参见尤晓红:《俄罗斯宪法法院研究》，中国社会科学出版社 2009 年版，第 96—101 页。

# 第二编　俄罗斯刑法

苏联解体后，当代俄罗斯刑法在理念、制度等方面都发生了剧烈变化。那么，在苏联解体后，当今的俄罗斯刑法与苏俄刑法相比发生了哪些变化？当今俄罗斯刑法又有哪些新的理念？这些理念在其刑法上是如何体现的？俄罗斯刑法有哪些具体的制度规范？本部分将重点阐述上述问题。

## 第一章　俄罗斯刑法概述

### 一、俄罗斯刑法的词源

要了解当今俄罗斯刑法的面貌，离不开对其发展历程的阐述。当然，在讲述俄罗斯刑法发展演变时，也离不开与中国刑法发展的比较。这种比较的视角，能够让我们更为全面地了解俄罗斯刑法的发展状况。

“刑法”一词，在俄语中是 уголовное право。在这一术语中，право 是法律的意思，而 уголовный 则是刑事的意思。这一词由前置词 у 与名词 голова 组成。具体含义是，需“要用人头，也就是生命来担负的责任”[1]。从这个意义上讲，俄文刑法的含义与我国刑法含义差不多，都是与“砍脑袋”有关的一种法律。这是俄罗斯学者对“刑法”一词的词源进行的研究，说明刑法是用人头做担保的一项法律。这也反映了在古代，刑罚是以一种肉体刑的形式出现的，这与我国的刑法有一定的相似之处。中国古代的法专指“刑”，说“刑”的时

---

〔1〕 Наумов А. В. Российское уголовное право. Общая часть. М. , Проспект, 2018. С. 14.

候，就是指与法有关的现象。“刑”是什么？“刑”字是打开的刀。刀打开的时候才叫刑，例如铡刀。铡刀要是打开的话，可能就是要动用刑罚的时候。包公断案时带着三把铡刀——龙头铡、虎头铡、狗头铡。这三口铡刀基本代表了刑的观念。当然，我国封建制时代身份性明显，在犯罪受刑时，人的地位不同，所用的铡刀名称亦不同。刑起源于兵，大刑用甲兵。也就是说，在还没有制定法律的时候，实际上兵是用来惩罚怀有敌意的人的。最开始，刑用来惩罚敌意部落，后来，也对部落内部的异己分子适用。于是这个“刑”字就出现了。我国“刑”的起源与俄罗斯“刑”的起源，都代表着某种暴力的使用，而且是一种极端的暴力。刑法的俄文表述更为清晰——砍脑袋的法。这是从词源上对中俄刑法一词所做的比较。

刑法的含义与民法明显不同。民法主要规定的是人与人之间交易的规则，调整财产关系、财产的流转等问题。后来随着人人平等理念的出现，民法又开始规范人身之间的关系，如夫妻之间、家庭之间的关系也被纳入到民法的调整范围。刑法从其产生的最初时刻起，便与有组织的暴力联系在一起。正是由于这一点，俄罗斯刑法规定了死刑。当然，俄罗斯尽管其在刑法典上规定了死刑，但实际上已经近20年没有执行过死刑，进而成为事实上废除死刑的国家。[1]

## 二、俄罗斯刑法的历史沿革

从历史发展上看，中国法律的历史要远比俄罗斯法律历史悠久得多。我们在追溯中国刑法的渊源时，要上溯到公元前，甚至是在原始社会后期。当然，中国刑法发展的历史是与我国悠久的历史文化联系在一起的。作为四大文明古国，中国是唯一一个文化得以传承的国家，这激励着历代中国人自强不息、努力奋斗。与中国相比，俄罗斯的历史没有那么久远。俄罗斯刑法发展史，是与整个俄罗斯国家联系在一起的。俄罗斯发源于古斯拉夫部落，然后部落一点点迁移，逐渐发展壮大，成立了古罗斯国家。后来，俄罗斯以莫斯科公国为基点，通过一次次战争向四周扩散，领土逐渐扩大。俄罗斯法律的渊源，最早可

---

〔1〕 参见龙长海：《俄罗斯死刑的现状及困境》，载《中国刑事法杂志》2011年第8期。

追溯到11世纪时的《罗斯真理》。这是俄罗斯能找到的最早的成文法律文献，是对罗斯法律的汇编。俄罗斯学者在研究《罗斯真理》时发现了简体本和繁体本，繁体本的内容比较丰富。《罗斯真理》出现的时间，相当于我国的宋朝时期。而宋朝时，中国的刑事法律已经非常发达了，《宋刑统》已经刊印发行，并且达到了几乎每家一本的程度。从历史上看，中国刑法已经非常发达的时候，俄罗斯刑法还处于一种较为原始的状态。

在俄罗斯历史上，较为著名的是1845年的《刑罚和感化法典》，这部法典实际上也是一部刑法典。这部法典对《罗斯真理》进行了大量的修改，主要是刑法的内容。1845年的《刑罚和感化法典》，在很大程度上受到了欧洲启蒙思想的影响，可以说是欧洲启蒙思想对俄罗斯产生影响的重要表现。

俄罗斯历史上的叶卡捷琳娜二世对俄罗斯法律的现代化起到了重要作用。叶卡捷琳娜二世在位时期，其主张向西方学习，学习西方的启蒙思想。这位女皇读过孟德斯鸠和贝卡利亚的著作。在读了贝卡利亚的《论犯罪与刑罚》一书之后，她曾经邀请贝卡利亚到沙俄去担任官职，帮助沙俄起草法典。当然，贝卡利亚最后没有接受俄国女皇的邀请，而是在意大利担任了官职。受欧洲启蒙思想的影响，俄罗斯制定了《刑罚与感化法典》，这部法典后来经过不断修改，逐渐趋于完善。在这一历史时期，沙俄社会也发生了翻天覆地的变化。沙俄社会逐渐从农奴制向资本主义转型，在转型的过程中，社会生活发生了变化，法律制度也随之发生改变。沙俄的刑法也逐渐向资产阶级刑法典转型。[1]

到了1903年的时候，沙俄制定了一部新的《刑法典》。这部刑法典已经具有资本主义刑法的一些典型特征，诸如近代刑法的基本原则——罪刑法定等，已经出现在这部刑法典上。当时正值沙俄专制的末期，《刑法典》是布尔什维克革命之前颁布的刑法典。这部法典充分吸纳了欧洲启蒙思想，对苏联解体后的俄罗斯刑法发展具有极大的借鉴作用。当今的俄罗斯刑法学者往往会把俄罗斯刑法的渊源追溯到1903年《刑法典》。据俄罗斯学者所言，1903年《刑法典》在当时世界上也是一部非常先进的法典。当然，与刑法典相对应的是在当时沙俄的一大批刑法学家。那时沙俄的刑法著作非常之多，对刑法总论和分论

---

〔1〕 参见薛瑞麟：《俄罗斯刑法研究》，中国政法大学出版社2000年版，第2—6页。

的研究水平已经达到了一定的高度。这确实代表着俄罗斯白银时代的文化和艺术水平，因为法律制度也是文化的重要组成部分。

1903 年沙俄《刑法典》明确规定了犯罪的形式概念。什么是犯罪？按照该《刑法典》的规定，犯罪是指刑法以刑罚威胁所禁止的行为。这个形式的犯罪概念，可以在很多中国刑法著作中看到。目前，中国刑法学界一部分学者主张废弃混合的犯罪概念，进而采用形式的犯罪概念。形式的犯罪概念并未揭示犯罪的本质问题，仅仅认为被刑法典用刑罚威胁所禁止的行为都是犯罪，而没有回答为什么某一行为会被刑法典禁止的实质问题。这就是形式犯罪概念存在的问题，没能揭示犯罪的本质，而仅仅是从形式上来回答什么是犯罪的问题。1903 年沙俄《刑法典》采用的就是这种形式的犯罪概念。

那么，为什么在中俄刑法学界会有部分学者主张采用形式的犯罪概念呢？这是因为，中俄刑法学界的部分学者认为，形式的犯罪概念与现代刑法的最基本的原则即罪刑法定原则非常吻合。什么是罪刑法定原则呢？我国《刑法》第 3 条规定："法律明文规定为犯罪行为的，依照法律定罪处刑；法律没有明文规定为犯罪行为的，不得定罪处刑。"按照这一规定，一切被刑法禁止的行为都应受到刑罚处罚，刑事法律没有规定为犯罪的行为不得被处以刑罚。罪刑法定原则的经典表述是，"法无明文规定不为罪，法无明文规定不处罚"。可以说，"无法无罪，无法无罚"是罪刑法定原则的经典表述。形式的犯罪概念最大的好处就在于对一个人进行定罪和处罚时，只能依据刑法典，或者刑法，其他的法律不能设定罪与罚的问题。形式的犯罪概念非常明确地给出了衡量犯罪的标准。什么是犯罪呢？被刑法禁止的行为是犯罪。在这个形式的犯罪概念中，既包含了对刑法上罪的规定，也就是刑法所禁止的行为，还包括对罚的规定。形式的犯罪概念非常符合罪刑法定原则。

1903 年沙俄《刑法典》规定了罪刑法定原则，刑事类推制度自然被废止。我国没有明确区分刑事类推和民事类推。类推在刑法上是禁止的，但在民法上却是被允许的，或者说，虽然不提倡，但至少不排斥。俄罗斯民法上明确规定了民事法律规范的类推适用问题。刑事类推制度违背了罪刑法定原则，所以，刑法适用中类推是被明文禁止的。我国罪刑法定原则明确禁止类推适用刑法，因为如果对一个人的行为类推定罪，则违背了行为人对自己行为的预期，也称预测可能性。[1] 1903年沙俄《刑法典》里就规定了禁止类推，这是与当时的启蒙思想相一致的。在我国历史上，清末变法时，于1911年颁布的《大清新刑律》也规定了罪刑法定原则。可以说，这也是受到了西方启蒙思潮影响的一部法典。如此看来，中俄刑法的发展确实存在着历史相似性。

1903年的沙俄《刑法典》中，刑罚体系被简化，废弃了沙俄刑法上的大部分肉刑制度，规定了死刑、苦役、流放定居、感化院关押、监禁、拘役和罚金几种刑罚。1903年时，俄罗斯已经到了沙皇统治末期，沙皇统治时期的特点是要保护沙皇的根本利益，这在这部《刑法典》中，也是有所体现的。比如说，该部刑法典明确规定：针对皇帝、皇后、皇位继承人实施的犯罪，都将被判处死刑。尽管该部刑法典并没能在当时的全俄领土上生效，但“暴动反对最高政权和叛乱罪”这两章内容却在全俄领土上生效了。[2] 因此，刑法上对统治者的保护力度是非常大的。这也是1903年刑法典的特点。

1917年布尔什维克领导的十月革命爆发，俄罗斯步入了社会主义时期。与十月革命胜利相伴而生的是社会的急剧转型。二月革命时期建立的资产阶级临时政府被推翻。苏俄时期，在马克思主义的指导下，布尔什维克建立了一套崭新的社会主义制度。社会主义制度有其赖以生存的经济基础，以及政治、思想基础。因此，若想研究俄罗斯的刑法、民法、宪法，这些都是无法避开的。离开了思想，我们将无法理解人类社会纷繁闪烁的各种制度。俄罗斯学者指出：“在20世纪开头的十七年间在俄罗斯发生了三种政治制度的更迭：君主制、资产阶级民主共和国、工农兵代表苏维埃共和国。每种制度的刑事立法都根据自己的社会政治使命在维护该种制度。”[3]

## 三、俄罗斯刑法变迁的动因

无论是学习中国法律，还是外国法律，如果离开了当时社会的思潮，就不

---

〔1〕 参见黎宏：《刑法学》，法律出版社2012年版，第21—23页。

〔2〕 参见［俄］库兹涅佐娃、佳日科娃主编：《俄罗斯刑法教程》（上卷·犯罪论），黄道秀译，中国法制出版社2002年版，第23—24页。

〔3〕 参见［俄］库兹涅佐娃、佳日科娃主编：《俄罗斯刑法教程》（上卷·犯罪论），黄道秀译，中国法制出版社2002年版，第25页。

能理解某一制度构建的思想根基。制度是思想的体现，只有在具体制度中，某种思想才能被更加清晰地表现出来。那么，如何从思想的角度来认识俄罗斯社会主义时期的刑法制度呢?

第一，社会主义刑法的理论根基问题。社会主义刑法是以社会主义的革命为根本的，社会主义首先否定的是资本主义的理论和制度。马克思主义认为，阶级斗争是人类社会进入到私有制以来不可避免的现象。在产品出现剩余、私有制产生、社会出现了阶级分化后，国家和法才随之产生。产品出现剩余，就会出现产品归谁所有的问题。与之相伴而生的是统治阶级和被统治阶级的出现。奴隶制、封建制和资本主义制度形成了阶级社会的形式，在这种阶级社会中，统治阶级和被统治阶级处于利益的对立和斗争状态。随着被统治阶级的反抗，阶级压迫也随着社会形态的更替出现了缓和。当人类进入资本主义社会后，无产阶级仍然没有摆脱阶级压迫的命运。只是，在平等、人权、自由等资本主义用以反抗封建主义的口号中，剥削和压迫的形式变得更为隐蔽。马克思发现了剩余价值规律，资本家正是通过无偿占有工人阶级的无差别的人类劳动，实现了对工人阶级的剥削。因此，在马克思主义的理论中，阶级斗争被认为是推动人类社会前进的力量。到社会主义时期，统治阶级应该变成无产阶级，工人和无产阶级才代表了最先进的生产力，无产阶级的先锋队是共产党。因此，在马克思看来，社会进步需要推动力，这种推动力是靠阶级斗争来实现的。

当然，还有部分学者认为，除阶级斗争外，推动社会前进的另一种力量便是社会上存在的两大性别的斗争，男性和女性之间的斗争，这也是推动社会进步的一项巨大的动力。在男女两性之间，从纵向上看，女性的地位在逐渐提高，但是还没达到与男性完全平等的状态，这种状态有可能会继续下去。当然，关于男女性别平等对刑事立法的影响问题，如果研究刑法发展史，就会有更加清晰的理解。

社会主义刑法的根基实际上便涉及上述问题。无论是在沙俄时期，还是资本主义时期，刑事法律制度赖以生存的基础便是私有制。十月社会主义革命后，布尔什维克所做的便是消灭私有制，并在公有制基础上构建社会主义法律体系。“苏维埃刑法科学在研究它所面临的问题时，坚定地站在劳动群众立场上，并捍卫劳动群众的利益。”[1] 于是，1917年布尔什维克革命胜利之后，世界上一种全新类型的法律制度，即社会主义法律体系出现了。在社会主义法律体系的鼎盛时期，世界上有1/3的人口生活在该法系中。[2] 社会主义法律体系中，刑法的典型代表便是苏俄《刑法典》。社会主义刑法的典型特征是以马克思列宁主义思想为构建基础。

在苏俄《刑法典》中，我们也能够看到指导思想的相关规定。十月社会主义革命胜利之后，早在1919年时，苏俄便出台了《刑法指导原则》。《刑法指导原则》中已经融入了大量的马克思主义的刑法理念。最典型的是，为了与沙俄时期的刑法制度相区别，其将1903年沙俄《刑法典》规定的很多制度废除了。马克思主义的一些理论观点，在苏俄刑法的发展进程中，被逐渐规定在刑法规范中。当然，随着苏俄社会的具体变化，这些刑事立法也进行了及时必要的修改。

犯罪的本质问题，也涉及制度背后的理论基础问题。1903年的时候，沙俄刑法规定的是形式的犯罪概念，没有涉及犯罪的本质问题。而苏俄时期，废弃了犯罪的形式概念，从实质角度阐释了什么是犯罪的问题，其认为社会危险性才是犯罪的本质属性。对此，从1919年《刑法指导原则》、1922年苏俄《刑法典》，再到1926年苏俄《刑法典》，这方面的规定都非常明确。什么是犯罪？犯罪是对社会有危害的行为。当然，1922年苏俄《刑法典》对社会危害性的表述是，“威胁苏维埃制度的基础及工农政权向共产主义制度过渡时期所建立的法律秩序的一切危害社会的作为或不作为，都认为是犯罪”。而苏俄刑法的任务也被确定为“保护工农苏维埃国家免受犯罪的侵害”。于是，人类历史上便第一次出现了一种犯罪的实质概念。苏联时期的刑法学者认为，这是“法律首次对犯罪的概念作出了明确、公开和正确的解释”[3]。

那么，为什么到20世纪60年代的时候，俄罗斯刑法又把实质的犯罪概念

---

[1] [苏]别利亚耶夫、科瓦廖夫主编：《苏维埃刑法总论》，马改秀等译，群众出版社1987年版，第10页。

[2] 参见[日]大木雅夫：《比较法》，范愉译，法律出版社2006年版，第205页。

[3] [苏]别利亚耶夫、科瓦廖夫主编：《苏维埃刑法总论》，马改秀等译，群众出版社1987年版，第61页。

发展成了混合的犯罪概念呢？也就是说，在犯罪的概念中既规定了社会危害性特征，又规定了犯罪的刑事违法性特征。在某种意义上，这是对刑事古典学派行为刑法的回归，其目的是在犯罪实质特征的基础上，规定犯罪的形式特征，以最大限度地保护人的权利与自由问题。至于社会危害性和刑事违法性的关系问题，在纳乌莫夫教授看来，没有犯罪的实质特征，将无法解释为何某种行为被刑法禁止的问题。“在法治国家中，占首要位置的是违法性特征”。[1] 1960年苏俄《刑法典》直接影响了我国1979年和1997年《刑法》的规定。

理解苏俄刑法的另一个重要切入点，便是犯罪构成理论。苏俄时期和今天的俄罗斯刑法学，通说的犯罪成立理论仍然是四要件的犯罪构成理论，即确定一个行为是否构成犯罪，要从犯罪的客体、犯罪的客观方面、犯罪的主体和犯罪的主观方面这四大要件来判断。这四大要件之间按照一定的逻辑结构排列。四要件的犯罪构成理论依据是马克思主义的基本学说，是马克思唯物辩证法在刑法中的运用。[2] 由于苏俄时期社会制度急剧转型，苏联的社会制度发生了巨变。进而，制度赖以建立的思想基础，包括刑法上的众多制度、理论也发生了变化。犯罪本质被重新做了阐释，犯罪成立理论在马克思唯物辩证法的指导下也建立起来了。与此相对应的是苏俄《刑法典》具体规范的变化，最典型的是在1919年苏俄刑法指导原则，其直接给出了犯罪的实质概念。此外，包括因果关系理论、刑罚目的、刑罚的执行、具体犯罪的成立要件等概念，都发生了极大的变化。

第二，学派之争对苏俄刑法的影响，是理解苏俄刑法众多制度的重要视角。1919年苏俄《刑法指导原则》没有规定分则，这已让众多的中国学者感到诧异。从今天的视角来看，没有刑法分则，对具体犯罪的构成要件规定就不明确，就无法实现罪刑法定原则的基本要求。那么，为什么1919年苏俄《刑法指导原则》没有规定分则呢？

当时苏维埃社会主义国家刚刚建立，苏维埃社会主义国家以工人阶级为领导力量，最终目的是消灭剥削、消灭阶级压迫。作为资本主义国家上层建筑组

---

〔1〕 Наумов А. В. Российское уголовное право. Общая часть. -М.: Проспект, 2018. С. 313.

〔2〕 参见龙长海：《犯罪构成理论问题研究》，法律出版社2015年版，第81—102页。

成部分的法律，自然带有维护剥削阶级利益的目的。于是，在苏俄建国初期，便下达了废除资产阶级法律的命令。布尔什维克要在新思想的指导下，建立新型的社会主义国家。然而，在废除资本主义的法律后，苏维埃国家才发现，社会主义的法到底是什么？其与资本主义法律的区别到底何在呢？在苏俄刚建国的一段时间，具有马克思主义法学素养的刑法学者几乎没有。

然而，尽管新生的苏维埃学者在探索马克思主义法律制度，但他们却对沙俄时期的资本主义法律制度非常熟悉。这套法律制度，被当成剥削阶级的法律制度废除掉了。在废除了以古典学派为基础建立的沙俄刑法制度的同时，刑事实证学派正在崛起。该学派以龙勃罗梭、菲利和加罗法洛为代表。实证学派是与古典学派的观点直接对立的。实证学派学者否定个人拥有意志自由，在犯罪原因论上主张犯罪的决定论。龙勃罗梭更是在解剖犯罪人的基础上，提出了天生犯罪人理论。龙氏的学生菲利，在其老师观点的基础上，进一步提出了犯罪的三原因论，即造成犯罪的原因有自然因素、社会因素以及个人因素。这种观点是对天生犯罪人论的一大修正。实证学派的理论主张对刚刚建立苏维埃政权，与古典学派针锋相对的苏俄刑法学者极具吸引力。当时很多苏俄刑法学者，在否定了古典学派理论的基础上，主张采用实证学派理论学说来构建苏俄刑法制度。

1919 年苏俄《刑法指导原则》有实证学派的烙印。例如，关于犯罪本质的问题，实际上是和实证学派的观念联系在一起的。按照实证学派的观点，建立在自由意志论基础之上的罪刑法定原则，只是古典学派学者的一厢情愿。刑法要惩罚的绝不是犯罪行为，而是实施了犯罪行为的人。刑法的目的不在于对犯罪者的报应，而是要防卫社会。刑事古典学派赖以建立基础的理性人假设，即刑法上的人，都是抽象的人，每个人都一样拥有自由意志，都趋利避害，在实施行为前，都会对自己的行为产生合理的预期，进行精明的算计。也正是在这种理性人假设的基础上，古典学派所主张的罪刑法定原则才能够成立。罪刑法定原则的目的是通过明确地宣布被刑法禁止的行为，并告知实施刑法禁止行为的法律后果，那么，理性的行为人在实施刑法禁止的行为时，就会进行比较。如果说刑罚带来的苦大于通过犯罪所获得的快乐，那么理性人在趋利避害本能的指引下，便会实施对其有利的行为，避免犯罪行为。所以，按照古典学派的观点，法律必须要明确，要尽最大可能地确保人的预测可能性。为此，刑法上必须禁止类推适用。因为一旦有了类推，就会违背理性行为人对自己行为的预期，与罪刑法定原则产生冲突。抽象的理性人观念认为，人选择实施某种行为，或是选择不实施某种行为，都是其自由意志选择的结果。这在刑法理论上叫非决定论，也叫自由意志论。

与自由意志论相对应的是实证学派的决定论。实证学派认为，刑事古典学派赖以建立的根基本身出了问题。问题出在哪里了？出在了理性人的假设上。在刑事古典学派看来，人人都是理性人，除了因年龄和精神状态而导致的刑事责任能力不同外，大家都是无差别的人。在实证学派看来，刑事古典学派的这一假设是存在问题的。社会生活中的每个个体和其他个体都是不一样的。用抽象的理性人概念来取代社会生活中千姿百态的众生相，其理论出发点就是有问题的。社会中的每个个体，都是与众不同的，都是一个独一无二的生物人的存在。龙布罗梭（以下简称龙氏）在对罪犯进行解剖后发现，那些罪大恶极的犯罪人都有体质上的缺陷。龙氏认为，这种缺陷是一种返祖现象，正因为有这样的缺陷，这些人才天生注定要实施犯罪。既然犯罪是注定了的，那么实施犯罪抑或不实施犯罪不是犯罪人自己选择的结果，而是由这个人的个体因素先天就决定了的。

尽管龙氏的这种观点后来受到了很多人的批评，甚至有人嘲笑说，龙氏所画的犯罪人肖像，都有他熟悉的朋友的印记。但是，天生犯罪人的观点，在今天看来还是有一定道理的，并被部分国家用来预防犯罪。例如，韩国针对性犯罪的人采取了化学治疗。因为，性犯罪者体内的雄性激素过多，为此需要通过化学方法降低雄性激素，进而预防这类人再次实施性犯罪。当然，现在的犯罪学，也正是从人的体制的不同方面，研究犯罪人的犯罪原因问题，并成效斐然。现在很多人又研究基因问题，如果一个人得病，是因为该人的基因存在缺陷。由于这种缺陷的存在，到某一时刻人就会生病，所以有人建议从基因上对疾病进行治疗。如果这种理论观点成立，也就是说，一个人的行为，并非是由自由意志决定的。

刑事实证学派的这种观点被苏维埃早期的刑法学者借鉴。“犯罪人就是社会环境的产物，其全部行为、全部动机不取决于他和我们的‘意志’，这一原则被布尔什维克视为公理。"[1] 最典型的是，1919 年苏俄《刑法指导原则》否定了故意和过失的规定。故意、过失是自由意志论里罪过的两种表现形式。早期的苏维埃刑法学者认为，既然人的犯罪不是自由意志的产物，那么谈故意和过失就已经变得没有意义。故意和过失仅仅表明行为人的人身危险性的两个因素。在刑事实证学派理论的影响下，苏俄学者认为，《刑法指导原则》没有必要规定分则的内容。因为犯罪的本质是对社会有危害的行为，只要是对社会有危害的行为，便都应该受到刑罚处罚。按照刑事实证学派的观点，一个人犯了罪之后，刑罚不是对犯罪行为人实施行为的报应，而是为了避免该人再次实施犯罪。也就是说，刑法应该是一种社会防卫的手段。这种社会防卫手段的适用依据，应该是行为人的人身危险性，而不是行为给社会造成的危害。因此，依据刑事古典学派建立起的那个罪刑相当的规范体系是毫无意义的。这就是 1919 年苏俄《刑法指导原则》没有分则的原因。

1919 年苏俄《刑法指导原则》中，规定了犯罪的实质特征，即犯罪的社会危害性。这种社会危害性，在阶级社会体现为对统治阶级秩序的侵害。这也符合马克思的"犯罪是个人反对统治秩序的斗争"的著名论断。1922 年，苏俄又出台了一部苏俄《刑法典》。这部《刑法典》相比 1919 年的《刑法指导原则》有了一些变化，如增加了分则的一些规范，在刑法上肯定了故意过失等基本制度。这种变化的出现，是人们对 1919 年受刑事实证学派影响的《刑法指导原则》反思的结果。1926 年苏俄又出台了一部刑法典，也叫苏俄《刑法典》。

从 1922 年苏俄《刑法典》到 1926 年苏俄《刑法典》，其时间间隔为何如此之近，这需要结合当时苏联的具体国情才能弄清楚其中的原因。苏联是在 1924 年以几个国家成立的条约为基础逐渐发展起来的。在 1922 年苏俄《刑法典》实行不久，苏联便成立了。这在客观上要求苏俄按照苏联刑法的要求，修改其刑法典，因此，才会有 1926 年的苏俄《刑法典》。1926 年苏俄《刑法典》和 1922 年苏俄《刑法典》与 1919 年苏俄《刑法指导原则》是一脉相承的。在

---

[1] [阿塞拜疆] 拉基莫夫：《犯罪与刑罚哲学》，王志华、丛凤玲译，中国政法大学出版社 2016 年版，第 67 页。

犯罪的概念上，规定的都是实质的犯罪概念。既然是实质的犯罪概念，便否定了罪刑法定原则，允许刑法的类推适用和解释。如果刑法典没有将某一危害社会的行为规定为犯罪，只要该行为具有严重的社会危害性，便可以比照与该行为最相似的罪名定罪处罚。尽管刑事类推违反罪刑法定原则，但在苏维埃制度建立之初，刑事类推制度仍发挥过保护苏维埃政权的作用。苏维埃学者认为："在苏维埃国家建立初期的历史条件下，没有或者缺乏立法实践经验。法院和侦查机关的工作也缺乏经验。类推制度填补了法律空白，并使法律与日益变化的生活相适应。"[1]

上述理念，到1960年时发生了改变。1919年苏俄《刑法指导原则》、1922年苏俄《刑法典》和1926年苏俄《刑法典》，都只规定了犯罪的实质概念。这种实质的犯罪概念是与形式的犯罪概念相对应的，具有一定的进步性。然而，按照实质的犯罪概念，只要存在社会危害的行为，都要被判处刑罚，这必然导致刑罚扩大化的问题。按照犯罪的实质概念，有危害的行为就是犯罪，但有危害的行为在社会中太多了，如果纯粹按照危害行为认定犯罪，将会导致行为界限不明确。这种行为界限的不明确性，由于刑事类推制度的存在，将导致刑法将没有规定为犯罪的行为也认定为犯罪。20世纪50年代，苏俄学者提出了罪刑法定原则，主张在犯罪的概念上增加犯罪的形式特征，即刑事违法性特征。于是，混合的犯罪概念便登上了社会主义国家的舞台。这个混合的犯罪概念，既规定了犯罪的实质特征，又规定了犯罪的形式特征。与罪刑法定原则相对应的是，刑事类推被废除。

第三，理解俄罗斯刑法，还要关注俄罗斯社会转型时期的思潮。俄罗斯社会转型时期是从戈尔巴乔夫上台算起的。戈尔巴乔夫上台后，开始进行自由化改革。戈尔巴乔夫出版了《改革与新思维》一书，阐述了他的改革构想。在该书中，戈尔巴乔夫提出，全人类的利益要优于国家民族和阶级的利益，要实行人道的社会主义。当国家利益和全人类利益与阶级利益发生冲突时，应该让全人类利益优于其他两个。但是在戈尔巴乔夫的新思维里存在一个问题，也就是

---

〔1〕［苏］别利亚耶夫、科瓦廖夫主编：《苏维埃刑法总论》，马改秀等译，群众出版社1987年版，第62页。

哪些利益才是全人类的？如果不是，是不是每个国家、每个民族都会有自己的传统，也自然会形成自己的思维和价值观念，并进而构建出本民族和国家的独特价值观念？这些价值观念可能与其他国家的价值观念不同。

随着苏维埃刑法典的不断修改，到苏联解体之后，其又继续沿用了若干年。直到 1996 年的时候，才颁行了俄罗斯新《刑法典》，并于 1997 年生效。从 1997 年算起，俄罗斯新《刑法典》生效到现在，也已经过了 20 多年的时间。在这段时间里，该《刑法典》又随着社会的变迁，进行了若干次的修改、补充和完善。迄今为止，俄罗斯 1996 年《刑法典》的内容，几乎已经被全面修改了。俄罗斯学者认为，对这部法典进行不断修改后，实际上现在的《俄罗斯刑法典》与 1996 年通过的《刑法典》相比，已经完全是两部不同的法典。随着《刑法典》被不断修改，俄罗斯出现了一系列的问题。例如，俄罗斯学者认为，目前俄罗斯刑法典的体系化欠缺，充满了内在的矛盾，存在着刑事法律规范和民事法律规范相混淆的问题。甚至很多俄罗斯学者建议，要对俄罗斯 1996 年《刑法典》重新进行系统化的修改。[1] 持这种观点的人越来越多，很有可能再过若干年，俄罗斯会对其《刑法典》进行全面修改。

那么，为什么俄罗斯 1996 年《刑法典》修改得如此之快呢？这是因为，苏联解体后的俄罗斯社会采取了一种剧烈的变革模式，进而导致其国家正式制度的迅速改变，但与此相应的非正式约束却没能快速变化。其改变了的正式制度和非正式约束之间存在着内在的系统张力。这种紧张关系，必然促使俄罗斯社会不断变革。作为上层建筑的刑事法律，必然会随着俄罗斯社会的变化而修改。因此，俄罗斯社会结构的不稳定，必然导致其法律制度的快速修改。这不仅仅是刑法的问题，还包括其他部门法都存在类似的问题。要想使俄罗斯法律稳定，必须有与之相适应的稳定的社会结构。

---

〔1〕 参见龙长海：《俄罗斯刑法典的困境及原因探析》，载《中国刑事法杂志》2012 年第 2 期。

## 第二章　俄罗斯刑法的任务、基本原则及犯罪的概念与分类

本章将联系我国刑法的相关规定，对俄罗斯刑法的任务、犯罪的概念和犯罪的分类进行阐述。

### 一、俄罗斯刑法的任务

刑法的任务是刑法典的重要内容。俄罗斯刑法的任务被规定在《俄罗斯刑法典》的第2条第1款中，该款规定：本法典的任务是：保护人和公民的权利与自由，保护所有权，维护社会秩序和公共秩序，保护环境，捍卫俄罗斯联邦和宪法制度以防犯罪行为的侵害，保障人类的和平与安全，以及预防犯罪。从中我们可以发现，在刑法目的方面，俄罗斯刑法具有如下特点。

第一，《俄罗斯刑法典》的任务除了保护之外，还包括了预防犯罪的规定。适用刑法的重要目的在于实现刑法的保护功能，要保护国家的、社会的和个人的利益；除此之外，通过运用刑罚与犯罪作斗争进而实现犯罪预防的目的。如此看来，预防犯罪的目的也是我国刑法的重要任务之一，只不过这种犯罪预防的目的是在理论上进行阐释的。刑法的任务是要保护人、社会、国家的利益免受犯罪的侵害，这是任何一个国家的刑法典都应该具有的。刑法通过对法益的保护，进而实现预防犯罪的目的。犯罪预防包括一般预防和个别预防（特别预防）。一般预防是指通过适用刑罚，使潜在的犯罪人能够避免实施犯罪行为，能够告诫社会上那些不稳定分子，使那些具有犯罪倾向的人不敢实施犯罪行为。正是因为有了刑罚这种“必要的恶”的存在，才避免了犯罪人实施犯罪的冲动，这是古典学派以“理性人”为假设建立刑法的基础。

除犯罪的一般预防之外，还有特殊预防，即通过对犯罪的人适用刑罚，以达到矫治犯罪人的目的，防止其在出狱以后继续实施危害社会的行为。《俄罗斯刑法典》将预防犯罪作为俄罗斯刑法的一个重要任务。《俄罗斯刑法典》采用了一种二元化的结构形式，即除了刑罚之外，还规定了一项被称作“刑事法律性质”的措施。这类刑事法律性质的措施与刑法上非常著名的保安处分相类

似。也就是说，俄罗斯刑法应对犯罪的措施包括刑罚和刑事法律性质的措施两类。《俄罗斯刑法典》没直接规定保安处分，而是使用了刑事法律性质的措施这样一种称谓，原因在于：俄罗斯刑法学界对刑事法律性质的措施的属性存在争议。部分学者认为，这种刑事法律性质的措施并不属于保安处分，因此不能完全纳入到保安处分之列。另一部分学者认为，刑事法律性质的措施，就其性质而言，就是保安处分。保安处分和刑罚之间存在着重大区别，二者适用的基础不同。刑罚是针对犯罪的人在自己自由意志的支配下实施犯罪行为的一种恶报，因此适用刑罚的前提是实施了犯罪行为的人或实施了危害社会行为的人具有这种自由意志，具有辨别和控制自己行为的能力，即刑法典上规定的刑事责任能力。适用刑罚是以某人具有刑事责任能力为前提的。适用保安处分的根据便与此不同。适用保安处分是以实施社会危害行为时，行为人具有的人身危险性为根据的，并不以某人具有自由意志为基础。所以保安处分的适用对象既可以是未达到刑事责任年龄的人，也可以是精神病人，这是二者之间的重大差异。从这个角度看，如果将刑事法律性质的措施与保安处分相比较，我们就会发现，其实刑事法律性质的措施可以认为就是保安处分。

《俄罗斯刑法典》规定的刑事法律性质的措施中，规定了诸如强制医疗之类的措施。此外，例如强制戒毒、特别的没收等，也被规定在了刑事法律性质的措施一章中。这都是基于犯罪预防的目的所进行的规定，将预防犯罪作为刑法的重要任务，是被《俄罗斯刑法典》明确规定了的。

第二，《俄罗斯刑法典》对刑法所保护的法益的位阶排列做出了特别的规定。俄罗斯联邦《刑法典》将个人法益置于《刑法典》分则之前，以此来突出国家对个人的保护。苏联时期，戈尔巴乔夫上台后，提出了“重建与新思维”的纲领性论断，认为“新思维的核心是承认全人类的价值高于一切”〔1〕，并以此为指南，对整个苏联体制进行了破釜沉舟式的改造。这种剧烈的价值观变化，在俄罗斯刑法的任务上，便体现在将个人法益前移之上。我国学者认为：“这种市民个人权利优先的价值取向，正是俄罗斯联邦在立法上的一大进

〔1〕［苏］戈尔巴乔夫：《改革与新思维》，苏群译，新华出版社 1987 年版，第 184 页。

步。”[1] 在俄罗斯刑法分则各章的排列顺序上，其首先规定的是侵犯公民人身权利的犯罪。在这类犯罪中，侵害生命权的犯罪危害最大。因此，《俄罗斯刑法典》分则的第一个罪名便是第105条规定的故意杀人罪。进而，俄罗斯刑法按照新的价值理念，构建起来一个新的价值序列。

苏联解体之后，俄罗斯进行了长时间的关于人道的大改造，甚至于刑法的人道化问题，直到今天也仍然是俄罗斯社会讨论的一个重要话题。在这样一个社会剧烈变革的时期，俄罗斯学界最终得出了一项结论——人和公民的权利与自由才是法律保护的首要价值，这一点也具体体现在俄罗斯的宪法中，且必然要在作为部门法的刑法上有所体现。因此，为将俄罗斯宪法原则性的规定落实到刑法的具体条文中，《俄罗斯刑法典》第2条第1款便将人和公民的权利与自由作为俄罗斯刑法典首要的保护价值予以规定。

在这一款中，使用了“人”与“公民”两个词，这是为了突出人与公民在法律属性上的差别。人与公民所涵盖的范围不同，公民是一种政治身份，是在某国中，某人享有一定的政治权利和履行政治义务的依据。除了政治权利和义务之外，人享有作为一个人所应该享有的权利与自由。因此，在这种意义上，人和公民的权利与自由是相同的，或者说，很大一部分是相同的，比如生命权、健康权、财产权等。不论一个人是否是一个国家的公民，按照国际法的规定，都应该得到平等的保护。但人与公民权利的不同之处主要集中在其享有的政治身份上，一旦拥有一个国家公民的身份，便应该享有政治权利。这种政治权利主要体现在选举权和被选举权上，这是作为一个公民而言最基本的政治权利，除非因法律的规定而丧失这种政治权利。拥有政治权利的人才有权参与国家的民主管理。这是《俄罗斯刑法典》中将人与公民进行区分的重要原因。

包括俄罗斯学者在内的很多学者都认为，俄罗斯按照个人、社会和国家这种位阶的顺序来排列刑法分则规定的犯罪，实际上也仅仅起到了一种宣誓的作用。如果说人的价值优先，那么为什么不把国际犯罪放到俄罗斯刑法分则第一章呢？这一章不是保护全人类的价值吗？当然，这是学界的一种观点，对这种观点，我们要理性看待。保护人与公民的利益是任何一个国家首先应该做到的

---

[1] 赵微：《俄罗斯联邦刑法》，法律出版社2003年版，第5页。

事情，我国也是如此，国家和政府越来越重视民生保护。因此，尽管我国刑法分则犯罪的排列顺序没变，但其仍然突出对人与公民个人法益的保护。

第三，俄罗斯刑法明确了对其他法益的保护任务。实际上，所有权也属于人与公民所享有的权利，当然，国家也享有国家所有权。此外，俄罗斯刑法还特别提出了对社会秩序、公共秩序和环境的保护，这些属于社会法益的范畴。这种排列顺序也表明社会法益让位于个人法益的秩序安排。

第四，俄罗斯刑法特别标明了其对人类和平与安全的保护。对这类法益的侵害属于侵害到国际公约规定的犯罪之列。《俄罗斯刑法典》分则最后一章便规定了“破坏人类和平与安全的犯罪”。具体而言，这一章中规定了战争罪、灭绝种族罪、生态灭绝罪、雇佣军罪和袭击受国际保护的人员或机构等罪名。

在理解俄罗斯刑法保护法益的任务时，需要注意保护任务的双重性。一方面刑法是用来打击犯罪的，要保护人、社会、国家的法益；另一方面刑法还有一个重任——保障犯罪的个人免受来自国家的法外侵害，我们通常将这个任务称作是刑法的保障功能。这是从成文法典限制国家公权，保护公民个人权利的角度来说的。刑法典上规定的犯罪，在本质上都是一种行为。无论是我国《刑法》，还是《俄罗斯刑法典》，对其理解都是相同的。例如盗窃罪，即以非法占有为目的，秘密窃取他人财物的行为——所有的罪名都可以归结为某种危害行为。成文刑法典的优势便在于界定了个人和国家之间的这种权利义务关系。国家想要惩罚一个人，只有在刑法典有明确规定的情况下才可以，这个原则叫罪刑法定。另外，一个人犯了罪，受到的刑罚处罚不能突破刑法典的界限。这是罪刑法定原则的要求。刑法典的保护功能还包括使犯罪人免受来自国家恣意惩罚。当然，对此我们更多地是从刑法的保障功能的角度来阐述的。

《俄罗斯刑法典》第 2 条第 2 款规定：为了实现这些任务，本法典规定了刑事责任的根据和原则，规定哪些危害个人、社会和国家的行为是犯罪，并规定处罚犯罪的刑罚种类和其他刑法性质的措施。该款规定是为了实现俄罗斯刑法任务的具体措施，即刑事责任、犯罪、刑罚的种类和刑事法律性质的措施。俄罗斯通过这些具体制度的实现，进而实现刑法的任务和目的。

## 二、俄罗斯刑法的基本原则

法治原则是俄罗斯刑法的第一个基本原则。法治原则基本上等同于我国刑法上的罪刑法定原则。罪刑法定原则的“价值内涵和内在要求，在刑法中得到了充分的体现”。[1] 在具体的阐释上，其指犯罪和刑罚都要由刑法典进行明确的规定。法无明文规定不为罪，法无明文规定不处罚。这是罪刑法定原则的基本内涵。

公民在法律面前平等是俄罗斯刑法的第二个基本原则。这个原则和我国《刑法》上的平等原则类似。被告人的身份、地位、财产以及血缘等因素不能影响对其定罪和量刑，这是平等原则在刑法上的具体体现。

罪过原则是俄罗斯刑法的第三个基本原则。《俄罗斯刑法典》第5条第1款规定，只有实施危害社会的行为（不作为），并因罪过而发生社会危害后果的人才应承担刑事责任。罪过原则特别强调，一个人的行为尽管造成了危害社会的后果，也不一定承担刑事责任。如果要承担刑事责任，则要求该人实施行为时必须是有主观罪过的。“对无罪过行为进行归罪，也就是对行为人没有预见，也不可能预见行为的社会危害性，便丧失了教育和惩罚的意义，因此是不可接受的。”[2] 基于罪过而实施社会危害行为的情况下，才能对行为人处以刑罚。《俄罗斯刑法典》第5条第2款规定，不允许客观归罪，也就是不允许对无罪过的致人损害追究责任。这是对追究行为人刑事责任的主观心理罪过要求的再次强调。俄罗斯刑法罪过原则具有深厚的道德伦理基础，更有利于刑法规范被人们接受并执行。[3] 我国刑法尽管没有规定罪过原则，但学界在理论上认为，要追究一个人的刑事责任必须坚持主客观相统一原则，也就是说，追究一个人的刑事责任既要考虑客观方面，也要考虑主观方面。如果一个人的行为给社会造成了危害，但这种危害并不是基于人的故意或过失而发生的，也不能追究行为人的责任。我国刑法上规定的不可抗力和意外事件就是如此。尽管造成了损害，但由于不体现人的认识和控制能力，便不存在着预防和惩罚的必要

---

〔1〕 陈兴良：《规范刑法学》，中国人民大学出版社2015年版，第17页。

〔2〕 Наумов А. В. Российское уголовное право. Общая часть. М. , Проспект, 2018. С. 76-77.

〔3〕 参见龙长海：《俄罗斯刑法罪过原则研究》，载《刑法论丛》2018年第4期。

性，也就没有必要将其作为犯罪处理。在适用刑法的时候，既要反对主观归罪，仅考虑个人的主观恶而不考虑行为的客观危害，也要反对客观归罪。罪过原则作为俄罗斯刑法的基本原则之一，要求适用刑法的时候，要充分关注行为人的主观罪过。

公正原则是俄罗斯刑法的第四个基本原则。公正原则体现在对实施了犯罪的行为人，应该公正地适用刑罚及其他刑事法律性质的措施，即应当与犯罪社会危害性的性质、程度、犯罪情节及犯罪人的人身危险性相适应。公正原则类似于我国刑法典的罪责刑相适应原则，但这一原则又非常有特色，旗帜鲜明地强调刑罚既要与社会危害相适应，又要和犯罪人的人身危险性相适应，实际上是罪刑相当原则在刑法上的新发展。罪刑相当原则，即一个人犯的罪或应当受到的刑罚处罚，应该与他的犯罪行为相适应。这里的“罪”通常指犯罪行为给社会造成的危害。在此后的刑法发展过程中，人们发现刑罚不仅仅要与行为给社会造成的危害相适应，还应该考虑到犯罪人的人身危险性问题。人身危险性大，刑罚便应该重一些；反之，人身危险性小，刑罚也应该轻一些。这是公正原则非常明显的体现。此外，公正原则还规定了任何人不得因一次罪行承担两次刑事责任，这也被称作“一事不再罚”。受过一次处罚，不能够因为同一行为再次受到刑事处罚，这也是公正原则的要求之一。

人道原则是俄罗斯刑法的第五个基本原则。《俄罗斯刑法典》第 7 条第 1 款规定，俄罗斯联邦刑事立法保障人的安全。该条第 2 款规定：犯罪的人适用刑罚及其他刑事法律性质的措施，不得以使身体痛苦和侮辱人格为目的。我国刑法上并没有规定人道原则。人应当被看作是人，而不论这个人所处的地位和环境或状况如何。人道原则与人道主义的要求存在联系。人道主义特别突出人的尊严，人的权利自由应当受到法律的保护。俄罗斯刑法的人道原则，实际上包括两方面的内容。一方面，人道原则要求保护一般人。绝大多数的人都是善良、守法的人，首先要保障这部分人的权利和自由。另一方面，人道原则还要保护犯罪人。联合国的《禁止酷刑和其他残忍、不人道或有辱人格的待遇或处罚公约》要求，当怀疑一个人犯罪的时候，将该人逮捕，但不得进行刑讯逼供，适用刑罚的时候也不得侮辱其人格，或者以造成身体上的痛苦为目的。这是人道原则的要求。按照人道原则的理解，在俄罗斯的刑法中，有两种人，一种是一般人，另一种是犯了罪的人。对一般人的保护是通过刑法的保护功能来实现的。从人道的角度看，俄罗斯刑法规定对未满 18 周岁的人不判处死刑，同时规定对 65 岁以上的男性不能判处死刑，对女性不适用死刑。有人说对女性不适用死刑是基于犯罪学的考量，也有俄罗斯学者说这是俄罗斯的一个传统。当然，而从犯罪学的角度看，死刑适用的对象多是暴力犯罪，并且是侵害个人生命的犯罪。从犯罪学的规律看，女性实施的暴力犯罪是不多见的，这和女性的生理结构有关。当然，俄罗斯刑法人道原则还有诸如自由刑适用规则等其他一些具体的体现。

### 三、俄罗斯刑法上犯罪的概念

对于什么是犯罪的问题，存在着不同的定义。“一个犯罪定义，要顾及实然的犯罪与应然的犯罪、现在的犯罪与过去和将来的犯罪，实为难事。”〔1〕我国刑法规定的犯罪的概念，即危害社会的、违反刑法的、应该受到刑罚处罚的行为。这个概念实际上强调了两大特性，第一大特性叫作社会危害性，第二大特性叫作刑事违法性。当然也有人说还包括应受处罚性，这也是犯罪的一个重要的特性。对此学界是有争议的，有人认为有两条特性就够了。我国《刑法》第 13 条给出的是混合的犯罪概念，其中既有实质特征或社会特征，即社会危害性特征，又有法律特征或刑事违法性特征。

1960 年的苏俄《刑法典》的规定便采用了这种混合的犯罪概念。实质的犯罪概念、形式的犯罪概念和混合的犯罪概念在俄罗斯刑法史上都曾出现过。最早出现的是形式的犯罪概念，即仅仅给出了犯罪的形式特征，某一行为被刑法典禁止即犯罪。这种形式的犯罪概念在我国学界很多学者都是支持和赞成的。犯罪是只被刑法典禁止的行为，或者说犯罪是被刑法用刑罚威慑禁止的行为。在认定一个行为是否为犯罪时，是仅仅依据形式上的特征即是不是被刑法典禁止来确定的。但形式的犯罪概念中并没有说明刑法典为什么将一个行为认定为犯罪行为，这是形式的犯罪概念所具有的或没能给出一个本质上的答案的问题。这种形式的犯罪概念是被沙俄时期的《刑法典》所规定的，沙俄时期的

---

〔1〕张明楷：《刑法学》（上），法律出版社 2016 年版，第 85 页。

《刑法典》非常典型地采用了形式的犯罪概念，沙俄时期的刑法典尤其是最后的一部，即1903年公布的刑法典当中，明确采用了这种形式的犯罪概念。形式的犯罪概念到苏俄时期发生了变化。最典型的是在1919年的苏俄《刑法指导原则》当中未采用形式的概念，而采用实质的概念。实质的犯罪概念是从犯罪的本质来回答什么是犯罪问题，犯罪是具有社会危害性的行为。这种纯粹的实质的犯罪概念是从本质上界定的。具体到1919年、1922年、1926年的苏俄《刑法典》都是按照这样的一种思路对犯罪进行界定的。在1919年的苏俄《刑法指导原则》当中便明确规定，犯罪是危害工农苏维埃政权、危害工农苏维埃社会秩序的行为。1922年和1926年的苏俄《刑法典》也明确规定，犯罪是危害到工农苏维埃政权，危害到工农苏维埃政权在从社会主义向共产主义过渡时期所建立的社会秩序的行为。1919年、1922年、1926年修订的苏俄《刑法典》，从犯罪的本质上对犯罪进行界定，犯罪是对社会有危害的行为。实质的犯罪概念与形式的犯罪概念相比有一定的优点，能回答为什么一个行为是犯罪的问题，避免了形式概念存在的循环论证的缺陷。在形式的犯罪概念当中，犯罪是被刑法典规定的行为；一个行为之所以被刑法典规定，是因为这个行为是犯罪。这是形式的概念的一个缺陷，而实质的概念则从本质上回答为什么一个行为是犯罪。这种实质的概念从本质上回答为什么一个行为是犯罪，但其也有一个重大缺陷，就是在评价一个行为是否是犯罪的时候脱离了刑法典，没有说犯罪是被刑法典明确规定的行为。这在实践当中会导致只要一个行为具有社会危害性，尽管刑法典没有规定为犯罪，但是仍然可以判处刑罚。刑事类推就是一个典型的例证。1919年、1922年和1926年的苏俄《刑法典》无一类外地都规定了类推制度，即刑事类推制度。这种实质的概念过于强调行为的本质或者犯罪的本质给社会造成的危害。在过于强调的情况下会突破形式主义的要求，即刑法典的明文规定，从而导致了对于犯罪的打击面过大，违背了形式主义或古典主义法学所要求的人的预测可能。1958年的苏联《刑事立法指导原则》明确规定构成犯罪，既要求社会危害性，又要求刑事特征即刑法违法性特征。到了1960年苏俄《刑法典》，也按照1958年苏联《刑事立法指导原则》的规定，采用了实质加形式的混合的概念。危害社会的并被刑法典用刑罚禁止的行为才是犯罪。按照这种混合的概念评价一个行为是否是犯罪的时候，首先要看该行为是否具有社会危害性，即使是有社会危害的行为，还要从刑事上进行排除。如果刑法典没有规定为犯罪，就不能判处刑罚处罚。这是犯罪概念的演变。

1996年俄罗斯新的《刑法典》出台，也采用了混合的犯罪概念，既有实质特征——社会危害性，又有形式特征——刑事违法性。俄罗斯刑法目前的犯罪概念中，除了要求具有社会危害性、刑事违法性之外，还要求具有罪过性。比较俄罗斯1996年刑法犯罪概念和1960年刑法犯罪概念，我们会发现其中有一个比较大的差异，或者说，至少在理论上有这样一种提法，1960年的《刑法典》是把社会危害性放到首位，认为刑事违法性是派生的。判断一个行为是不是犯罪，一个最主要的特征还是社会危害性，然后才是刑事违法性。到了1996年，众多俄罗斯学者对社会危害性和刑事违法性之间的关系进行了反思，认为刑事违法性要放在社会危害性之前，也就是说，在界定一个行为是不是犯罪的时候，首先要考虑的是刑法典是不是有规定。在刑法典对某个行为认定为犯罪的情况下，还要从本质上进行考虑，这种行为是否达到了应受刑罚处罚的社会危害性。这是在《俄罗斯刑法典》上明确规定的，最典型的是规定了情节显著轻微、危害不大的不认为是犯罪。当今俄罗斯刑法的犯罪概念：本法典以刑罚相威胁所禁止的，有罪过地实施危害社会的行为是犯罪。这也是1996年《俄罗斯刑法典》对犯罪概念的规定。

根据《俄罗斯刑法典》第14条第1款的规定，本法典以刑罚相威胁——强调的是刑事违法性；有罪过地实施——强调的是犯罪的罪过性；危害社会——强调的是社会危害性。什么是社会危害性？社会危害性到底是一种现实性的损害，还是一种包含了主观内容的损害？一种观点认为，如果把社会危害性理解为一种现实的损害，或者说一种客观的损害的话，那么社会危害性就等于客观危害。比如说，甲毁坏乙的财物。那么社会危害性要以被损坏的财物的价值来衡量。这是从社会危害性这种客观的角度来理解的。另外一种观点认为，社会危害性除了这种客观的损害之外，还包含了主观的内容。[1] 例如抢

---

〔1〕 参见龙长海：《社会危害性理论在原社会主义法系国家的当代命运》，载《南京大学法律评论》2016年第1期。

劫，一个人抢了东西，那么他的社会危害性是不是纯粹根据被抢的东西的数量呢？盗窃是不是以小偷偷的财产的数额为限呢？不完全是。也就是说，在计算上述社会危害性的时候，我们在绝大多数情况下考虑它客观的损害，同时又考虑到行为人在实施行为时体现出的主观恶意，甚至通常情况下我们要考虑被侵害人的特性，以此来体现犯罪人实施犯罪行为时表现出的危害性。那么最典型的，小偷偷东西，我们看偷谁的东西，这对定罪和量刑都有影响。到医院里去偷病人的东西，根据《俄罗斯刑法典》的规定，按普通盗窃的数额来计算，如果是普通的盗窃，偷1600元钱的东西算是犯罪，但在医院里偷病人800元钱的东西就是犯罪。还有很多情形不以数额计，但都认定为犯罪。通说认为理论上社会危害性是一种主客观的范畴。这种社会危害性还具有一种变异性，会随着社会的发展而发生变化，可能在过去具有危害性了，但随着社会的发展，现在不具有危害性了。这是一种稳定性与变异性的结合，同时也是一种质和量的结合，也就是说从量变到质变是有一定过程的。我国《刑法》第13条有一个"但书"的规定，"但是行为显著轻微，危害不大的，不认定为犯罪"。在这一点上，中俄刑法之间是有共性的。

关于犯罪的社会危害性能否作为犯罪的本质特征，俄罗斯学界是有重大争议的。苏联解体之后，1996年《俄罗斯刑法典》出台之前，很多学者反对社会危害性。反对的理由是：其一，社会危害性不是一个规范的范畴。一个行为具有或不具有社会危害性，不是刑法典所能衡量的，取决于社会的变化发展。这种情况就导致了刑法典的不确定性，或者说行为处罚的不确定性。这是批评者认为的社会危害性的第一个缺点。其二，社会危害性除了上述的不是一个规范的属性之外，同时又更多地与阶级性联系在一起。社会主义刑法有一个特点，反映了马克思列宁主义关于社会主义的论断。马克思主义将社会主义和资本主义之间的对立看作是阶级斗争的问题。在资本主义社会资本家实行统治，无产阶级是被压迫者，到了社会主义社会或共产主义社会，无产阶级是统治者。社会危害性在很多学者看来，是意识形态化的范畴，与阶级斗争和政治紧密联系在一起，是不利于刑法发展的。其三，过于强调社会危害性，可能突破刑法的界限，进而导致人权受侵害。上述三点是俄罗斯学者对社会危害性的批判，当然也有一些其他的观点。与此相对应，很多俄罗斯学者提出要废除社会危害性理论，而直接采用社会违法性。犯罪即被刑法典以刑罚威胁所禁止的行为，他们主张回归1903年沙俄《刑法典》的犯罪概念，认为只有被刑法禁止的行为才是犯罪。形式犯罪概念的支持者贡塔里指出："从刑法规范被创建时刻起，才存在犯罪现象。"[1] 这种思潮在后来的发展当中受到了批判，主流的俄罗斯学者还是认为社会危害性应该保留。"无论在理论上或者是实践上，任何人任何时候都不曾建议放弃社会危害性……"[2] 只不过社会危害性和刑事违法性的顺序要发生变化，将社会危害性限定在刑事违法性之内。具体否认的理由是社会危害性可以得到准确的界定，通过刑事违法性进行整合，同时社会危害性与刑事违法性相比更能够揭示犯罪的本质。在这种讨论中，很多学者对社会科学是否具有意识形态化的属性产生了疑问。法律是典型的社会科学，这实际上是融入了我们的价值判断，这就导致世界上的国家在社会科学上存在差异。刑事违法性通常从形式的角度进行考虑，是刑法典上规定的犯罪行为。

除了刑事违法性还有罪过性，罪过性在俄罗斯、尤其是在1996年《俄罗斯刑法典》对犯罪的概念所做的一次特别的修正中得到阐述，即能够被认定为犯罪的行为必须是能够体现行为人主观上的恶的行为。也就是说，如果一个人遭受到刑罚处罚，那么他一定是有罪过地实施了危害社会的行为。如果一个人实施的行为尽管给社会造成了危害，但并不体现该人主观上的恶性的话，就不能够被认定为犯罪。尽管我国刑法里没有体现这样的一个罪过性的特征，但其在实践当中是采用的。追究一个人的刑事责任，一定要求该人具有故意或过失的心理状态。这种故意或者过失的心理在理论上被阐释为罪过性，还有应受刑罚的惩罚性。

### 四、俄罗斯刑法犯罪的分类

当今俄罗斯刑法按照犯罪的实质特征对犯罪进行分类，将犯罪分为特别严重的犯罪、严重的犯罪、中等程度的犯罪和轻罪。在立法上对犯罪进行分类，

---

〔1〕 Энциклопедия уголовного права. Т. 3. Понятие преступления. – Издание профессора Малинина. СПб. , 2005. С. 4.

〔2〕［俄］库兹涅佐娃、佳日科娃主编：《俄罗斯刑法教程》（上卷·犯罪论），黄道秀译，中国法制出版社2002年版，第137页。

有利于对犯罪进行区别对待，准确适用国家刑事政策。根据《俄罗斯刑法典》第 15 条的规定，按照犯罪社会危害性的性质和程度，分为轻罪、中等严重的犯罪、严重犯罪和特别严重的犯罪。故意或过失行为，《俄罗斯刑法典》对之规定的最高刑罚不超过 3 年剥夺自由的，是轻罪。故意行为，《俄罗斯刑法典》对之规定的最高刑罚不超过 5 年剥夺自由的；过失行为，《俄罗斯刑法典》对之规定的最高刑罚不超过 10 年剥夺自由的，是中等严重的犯罪。故意行为，《俄罗斯刑法典》对之规定的最高刑罚不超过 10 年剥夺自由的；过失行为，《俄罗斯刑法典》对之规定的最高刑罚不超过 15 年剥夺自由的，是严重犯罪。故意行为，《俄罗斯刑法典》对之规定的最高刑罚超过 10 年剥夺自由或更重的，是特别严重的犯罪。

## 第三章　俄罗斯刑法犯罪构成理论

我国刑法学界对犯罪构成理论进行过激烈的争辩。学界出现过用三阶层的构成要件理论替代四要件犯罪构成理论的观点。但在我国“马工程”教材《刑法学》中，四要件犯罪构成理论继续被作为通说保留下来。[1] 四要件犯罪构成理论从苏俄刑法理论借鉴而来。20 世纪 50 年代，新中国的老一辈刑法学家学习并引进了四要件犯罪构成理论。那么，苏联时期四要件犯罪构成理论又是从何而来呢？

### 一、犯罪成立理论的思想基础

苏联时期四要件犯罪构成理论不是凭空产生的，而是有着深厚的哲学基础。通过对犯罪构成理论的研究我们可以发现，四要件犯罪构成理论最早发端于德国的刑事黑格尔学派。同样，三阶层的构成要件理论，也发源于德国。这两套判断犯罪成立的理论都发源于德国，为什么会出现如此大的不同呢？这是因为，这两套犯罪成立理论所赖以建立的哲学基础不一样。三阶层的构成要件

[1] 《刑法学》编写组编：《刑法学》，高等教育出版社 2019 年版，第 83—192 页。

理论基础是康德哲学。事实和价值之间的关系是哲学上的重要问题之一。事实回答是与否的问题，自然科学基本上做的是事实研究。一个杯子，它的颜色、体积是什么？这回答的是一个事实问题。但是，我们除了对杯子做事实判断外，还经常做价值判断。比如，一个杯子是否好看？对杯子是否好看的问题，其实是一个价值判断。与事实判断不同，在价值判断方面，不同的人会给出不同的结论。同样的一个杯子，有人认为好看，也有人认为不好看。有一句话叫"情人眼里出西施"，这句话的意思就是，美和不美的标准取决于个人的主观判断。社会生活需要有价值观的引领，当社会上绝大多数人都赞同某种社会观念时，就会形成这个社会的主流价值观。主流价值观有什么作用呢？只有价值观相同的人，才更容易在一起合作，才更容易形成共同的奋斗目标、形成合力。为什么我们现在特别重视思想层面的东西？有一句话叫："道不同不相为谋"，这个"道"当然是指志向、追求。这是一个人的主观追求。这些属于事实层面的判断和价值层面的判断问题。

受康德思想的影响，德国出现了刑事康德学派。这一学派主张阶层论的犯罪成立理论，也就是构成要件符合性、违法性和有责性。三阶层的理论体系，后来也发生了一些变化，如区分不法和有责的两阶层理论等。但无论其外在形式如何改变，都没有脱离开康德的思想。德国刑法理论上的康德学派，基本上支持价值和事实二分的观点，认为从事实当中不能推断出价值，进而也将主观和客观对立起来。这在刑法的犯罪成立理论上，又是如何体现的呢？三阶层理论体系中构成要件符合性，判断的是一个行为与刑法分则中某一罪状是否相符的问题，进而认为，构成要件符合性是一种价值无涉的、中立的事实判断，也是一种客观的判断过程。进行构成要件符合性判断之后，才能判断行为是不是违法。但在违法性判断阶层，已经包含了价值判断。而在有责性阶层需要判断故意和过失形式的罪过问题。因此，三阶层理论是按照价值和事实二分的基本哲学观念构建出来的。三阶层的犯罪成立理论，不论后来如何演变，其思想基础都没有脱离康德思想。

康德之后，黑格尔崛起。黑格尔的辩证法思想也对犯罪成立理论的建立产生了深远影响。与康德哲学不同，黑格尔认为主客观之间是对立统一的，同样，事实与价值也不是完全对立的。受黑格尔哲学思想的影响，刑事黑格尔学派产生。刑事黑格尔学派并没有赞同事实与价值、主观与客观完全对立的哲学观念，而是认为构成要件中，既有客观要素，又有主观要素；既有事实判断，又有价值判断。在这样的思想基础上，其孕育发展了四要件的犯罪构成理论。刑事黑格尔学派的思想通过沙俄时期以塔甘采夫为代表的刑法学家的努力，四要件的犯罪构成理论被引入到了沙俄时期的刑法学中。1917 年十月革命爆发，沙俄时期建立的法律秩序被废除，然而，四要件的犯罪构成理论却得以保留和发展。这其中的原因是，黑格尔的辩证法和马克思主义的唯物辩证法之间存在联系。马克思主义有三大来源，即空想社会主义、德国的古典哲学和英国的政治经济学。马克思曾经多次在他的著作中指出，黑格尔是他的老师。年轻时期的马克思曾经是一个黑格尔主义者，但后来他的思想发生了变化。马克思是唯物主义者，黑格尔是唯心主义者，但黑格尔的辩证法对马克思产生了重要影响。在黑格尔辩证法思想的基础上，马克思提出了唯物辩证法。唯物辩证法和黑格尔辩证法之间是什么关系呢？马克思把黑格尔头脚倒立的辩证法给正了过来。为什么马克思说黑格尔的辩证法头脚倒立？原因便在于黑格尔是唯心主义者，强调精神决定物质。正是由于这种关系，马克思继承并超越了黑格尔的辩证法思想。而正是基于上述原因，苏俄时期刑法学者以马克思主义为基础，继承并发展了四要件的犯罪成立理论。[1] 所以以特拉伊宁和皮昂特科夫基为代表的苏俄刑法学家，在唯物辩证法的基础上，创造性地继承和发展了四要件的犯罪构成理论。四要件犯罪构成理论强调主客观的辩证统一，强调事实与价值间的对立统一。

四要件犯罪构成理论在当今的俄罗斯刑法学界依然是通说。尽管四要件犯罪构成理论的内部，即关于四要件的结构等问题，存在诸多争议，但基本上保持了四要件的稳定结构。[2] 俄罗斯通说的四要件犯罪构成理论，存在着两种结构形式：一种结构是犯罪客体、犯罪客观方面、犯罪主体和犯罪主观方面；另一种结构是犯罪客体、犯罪客观方面、犯罪主观方面和犯罪主体。这两种结构形式基本上遵循了从客观到主观的认定犯罪的基本模式，基本坚持了先事实

---

〔1〕 参见龙长海：《犯罪构成理论问题研究》，法律出版社 2015 年版，第 98 页。

〔2〕 参见龙长海：《犯罪构成理论问题研究》，法律出版社 2015 年版，第 105—120 页。

后价值的判断顺序。我国通说的四要件犯罪构成理论，是按照犯罪客体、犯罪客观方面、犯罪主体和犯罪主观方面排列的。这种排列顺序的依据是犯罪行为发生后的逻辑顺序。对某种社会危害性行为科处刑罚的前提，是该种行为侵害了某种被刑法保护的社会关系，也就是犯罪客体需要存在。只有被刑法保护的社会关系存在，才有侵害这种社会关系的行为构成犯罪的可能。所以认定犯罪的第一个要件是犯罪客体要件。在犯罪客体遭受侵害之后，才会出现犯罪客观方面的要素。比如，一具尸体的发现，会让人想到受刑法所保护的人的生命权遭受到了侵害。因此，先有客体，然后再去寻找造成犯罪客体遭受侵害的客观要件，根据客观要件查找犯罪主体，最后确定犯罪主观方面。这就是通说的四要件犯罪构成理论四大要件的排列顺序。中国如此，俄罗斯也是如此。

## 二、犯罪客体

俄罗斯犯罪构成理论中的第一个要件是犯罪客体。四要件犯罪构成理论使用犯罪客体，但三阶层的犯罪成立理论使用的是法益。尽管二者称谓不同，但实际上表述的都是被社会危害行为侵害、受刑法保护的对象。俄罗斯刑法学界对犯罪客体的阐释，存在着三种观点。第一种观点是较为传统的社会关系说。按照这种观点，犯罪客体是被刑法保护的、被犯罪行为侵害的社会关系。将犯罪客体理解为社会关系，在我国也是通说。马克思曾经在关于“林木盗窃案”一文中指出，盗窃林木，看起来是侵害了林木本身，但实际上盗窃林木行为侵害的是林木背后的所有权关系。〔1〕这一论述，暗含了将犯罪客体解释为社会关系的根据。犯罪对象的背后其实隐含了国家的制度安排。因此，将犯罪客体阐述为社会关系，目前在中俄刑法理论界都有一定的支持者。第二种观点是法益说。俄罗斯的纳乌莫夫教授便将犯罪客体阐述为法益。〔2〕法益说在我国也有很多学者支持。第三种观点认为，个人或者某部分人是犯罪的客体。这在俄罗斯也是一种新的见解，但并没有得到俄罗斯刑法学界的广泛认同。应该说，关于何为犯罪客体，在中俄刑法理论上，社会关系说和法益说是两种得到支持

---

〔1〕《马克思恩格斯全集》（第1卷），人民出版社1995年版，第244页。

〔2〕Наумов А. В. Российское уголовное право. Т. 1. Общая часть. М.: Волтерс Клувер, 2011. С. 325.

最多的学说。[1]

在犯罪客体的分类方面，中俄刑法理论存在一定的相似之处。犯罪客体分成一般客体、同类客体和直接客体，直接客体又分为复杂客体和简单客体。复杂客体又区分出主要客体和次要客体。我们在犯罪客体中研究犯罪对象和犯罪被害人，犯罪对象是犯罪行为直接作用的人或物。俄罗斯刑法中，将被害人从犯罪对象中区分出来。在刑法理论中将被害人纳入进来，实际上符合了新社会防卫论重视被害人的理论趋势，也与当前的刑法和刑事诉讼法对被害人的关注、保护的趋势相符合。

## 三、犯罪客观方面

犯罪客观方面是犯罪构成的第二大要件。在犯罪客观方面中，危害行为是首要的必要要件。犯罪是什么？对于犯罪，不论我们如何定义，最终的落脚点都是将犯罪限定在某种行为上。例如，盗窃罪。盗窃罪是以非法占有为目的、秘密窃取他人财物的行为。犯罪客观方面在整个犯罪构成理论中，占有极其重要的地位。行为可以分为作为和不作为。在作为方式上，俄罗斯刑法理论也与我国基本一致。俄罗斯刑法也强调若构成不作为，首先要有作为的义务来源。俄罗斯不作为义务的来源主要有三大类。一是法律的规定；二是职务或者职业上的要求；三是先前行为。[2] 构成不作为，除了作为义务外，还必须要求有作为可能性。因为法律不能强人所难。一个人尽管有作为义务，但没有作为可能性或者不具有作为能力的时候，也不能追究该人的刑事责任。

在犯罪构成的客观方面，危害结果也非常重要。危害结果在犯罪构成中，是必要要件，还是选择性要件呢？俄罗斯刑法理论通过形式的犯罪构成与实质的犯罪构成划分，解决了危害结果在犯罪客观方面中的地位问题。在实质的犯罪构成中，危害结果的发生是判断既遂的标准。在危害结果的分类上，分为物质性的危害结果和非物质性的危害结果，等等。

---

〔1〕 参见龙长海：《犯罪构成理论问题研究》，法律出版社 2015 年版，第 121—146 页。

〔2〕 参见［俄］库兹涅佐娃、佳日科娃主编：《俄罗斯刑法教程》（上卷·犯罪论），黄道秀译，中国法制出版社 2002 年版，第 225—226 页。

危害行为与危害结果之间的因果关系也是非常重要的问题。关于这一点，尽管俄罗斯刑法学界存在着不同的理论学说，但主流观点仍然坚持因果关系的客观性问题。客观性是指因果关系的存在是不以人的意志为转移的，而且因果关系遵循时间序列性。原因在前，结果在后。某一个现象引起了另一个现象，我们把前一个现象称作原因，而被原因引起的那个现象是结果。被引起的结果又可能引起了结果，在这种情况下，前一个结果变成了原因。因此，因果关系存在相对性问题。一个原因造成了多个结果，或者一个结果是由多个原因造成的。这叫因果关系的复杂性。传统的俄罗斯刑法理论中，强调因果关系的客观性，在判断因果关系时，强调注意因果关系和罪过之间的关系。存在因果关系不代表一定会追究行为人的刑事责任，原因是，因果关系仅仅是承担刑事责任的客观依据。除了有因果关系之外，还要判断行为人主观方面的罪过。罪过是刑事责任的主观根据。危害行为和危害结果之间存在客观联系，并不代表行为人一定要被追究刑事责任，造成危害后果之后，还要看行为人主观上是否存在故意和过失。在犯罪客观方面，还研究犯罪的时间、地点、方式方法。这些是选择性要素。但是当选择性要素变成犯罪构成的必要内容时，其也会成为必要要素。此外，犯罪的时间、地点、方式方法，会对量刑产生较大影响。

## 四、犯罪主体

按照俄罗斯刑法的规定，犯罪主体必须是实施了犯罪行为且具有刑事责任能力的自然人。俄罗斯刑法首先排除了对法人追究刑事责任的可能性。原因在于，俄罗斯通说的刑法理论认为，法人是一种拟制的组织体，法人不可能产生与自然人相同的心理机制。而追究一个人的刑事责任，它的前提是被追究刑事责任的人存在着故意或者过失的心理态度。这种心理态度只有自然人才会产生。因此，在俄罗斯刑法学界看来，追究法人的刑事责任是不现实的。[1] 法人的刑事责任，可以通过直接追究法人内部决定实施犯罪的个人的责任就足够实现了。对法人犯罪行为，可以采用行政法上罚款或注销等措施，便能实现预

---

〔1〕 Коробеев А. И. , Лун Чанхай. Юридическое лицо как субъект уголовной ответственности: от китайского настоящего – к российскому будущему // Уголовное право. –2009. –№ 2.

防法人犯罪的目的。自然人是俄罗斯刑法上的唯一犯罪主体。根据《俄罗斯刑法典》的规定，刑事责任年龄是犯罪主体的首要条件。《俄罗斯刑法典》规定，年满16周岁，要对刑法典规定的所有，行为承担刑事责任。14—16周岁的人，只对刑法明确规定的部分犯罪承担刑事责任。这些犯罪被《俄罗斯刑法典》第20条第2款明确规定，对于诸如杀人、强奸等侵害人身的严重犯罪，以及抢劫、抢夺、盗窃等财产类犯罪及严重破坏公共安全的犯罪，要承担刑事责任。对14—16周岁的未成年人承担刑事责任的范围，俄罗斯刑法则是使用了一个极其详细的条款，明确地规定了已满14周岁不满16周岁的自然人犯罪的，仅对《俄罗斯刑法典》第20条第2款规定的罪名承担责任。这样的一个规定，实际上实现了闭合化，确保追究已满14周岁不满16周岁未成年人刑事责任的准确性。当然，在俄罗斯刑法的适用过程中，也曾经出现了罪名之间的选择问题。比如，已满14周岁不满16周岁的人，仅对故意杀人行为承担刑事责任。但在《俄罗斯刑法典》上还规定了杀害社会活动家的罪名。社会活动家也是人，已满14周岁不满16周岁的人，如果杀了社会活动家，是否要承担刑事责任呢？俄罗斯采用了变通的做法，认为如果已满14周岁不满16周岁的人杀害的是社会活动家，则因社会活动家被《俄罗斯刑法典》特别保护，从而按照故意杀人罪的从重情节来处理。

刑事责任能力是自然人犯罪主体的另一要素。俄罗斯刑事责任能力的规定，与我国刑法原理相同。刑事责任能力是指行为人对自己行为的辨认和控制能力。其在俄罗斯刑法中的表述是，行为人意识到自己行为的意义并且控制自己的行为，强调的是辨认与控制。已满14周岁不满16周岁的人承担刑事责任，便充分考虑到了行为人的辨认和控制能力。《俄罗斯刑法典》将盗窃罪纳入14—16周岁的人承担刑事责任范围的道理便在于刑事责任能力方面。在俄罗斯，14—16周岁的人，为什么要对盗窃行为承担刑事责任呢？在俄罗斯学界看来，盗窃行为是被社会禁止的。已满14周岁不满16周岁的人，完全能理解其实施盗窃行为的性质，能理解这种行为与社会道德相违背，能认识并控制自己不实施盗窃行为，知道需要对盗窃罪承担刑事责任。这样便将刑法理论的刑事责任理论与刑事立法紧密结合起来。

在刑事责任能力方面，无刑事责任能力人是其中的一部分。无刑事责任能力意味着不能辨认，也不能控制自己的行为。《俄罗斯刑法典》第21条对此进行了规定，主要包括精神病人及其他心理病态的人等。当然，这种心理病态指已经使自己丧失了辨认和控制能力。第二类是限制责任能力。俄罗斯的限制责任能力和我国的限制责任能力有相似之处。我国刑法的表述是，由于患有精神病而对自己的刑事责任能力产生影响，从而降低了自己的辨认和控制能力的人。俄罗斯刑法也做了类似的规定。对这类没有完全丧失辨认和控制能力，但同时又由于精神病而导致其辨认和控制能力下降的人，其规定应当负刑事责任，只是法院在量刑时，要予以考虑并且可判处强制医疗。俄罗斯规定了刑事法律性质的措施。刑事法律性质的措施包括了强制医疗和特别没收及司法罚金三部分。

俄罗斯刑法有一项特别规定，即在不清醒状态下实施犯罪的处理问题。相应地，我国刑法规定了醉酒的人的刑事责任问题。在我国，醉酒的人应当负刑事责任。而俄罗斯在这方面规定得更为广泛一些。在不清醒状态下实施的犯罪，是指在醉酒状态下、吸毒状态下和使用迷幻类药物之后实施的犯罪。在这些情形下，由于行为人对上述违禁物品的使用，其辨认和控制能力有所下降。按照刑事责任能力的理论观点，如果行为人辨认和控制能力下降，则对行为人判处的刑罚不能太重，但是俄罗斯刑法规定也是应当负刑事责任。[1] 这种规定与我国刑法的规定存在相似之处。为什么对在不清醒状态下实施犯罪的人与患有未完全丧失辨认和控制能力的精神病人实施犯罪的情况下，处理措施不一样呢？精神病是客观原因导致行为人丧失了一定的辨认和控制能力，社会应予以救助和同情。但是不清醒状态下的人实施的犯罪，却并不是客观原因造成的。社会上甚至提倡禁酒，对毒品更是严加禁止，精神正常的人，违反了社会规范、社会公德和法律规定，使自己陷入一种丧失或者降低责任能力的状态，在这种状态下，行为人实施了社会危害行为，必须对其行为承担刑事责任。这种理论也被称为原因自由行为。什么是原因自由行为？如行为人导致自己陷入醉酒或吸毒状态时，是个人意志选择的结果。既然是自己选择的，当然要对这

---

〔1〕 参见［俄］库兹涅佐娃、佳日科娃主编：《俄罗斯刑法教程》（上卷·犯罪论），黄道秀译，中国法制出版社2002年版，第282—285页。

种结果承担责任。

## 五、犯罪主观方面

犯罪的主观方面是犯罪构成理论的难点之一。犯罪的主观方面通常研究的是罪过、犯罪动机和犯罪目的、情绪等问题。在犯罪主观方面，如同我国一样，俄罗斯也认为，人的主观方面内容是最难的刑法问题之一，同时又是最重要的问题之一。因为是否追究一个人的刑事责任，根据恰恰在于行为人在实施行为时所具有的心理态度。如果一个人在实施犯罪时，没有故意，也没有过失，即使造成了危害社会的结果，也不会对其追究刑事责任。然而，这种主观的心理态度却是内在的。“人心隔肚皮”“知人知面不知心”等俗语，正是表明对人的内在方面认识的难度。俄罗斯学界也同样持这种观点。

罪过和犯罪主观方面的关系是俄罗斯刑法学界探讨的一个重要问题。俄罗斯学界的主流观点认为，犯罪的主观方面包括了罪过、动机、目的和情绪，也就是说，主观方面的内容远远超过或者是大于罪过的内容。另一种观点认为，主观方面就是罪过，也就是罪过包括了故意过失和动机与目的。这是两种对立的观点，但第一种观点是通说。刑法通常不会对动机或目的做出明确规定，但基本上都要规定故意和过失问题。罪过是指人在实施行为时所具有的主观心理态度。动机是人产生行为时的内在动因，目的是人实施行为时所追求的客观结果。内在的动因加外在追求的结果，形成了动机和目的。实施行为时具有主观心理态度才被称为罪过，也就是故意和过失的问题。这也是把罪过与动机和目的区分开来的依据。

那么，俄罗斯刑法对罪过是如何理解的呢？俄罗斯通说认为刑法理论基本上坚持了罪过的心理责任论，认为罪过是人对其实施的行为及其后果的心理态度。这种心理态度是人的一种机能，立足点是心理说。按照罪过的心理说，罪过的有无问题是一个客观的范畴。尽管罪过是人的主观内在的心理态度，但人在实施行为时，一旦产生了主观内在的心理态度，就变成了一种客观的存在，在定罪和量刑时，既要看其危害行为，又要看其实施危害行为时已经产生的故意和过失的心理态度。这是心理责任论的基本观点。但心理责任论在20世纪四五十年代遇到了挑战，以乌杰夫斯基为代表的部分苏联刑法学者，提出了规范责任论来解释罪过问题，进而引起了苏联刑法学界关于罪过问题的大论争。[1] 在罪过的规范责任论论者看来，罪过的心理定义不能反映苏维埃刑法的阶级本质。在评价一个人的罪过有无及其程度时，不仅要看其表现为故意或者过失的心理态度，还应立足于国家的立场，进行必要的政治评价。实践中存在着某人实施了危害行为，却有可能不被认为是犯罪的现象。紧急避险的情况即是如此，行为人为了避免更大的损失，而牺牲较小的利益。如果不看行为人主观目的是为了避免更大损失，基于故意而造成他人合法利益的损害，仍然是故意造成损害的危害行为。例如，甲开枪要杀乙，正在瞄准时，被丙看到，丙把丁推了过去。通过推丁这样一个举动，让本来应该打死乙的子弹，打到了丁的腿上。丙的行为，虽然造成了丁的身体伤害，但却避免了乙死亡结果的发生。如果单纯评价丙推丁并使丁受伤这一行为，丙是存在着伤害丁的故意的。为什么为了保护乙的生命，尽管造成了丁的身体伤害，但丙的行为却不是犯罪呢？这是因为对罪过的评价，除了评价其行为人客观的心理态度之外，还应有国家政治层面或者道德层面的评价。苏俄刑法曾经规定了军人在战场上犯罪后的戴罪立功制度。在战场上，军人犯了应判处 3 年以下有期徒刑的罪，可以允许其戴罪立功。一旦军人立了功，犯的罪就不用再追究刑事责任，也不再认为是犯罪。按照戴罪立功制度的规定，将本来已经构成犯罪的行为，不再评价为犯罪，便是因为从国家层面对行为人表现为故意或过失而实施的行为的一种政治评价的结果。这也是规范责任论被提倡的重要制度依据。苏俄时期规范责任论和心理责任论的论争，一直持续到现在。在当前的俄罗斯刑法学界，支持罪过的心理责任论和规范责任论的论者都有。[2] 当然，罪过的规范责任论和心理责任论的争论，在我国刑法学界也存在。我国学界的通说认为，刑法罪过的定义，既体现了心理责任论的观点，又体现了规范责任论的观点。当然，在我国刑法学界，存在着一种淡化罪过心理责任论而强化规范责任论的现象。按照这样的解释，我们将责任阐述为国家对行为人的一种谴责。俄罗斯刑法规定，罪过分为故意和过失两种形式。故意分为直接故意和间接故意，直接故意和间

---

〔1〕［苏联］皮昂特科夫斯基主编：《苏联刑法科学史》，曹子丹等译，法律出版社 1984 年版，第 74 页。

〔2〕 Иванов Н. Г. Уголовное право. Общая часть. М.: Издательство Юрайт, 2014. С. 239-245.

接故意区分的标准仍然是意志因素和认识因素。过失分为轻信和疏忽大意。俄罗斯刑法明确规定，过失犯罪必须是在刑法典有明确规定的情况下，才能追究刑事责任。在刑法上，故意犯罪占绝大多数，过失犯罪仅是其中一部分。

在俄罗斯刑法关于罪过的阐述方面，学者们探讨了罪过的本质问题。什么是罪过的本质呢？有观点认为，罪过的本质是行为人对周围环境或客观实际的心理态度。这种态度的特点是，主体有意识地将自己的目的同法律所保护的利益相对立，或者采取了疏忽的、不注意的态度来对待法律所保护的利益。除了罪过的本质，俄罗斯学界还探讨了罪过的程度问题。罪过的程度由什么来决定呢？罪过的程度是由犯罪的客观情节、犯罪行为的性质、作为或不作为的心理态度、犯罪的动机、目的、表明犯罪人身份的情节、影响故意或者过失的原因等要素决定的。[1] 在认定行为人有罪过的情况下，同时要考虑其罪过的有无和大小。罪过大的要承担更重的责任，罪过小的要承担较轻的责任。

两种罪过形式的犯罪问题也是俄罗斯刑法学界研究的重点内容之一。学界有人将两种罪过形式的犯罪称为第三种罪过形式的犯罪。我国刑法通常探讨的是混合罪过形式的犯罪问题。对两种罪过形式的犯罪，《俄罗斯刑法典》做了明确规定。《俄罗斯刑法典》第 27 条规定：如果由于实施故意犯罪造成依法应处以更严重刑罚的严重后果，而这种后果又不包括在犯罪人的故意之中，则只有在犯罪人预见到这种后果发生的可能性却没有足够根据地轻信可以防止这种结果发生，或者犯罪人应该预见和可以预见这种后果发生却未预见时，才应对这种后果承担责任。总体上，这种犯罪是故意犯罪。《俄罗斯刑法典》双重罪过犯罪的规定，实际上是指行为人故意地实施了某一危害行为，却导致了行为人故意之外的重结果的发生。只有在主观上存在过失，包括过于自信的过失和疏忽大意的过失的情况下，行为人才能对故意之外的重结果承担刑事责任。这是在一种犯罪中，存在着两种罪过形式，所以也被称作两种罪过形式的犯罪。[2]《俄罗斯刑法典》第 27 条又规定，对两种罪过形式的犯罪，在整体上被认为是故意犯罪。这是在强调，尽管在一个罪中存在两种罪过形式，但这并

---

〔1〕 参见［俄］库兹涅佐娃、佳日科娃主编：《俄罗斯刑法教程》（上卷·犯罪论），黄道秀译，中国法制出版社 2002 年版，第 304—305 页。

〔2〕 参见薛瑞麟：《俄罗斯刑法研究》，中国政法大学出版社 2000 年版，第 187—188 页。

不是一个新的、独立的罪过形式。

犯罪动机、目的和情绪也是犯罪主观方面的重要内容。犯罪动机是行为人实施犯罪行为时的内心起因。动机由人的需求产生，人的需求会使人产生满足需求的动机。当然，需求有合理的和不合理的、合法的与不合法的之分。此方面的问题，属于心理学的研究范畴。马斯洛的需求层次理论阐述的就是这方面的问题。人的基本需求是衣食住行，满足基本需求之后才会产生更高级的需求。当然，在马斯洛的理论中，人的最高层次的需求是自我实现。《俄罗斯刑法典》很多罪名中对犯罪动机做了明确的规定。如果某人基于某种动机实施犯罪，那么这种动机将会成为从重处罚的条件。如果在刑法上对动机做了明确规定，则动机就从刑罚裁量的酌定情节变成了法定情节。例如，《俄罗斯刑法典》中的故意杀人罪规定，基于民族、种族仇恨的动机而实施故意杀人，处罚更重。犯罪目的有可能是必要要件，也有可能是选择要件。犯罪目的是在动机的推动下，行为人要达到的外在结果。俄罗斯刑法上规定了一个与情绪有关的罪名——激情杀人，这是在故意杀人中单独列出来的一个罪名。在激情状态下实施的杀人行为，行为人的控制能力会有所减弱，因此与一般的杀人行为有所区别。[1] 俄罗斯刑法还规定了母亲杀死新生儿罪。新生儿母亲在分娩后，有可能出现情绪方面的波动，进而造成行为失控。因此，新生儿母亲在杀害其新生儿的情况下，考虑到特殊的情绪等方面的状况，俄罗斯刑法单独规定了一个罪名。其目的是将这种杀害新生儿的行为与一般的故意杀人行为相区分，在处刑上更轻一些。以上便是俄罗斯刑法犯罪主观方面的内容。

在俄罗斯，四要件犯罪构成理论还都是通说，无论是哪种犯罪成立理论，其主要目的都是判断行为人的行为是否构成犯罪、构成何种犯罪以及是否应追究刑事责任的问题。在刑法上，采用四要件的构成要件理论也好，采用三阶层的构成要件理论也罢，它们并没有本质的区别，重要的是解决认定犯罪和追究刑事责任方面的问题。

---

〔1〕 参见赵微：《俄罗斯联邦刑法》，法律出版社 2003 年版，第 64 页。

# 第四章 俄罗斯刑法犯罪未完成形态

《俄罗斯刑法典》第六章以专章的形式规定了犯罪的未完成形态。刑法上对犯罪的规定，基本上是以一个人实施一个行为达到既遂状态为标准的。刑法分则规定的犯罪，基本都是既遂形态。当出现了犯罪的未完成形态时，便需要依据刑法总则犯罪的未完成形态部分来处理。在这方面，中俄刑法的规定是类似的。犯罪的未完成形态，首先要解决的是犯罪行为的起始点问题。对这一问题，中俄刑法的规定类似，两者都认为只有行为才是刑法评价的对象。而单纯的犯意并不属于刑法的评价对象，单纯的犯意流露不会受到刑罚处罚。当人的犯意转化为行为时，也就是从实施犯罪的预备行为开始直到犯罪行为实施终了，这一过程中会出现犯罪的不同形态。俄罗斯刑法理论认为，实施犯罪的阶段从预备行为开始直到发生危害社会的后果结束。[1] 在故意犯罪的实施过程中，会出现犯罪预备阶段、犯罪的实行阶段和危害结果发生阶段。对犯罪未完成形态进行研究前，首先需要将犯罪的未完成形态与犯罪的完成形态进行区分。犯罪未完成形态是与犯罪完成形态相对应的。在我国通说的刑法理论中，在犯罪的预备、未遂和中止形态之前，首先需要阐述的是犯罪的既遂形态。俄罗斯刑法同样先研究犯罪的既遂。关于犯罪既遂，《俄罗斯刑法典》第 29 条明确规定，如果行为人实施的行为中包含规定在本法典中的某一犯罪构成的全部要件，则是犯罪既遂。俄罗斯刑法的这一规定便给出了犯罪既遂的认定标准。[2] 我国在认定犯罪既遂时，也认为行为人实施了某一犯罪构成的全部要件便是犯罪既遂。当然，在刑法理论上对什么是犯罪既遂问题，存在着不同的观点。有结果说、行为说、客观说和主观说之争。结果犯既遂，应该是危害结果发生，而行为犯既遂，应该是危害行为实施完毕。当然，关于犯罪既遂的时间，俄罗斯刑法理论存在争议，主要有主观说、客观说和折中说三种观点。主

---

〔1〕 参见［俄］库兹涅佐娃、佳日科娃主编：《俄罗斯刑法教程》（上卷·犯罪论），黄道秀译，中国法制出版社 2002 年，第 360 页。

〔2〕 Наумов А. В. Российское уголовное право. Общая часть. М. , Проспект, 2018. С. 471.

观说认为，依据犯罪既遂的观念，实施犯罪的人认为自己的犯罪实施完毕即是犯罪既遂的时间。客观说认为，不能考虑行为人主观怎么想，犯罪既遂的时间由立法者决定，只有刑法才能决定一个行为是否既遂。折中说认为，判断犯罪既遂，既要考虑俄罗斯刑法的规定，又要考虑犯罪人主观的想法，应将二者结合起来进行判断。当然，折中说成了判断既遂时间的通说。通说，也就是绝大多数人都认为这种观点是对的，绝大多数的人，既包括理论界的人，又包括实务界的人，尤其是司法实务界的人。某一个观点被称为通说，是指一旦到了实践中办理案件，律师、法官、检察官基本都会承认和采纳的学说。这正如四要件犯罪构成理论之所以是判断犯罪成立的通说，原因就在于大多数人的认可。一种理论观点变成通说，需要一个漫长的过程，需要有人去了解，去接受，接受之后还要在实践当中运用。而什么是犯罪的未完成形态呢?《俄罗斯刑法典》第 29 条第 2 款规定，犯罪预备和犯罪未遂是犯罪的未完成形态。该条第 3 款明确规定了犯罪未完成形态的刑事责任。

《俄罗斯刑法典》第 30 条规定了犯罪的预备形态。为实施犯罪而寻找、制造或准备犯罪的设施或工具，寻找共同犯罪人，策划实施犯罪或者以其他方式故意为犯罪创造条件的，如果由于犯罪人以外的情况而未将犯罪进行到底的是犯罪预备。我国刑法规定，为了犯罪制造工具、制造条件的是犯罪预备。俄罗斯刑法关于犯罪预备的规定，表述得更为详细，既包括制造工具，也包括创造条件。创造条件包括寻找共同犯罪人、制定犯罪计划及以其他方式来为犯罪的顺利实施创造有利条件。不论如何表述，最终都表明行为人不再是仅仅进行犯意表示，而是有将犯意变成行为的举动。犯意已经从心理活动变成行为形态，尽管这也只是为了将犯罪变成现实所做的准备。《俄罗斯刑法典》第 30 条第 2 款规定，只有预备实施严重的和特别严重的犯罪，才负刑事责任。前文提到，俄罗斯刑法对犯罪进行了分类，分为轻罪、中等程度的犯罪、严重的犯罪和特别严重的犯罪。将处罚犯罪预备限定在严重的犯罪和特别严重的犯罪，这已经是对犯罪预备处罚范围做的明确限缩，从立法上限制了犯罪预备的成立范围。这样的规定很好地解决了犯罪预备的处罚范围的问题。

什么是预备？从实施预备行为开始，到着手实施行为为止，这一过程中，会出现犯罪预备形态。俄罗斯刑法认为，犯罪未遂是行为人着手实施犯罪构成的行为。以盗窃罪为例，窃取行为才是犯罪构成的实行行为。行为人为了窃取而准备工具、踩点、寻找被害人等行为都属于预备行为。以犯罪构成为标准，区分出了犯罪预备与犯罪未遂的界限。行为人实施预备行为，且在没有着手实施实行行为时，由于意志外的原因而被迫停止下来的是犯罪预备。当然，在犯罪预备阶段，行为人也可能主动地放弃犯罪。如果是行为人主动放弃犯罪，就变成了犯罪中止。所以犯罪中止可能出现在犯罪的预备阶段，也可能出现在犯罪的实行阶段。犯罪预备要求行为人没有继续实施犯罪是客观不能，而非主观不想。

犯罪未遂被规定在《俄罗斯刑法典》第 30 条第 3 款中。故意实施犯罪行为，如果由于行为人意志以外的原因而未将犯罪实施完毕的，是犯罪未遂。犯罪未遂产生在犯罪的实行阶段，由于行为人意志以外的原因而没有实施终了，没有达到既遂的既遂状态。关于犯罪未遂，中俄刑法的规定极为相似。犯罪预备和犯罪未遂是俄罗斯刑法规定的两种未完成形态。其区别之处在于行为人实施的是预备行为，还是实行行为。预备行为与实行行为的分界点，便在于着手点。行为人一旦着手实施犯罪的实行行为，便不可能再出现犯罪预备了。

俄罗斯刑法中犯罪中止单独与犯罪预备和犯罪未遂相并列。为什么犯罪中止没有被列入到犯罪的未完成形态呢？如果仔细研究俄罗斯刑法的规定，我们会发现，犯罪中止和犯罪的未完成形态及完成形态都是有区别的。区别便在于犯罪预备和犯罪未遂是行为人被动地、被迫地放弃了犯罪，从而使犯罪没有达到既遂。犯罪中止并不是行为人被迫放弃，而是行为人自愿、彻底放弃了犯罪。犯罪中止更强调犯罪放弃的彻底性。犯罪预备和犯罪未遂，都不要求彻底地放弃犯罪。某次实施犯罪未完成，下一次还可能会继续实施犯罪，所以犯罪未遂和犯罪预备叫作未完成形态。但犯罪中止，由于有放弃犯罪的彻底性的要求，行为人就不会再去继续实施该犯罪。在这种情况下，就不能称作犯罪中止是犯罪的未完成形态，但也不能说犯罪中止是犯罪的完成形态，犯罪中止，有别于犯罪的预备、未遂和完成形态的既遂。俄罗斯的刑事立法和刑法理论把犯罪中止单列出来，是有一定道理的。俄罗斯刑法构成犯罪中止理论，与我国刑法理论有类似之处。类似之处在于，犯罪中止要自动、彻底中止。自动，强调行为人出于他本人的意志；彻底，则强调行为人放弃的终局性。当然，彻底放弃犯罪指的仅仅是放弃本次犯罪，而非放弃实施所有犯罪。放弃犯罪的彻底性和自动性被规定在《俄罗斯刑法典》第 31 条中。如果行为人明知可以将犯罪进行到底，而中止了犯罪的预备或者中止了正在实施的犯罪行为的，是犯罪中止。如果行为人自愿并彻底地中止了尚未实施完毕的犯罪，则不承担刑事责任。我国刑法对犯罪中止规定，未造成损害的应当免除刑事责任，造成损害的应当减轻刑事责任。此外，俄罗斯刑法规定，中止犯罪的人，只有在他所实施的行为中，还有其他犯罪构成时才负刑事责任。这样的规定，实际上类似于我国刑法规定的，中止犯造成损害的应当减轻刑事责任的规定。为什么对造成损害的中止犯应当减轻刑事责任呢？原因是，虽然没造成行为人原来所追求的损害，但可能造成另一种损害。而另一种损害，按照《俄罗斯刑法典》第 30 条第 3 款的规定，则可能构成其他犯罪。例如，甲故意杀乙，捅了一刀之后，甲良心发现，于是放弃了杀害乙的行为，进而没有造成乙死亡的危害结果。甲未杀死乙，不代表乙没有受到任何伤害。按照俄罗斯刑法的规定，甲的行为不符合故意杀人的构成要件，但符合了故意伤害的要件，乙要承担故意伤害的刑事责任。这是俄罗斯刑法关于犯罪中止的规定。

此外，《俄罗斯刑法典》第 30 条第 4 款规定了组织犯、教唆犯和帮助犯的中止。组织犯和教唆犯，如果及时向权力机关通报犯罪或采取其他手段阻止实行犯实施犯罪，不负刑事责任。如果帮助犯采取力所能及的措施，足以阻止犯罪实施的，也不负刑事责任。共同犯罪中的中止问题比较复杂，判断的关键在于区分共同犯罪人的种类，是属于组织犯、教唆犯，还是帮助犯。帮助犯的中止，需要撤回其帮助行为。甲要去偷东西，乙为甲提供了一把钥匙。甲是实行犯，乙是帮助犯。乙要想构成犯罪中止，要想办法在甲利用乙的钥匙实施犯罪前拿回钥匙。作为实行犯的甲，如果想构成犯罪中止，只要停止他的实行行为，同时阻止其他人也实施实行行为才可以。实行犯中止不一定代表帮助犯和组织犯也中止，因为他们没有有效撤回自己对犯罪做出的“贡献”。组织犯和教唆犯中止，必须是有效地阻止实行犯实施犯罪行为，并撤回其组织和教唆行为才可以。[1] 对共同犯罪的中止问题，俄罗斯刑法中以条文的形式对理论研究成果做了一个细致的归纳。可以说是刑事立法对刑法理论研究成果的吸纳，做到了理论研究与刑事立法和司法实践的有效互动。如果组织犯和教唆犯实施了阻止实行犯实施犯罪的行为，但并未有效阻止犯罪的，不能构成犯罪中止，但可以被法院认定为刑罚裁量的酌定从轻情节。

中俄刑法上的犯罪中止制度存在一定的相似之处，但差别也是明显的。我国的犯罪中止是指犯罪过程中，自动、彻底放弃犯罪，或者犯罪实施完毕后、危害结果发生前自动有效地防止危害结果发生的情形。也就是说，在我国的犯罪中止制度中，要想构成犯罪中止，则应该在犯罪过程中，包括在犯罪预备阶段、实行阶段，只要结果没发生，行为人自动、彻底地放弃了犯罪行为的，都构成犯罪中止。这一点与俄罗斯刑法犯罪中止的规定非常相似。而中俄刑法关于犯罪中止的规定的区别在于，我国刑法规定了犯罪实施完毕后，危害结果发生前，行为人有效防止危害结果发生的，也称作是犯罪中止。犯罪中止的这一规定，刑法理论上称作“黄金桥法则”。也就是，在犯罪行为实施完毕，危害结果发生前，给犯罪人提供了一个避免危害结果发生的可能。通过架设这样的一座桥梁，让行为人从结果点返回到犯罪实施阶段，给犯罪人一个悔过自新的机会。在行为实施完毕、危害结果发生前，给犯罪人规定了一种积极有效防止危害结果发生的规则，鼓励犯罪人弃恶从善，为被害人积极提供救助的可能。这是我国刑法的规定。但俄罗斯的犯罪中止并未进行类似的规定。俄罗斯刑法规定，犯罪中止必须是自动并且彻底地放弃犯罪。犯罪中止和犯罪后积极悔罪的态度是不同的。采取措施避免犯罪所造成危害结果的发生，属于悔罪的表现。但行为人悔罪，并不能排除行为人实施犯罪时的主观心态。对实施犯罪后，危害结果发生前能够主动地有效地避免危害结果发生的，《俄罗斯刑法典》第61条明确规定属于减轻刑罚的情节。这些情节包括在犯罪实施后立即对受害人进行医疗救助和采取其他抢救措施，主动赔偿犯罪造成的物质损失和精神损害，以及实施其他能够补偿犯罪损失的行为，都属于法定的减轻刑罚的情

〔1〕 参见［俄］库兹涅佐娃、佳日科娃主编：《俄罗斯刑法教程》（上卷·犯罪论），黄道秀译，中国法制出版社2002年版，第375页。

节。因此，如果是犯罪人犯罪行为实施完毕后，危害结果发生前积极主动抢救的，按照俄罗斯刑法的规定，不构成犯罪中止，但可以减轻处罚。这一点是中俄刑法在犯罪中止制度上的一个重大差异。

## 第五章 共同犯罪

《刑法典》分则对犯罪的规定，基本上是以一个自然人实施一个行为，达到既遂状态为标准的。但在实践中，除一人实施犯罪外，往往存在着数个人犯罪的情形。如果是多人实施犯罪的，该如何认定呢？刑法总则中规定的共同犯罪制度便为多人实施犯罪提供了解决思路。对于共同犯罪，我国《刑法》第25条明确规定，共同犯罪是二人以上共同故意犯罪，即二人以上必须有共同的行为和共同的故意才构成共同犯罪。《俄罗斯刑法典》第32条规定，二人或二人以上故意共同参与实施故意犯罪的是共同犯罪。中俄刑法关于共同犯罪的规定，虽然存在着语言表述上的差异，但实际上，中俄刑法就共同犯罪的规定是一致的。都强调二人以上共同实施故意犯罪才构成共同犯罪，都强调二人以上的犯罪主体，基于共同的故意，实施了故意犯罪。俄罗斯刑法对共同故意的规定，更强调共同犯罪中的故意要素。[1] 共同犯罪是刑法制度中较为复杂的内容之一，这是与人的社会性存在紧密联系的。人的社会属性决定了每个人在社会生活中都在扮演着不同的角色，都处在各种各样的联系之中。人的社会性决定了人行为的组织性。犯罪可能是个人实施的，也可能是通过分工协作的方式来实施的。共同犯罪的规定，为多人实施犯罪时的定罪和刑事责任提供了法律上的依据。

按照《俄罗斯刑法典》第35条的规定，构成共同犯罪需要客观要件和主观要件。客观要件对主体的数量有要求，除必须是两人以上的要求外，还要求主体必须是两个以上的自然人，要求实施共同的犯罪行为。俄罗斯刑法规定，犯罪主体只能是自然人，而不可能是法人，这一点与我国刑法有不同。16周岁

---

〔1〕 Наумов А. В. Российское уголовное право. Общая часть. М., Проспект, 2018. С. 478.

以上具有完全刑事责任能力的自然人和不具有刑事责任能力的人共同实施犯罪时，按照间接正犯的相关规定处理。例如，一个具有刑事责任能力的人和一个未满14周岁的人共同实施犯罪，我们将具有刑事责任能力的人直接按照实行犯定罪，认为未满14周岁的人是该人实施犯罪的工具。14周岁到16周岁之间的未成年人犯罪，如果刑法明确规定对此类犯罪应承担刑事责任，则也会出现共同犯罪的问题。《俄罗斯刑法典》第32条第2款规定，利用因年龄、无刑事责任能力及其他情形而不承担刑事责任的人员实施犯罪的，犯罪人应当被认定为实行犯。按照俄罗斯刑法的规定，共同犯罪人必须有共同犯罪行为，也就是行为的共同性。在共同实施犯罪行为时，犯罪人实施犯罪行为都追求一定的危害结果。在这种情况下，犯罪行为和危害结果之间需要存在着因果关系。

除了客观要件之外，共同犯罪还要求主观要件。俄罗斯刑法上，主观要件上特别强调故意，共同犯罪人的故意应该是一致的。这点与我国刑法的规定相似，强调构成共同犯罪，各共同犯罪人之间要有共同故意，而且共同故意的内容应该是一致的，所以共同犯罪只能在故意犯罪中才存在。过失犯罪不构成共同犯罪。我国《刑法》第25条共同犯罪概念中，特别强调共同过失不是共同犯罪，要分别定罪量刑。中俄两国刑法关于共同犯罪的规定是非常相近的。

共同犯罪人的分类问题也非常重要。《俄罗斯刑法典》第33条第1款规定：组织犯、教唆犯、帮助犯与实行犯都是共同犯罪人。我国刑法关于共同犯罪的分类，根据在犯罪中的作用分为主犯、从犯和胁从犯，按照分工又划分出教唆犯。可以看出，俄罗斯刑法对犯罪人的分类，主要是按照分工进行划分的。在俄罗斯刑法理论中，存在着共犯的从属性说和共犯的独立性说之争。[1]如果按照共犯的从属性说，当实行犯也就是正犯不构成犯罪时，其他的共犯也就是教唆犯、组织犯、帮助犯同样不构成犯罪。按照共犯的独立性说，共犯对共犯行为承担的刑事责任，并不取决于实行犯的行为是否构成犯罪。共犯从属性与独立性之争，在我国刑法理论上也比较激烈。中俄刑法学的通说，基本都采取了共犯的独立性说，也就是对共犯定罪和量刑，不完全取决于正犯。我国

---

〔1〕参见［俄］库兹涅佐娃、佳日科娃主编：《俄罗斯刑法教程》（上卷·犯罪论），黄道秀译，中国法制出版社2002年版，第382—384页。

刑法规定，教唆犯在教唆未遂的情况下仍然要承担刑事责任，这体现的是共犯的独立性理论。关于共犯人的刑事责任，《俄罗斯刑法典》第 34 条第 1 款规定，应当依据每个共同犯罪人自身在共同犯罪中实际参与实施犯罪行为的性质和程度确定。俄罗斯刑法的这一规定，明确指出了每个人都要对自己实施的行为承担责任。按照共犯从属性说，不论组织犯、教唆犯和帮助犯多么努力，只要实行犯不实施犯罪，危害结果便不可能发生，共犯的行为要从属于正犯的行为。共犯独立性说强调每个人具体行为的危害，不仅是现实造成的损害，还包括可能造成损害的威胁。

按照《俄罗斯刑法典》第 33 条第 2 款的规定，实行犯包括直接实施犯罪的人，或者直接与其他共犯共同实施犯罪的人，以及利用没有达到刑事责任年龄或无刑事责任能力的人，或利用《俄罗斯刑法典》规定的其他情况间接实施犯罪的人。在俄罗斯刑法共同犯罪中，存在着实行犯及组织犯和教唆犯的情形。可能存在三种情况。第一种情况是实行犯、组织犯和教唆犯实施犯罪时分工明确，只有实行犯去直接实施犯罪。第二种情况是共同犯罪人实施犯罪时没有明确的分工，都是实行犯。第三种情况是利用不具有刑事责任能力的人实施犯罪，构成间接正犯的情形。构成间接正犯通常存在的情形有：一是利用未达到刑事责任年龄的人，即未满 14 周岁或者未满 16 周岁的人实施犯罪的。被利用者成了利用者实施犯罪的工具，在这种情况下，利用者直接按照正犯论处即可。二是利用不具有刑事责任能力的人，可能是由于精神疾病等，而不具有辨认或者控制自己行为能力的情形，即利用精神病人实施犯罪的，行为人按照间接正犯论处。三是利用无罪过的人实施犯罪的情形。被利用者既无故意，也不存在过失，而是被他人利用，成了他人实施犯罪的一种手段和工具，这种情况下也是一种间接正犯的情形。

《俄罗斯刑法典》第 33 条第 3 款规定，组织或领导实施犯罪的行为人，以及组织或领导犯罪团伙或犯罪集团的行为人是组织犯。在共同犯罪中，组织犯往往处于核心地位，与实行犯相比，组织犯危害更大。我国刑法对组织犯的刑事责任规定得非常明确，除实行犯的过限行为外，组织犯对犯罪组织所有的罪行都要承担刑事责任。

《俄罗斯刑法典》第 33 条第 4 款规定了教唆犯，即以劝说、收买、威胁或其他手段唆使他人犯罪的人。俄罗斯刑法明确指出了什么行为是教唆行为。教唆与欺骗存在某种关系。教唆行为是使他人产生犯罪意图的行为，让没有犯罪意图的人产生犯罪意图，是教唆的本质。而欺骗是利用他人的善良行为来实现自己的犯罪意图，但被欺骗者不一定会产生犯罪意图。这是教唆和欺骗之间的本质区别。教唆犯和实行犯的关系比较重要。教唆犯承担的刑事责任与实行犯的实行行为有关。如果实行犯将犯罪行为进行到底，那么教唆犯构成犯罪既遂。如果被教唆的人因意志以外的原因未得逞，教唆犯构成犯罪未遂或犯罪预备。这是因为在犯罪过程中，实行犯因意志以外的原因未得逞，可能存在预备形态和未遂形态，进而教唆者与实行犯对应也构成相应的未完成形态。如果被教唆的人中止了犯罪，教唆者是否构成犯罪中止呢？在犯罪过程中，被教唆的人自动放弃犯罪并不代表教唆者也自动放弃犯罪。因为实行犯的犯罪中止，并不是教唆者的主动放弃，教唆者要想构成犯罪中止，必须有效地撤回自己的教唆行为，并制止实行犯的犯罪实施。

《俄罗斯刑法典》第33条第5款规定了帮助犯，即以建议、指点、提供信息、资金或犯罪工具，或者排除犯罪障碍，以辅助完成犯罪的人，以及事先承诺隐匿犯罪人犯罪的设施或工具，窝藏赃物以及事先允诺收购或销售赃物的人。俄罗斯刑法把理论上阐释的帮助犯的类型，基本都规定到了刑法典中。如果在犯罪实施完毕后再提供帮助的则不是共同犯罪，其有可能构成其他的犯罪。俄罗斯刑法清楚规定了帮助犯可能的帮助方式，可以是智力上的帮助，也就是出主意、提建议、提供信息等。还有一种是物质性的帮助，提供作案工具、资金等。[1] 此外，犯罪人在实行犯实施犯罪前已经与实行犯通谋，包括允诺隐匿犯罪人、销毁犯罪工具、窝藏赃物或收购赃物，也构成共同犯罪，这一点中俄刑事立法的规定是相同的。

俄罗斯刑法和我国刑法一样，将共同犯罪人分为简单共犯和复杂共犯。这是按照在共同犯罪中是否有分工进行的划分，有分工的是复杂共犯，反之为简单共犯。在俄罗斯立法上，对共同犯罪的种类进行了明确规定，具体分为四类，包括犯罪团伙、事先通谋的团伙、有组织的犯罪团伙和犯罪集团。犯罪团

---

〔1〕 薛瑞麟：《俄罗斯刑法研究》，中国政法大学出版社2000年版，第214—220页。

伙，是两个或两个以上的实行犯，未经事先通谋，共同实施犯罪的。按照这个定义，即使是简单的共犯，并且是事先无通谋，仍然构成犯罪团伙；如果共同犯罪人事先通谋并且共同实施犯罪的是事先通谋的团伙犯罪；如果犯罪是由为完成一个或几个犯罪而事先联合起来的固定的团伙实施的，则是有组织的犯罪团伙犯罪。俄罗斯刑法对犯罪团伙的规定非常之细，主要是为了实现刑事责任个别化。一个没有事先通谋的团伙和一个有通谋、有预谋的团伙相比，有预谋的团伙危害更大；同理，一个有预谋的团伙和一个有组织的犯罪团伙相比，有组织的团伙危害更严重。有组织的犯罪团伙具有一系列的特征，比如高度的组织性、骨干成员的稳定性，还有特有的犯罪形式和方法，以及犯罪活动形式和方法的经常性。这几个特征，与我国刑法规定的黑社会性质的组织犯罪相类似，同样要求有组织性、犯罪活动的经常性、骨干成员的稳定性等。因此，俄罗斯刑法有组织的犯罪团伙类似于我国黑社会性质的犯罪组织。在俄罗斯刑法中还有一类叫集团犯罪或者犯罪集团。如果犯罪是由为完成严重或特别严重的犯罪而建立的组织严密的团伙或集团实施的，或者是为实现上述目的而纠集起来的有组织的团伙联合体实施的，是集团犯罪。集团犯罪实际上是在有组织的犯罪团伙的基础上，进一步突出了犯罪集团的危害性。如果有组织的犯罪团伙是以实施重罪，也就是严重犯罪或者特别严重犯罪为目的而纠结在一起的，对这类犯罪要处以更重的惩罚。俄罗斯刑法实际上是在黑社会性质的组织之上，又细分成了以牟取经济利益为目的、采用危害手段不大的，也就是轻罪和中等严重程度犯罪的黑社会性质组织和以实施暴力、侵害人的生命和健康的黑社会性质组织犯罪。这类犯罪的共同特征是组织性和目的的专门性。所以俄罗斯刑法对共同犯罪分类是根据犯罪的严重程度和有组织的紧密程度进行划分，这种划分使得每一种犯罪承担的刑事责任并不相同，越严重的共同犯罪承担的刑事责任就会越重。

共同犯罪的详细规定，实际上是为了解决共同犯罪人的刑事责任问题。《俄罗斯刑法典》第 34 条规定，共犯的责任由每一个犯罪人实际参与犯罪的性质和程度来决定。这实际上是共犯独立性学说的体现，其认为每个共犯都要对自己的共犯行为依照其参与犯罪的性质和程度独立承担刑事责任，共犯的处罚不取决于实行犯的行为是否实现。俄罗斯刑法利用这样的一个条文，解决了在共同犯罪中，具有一定身份的人和不具有一定身份的人共同犯罪，要依据该人在共同犯罪中的性质定罪的问题。此外，由于实行犯个人以外的原因，实行犯未将犯罪实施完毕构成犯罪未遂的情况下，其他共犯人刑事责任的问题。在这种情况下，其他共犯仍然承担犯罪预备或未遂的刑事责任。这是因为，在共同犯罪中，共同犯罪人的刑事责任不取决于正犯，而是依据共犯参与犯罪的性质和程度独立承担。如果被教唆的人，没有实施教唆的犯罪，那么，教唆犯要承担犯罪预备或未遂的刑事责任。俄罗斯刑法的这一规定，与我国刑法关于教唆未遂刑事责任的规定是相似的。

实行犯过限问题，在共同犯罪中也比较重要。《俄罗斯刑法典》第 35 条明确规定了实行犯过限的问题。《俄罗斯刑法典》第 36 条规定：实行犯实施的超出其他共犯人意图的犯罪行为，是实行犯的过限行为。其他共同犯罪人不应对实行犯的过限行为承担刑事责任。实行犯过限不具有行为的共同性，进而排除了共同犯罪的主观特征。[1] 对实行犯过限情况下刑事责任的承担问题，我国刑法主要是从理论上进行阐释的。当实行犯超出了共同犯罪故意而实施犯罪行为，超出的部分由实行犯自己担责，其他共犯人不需要承担刑事责任。俄罗斯的共犯理论中，也涉及一些有争议的问题，片面共犯即是如此。按照我国的共犯理论，要想构成共同犯罪，必须要求有共同的犯罪故意。但实践中可能存在着帮助犯为实行犯提供帮助，但实行犯并不知道帮助犯的存在等特殊情形，这种情形被称为片面的帮助犯。对片面的帮助犯是否构成共犯的问题，我国刑法理论界存在争议。争议的原因在于，实行犯和帮助犯之间没有形成明确的意思联络，帮助犯明确知道自己在对实行犯提供帮助，但实行犯却并不知道有人为自己提供帮助。对这一问题，俄罗斯刑法理论和实践，也基本上与我国的普遍做法类似，即对片面的帮助犯按照共犯来认定。帮助犯被认定为共犯的原因在于，帮助犯在提供帮助时，已经有了实施犯罪的故意存在。这种故意是利用了实行犯的实行行为来达到自己的犯罪目的，具有社会危害性，应当进行处罚。因此，为实行犯提供片面帮助的人，也要为自己的帮助行为承担刑事责任。[2]

---

〔1〕 Иванов Н. Г. Уголовное право. Общая часть. М.: Издательство Юрайт, 2014. С. 348.

〔2〕 参见［俄］库兹涅佐娃、佳日科娃主编：《俄罗斯刑法教程》（上卷·犯罪论），黄道秀译，中国法制出版社 2002 年版，第 430 页。

俄罗斯刑法没有将胁从犯单独列出，原因是胁从犯是在受到心理强制的情况下实施的犯罪行为。在我国刑法中，并没有将胁从犯作为排除犯罪性的事由，而是在共同犯罪中规定了胁从犯的责任问题，对胁从犯应当比照实行犯从轻、减轻处罚。俄罗斯刑法没有在共犯中解决胁从犯问题，而是在犯罪排除事由中规定了受到心理强制能否排除刑事责任的问题。中俄两国对于胁从犯刑事责任的规定不同，但目的都是要处理好胁从犯的刑事责任问题。

## 第六章　排除行为有罪性的情形

俄罗斯刑法上排除行为有罪性的情形，在我国刑法理论上称谓各异，有的学者将之称为正当行为、排除危害性的行为或排除违法性的行为。尽管称谓不同，但研究的内容却是一致的。我国刑法理论通说认为，正当行为探讨的是一个行为在形式上似乎符合犯罪构成，但实际上不具有社会危害性，甚至是对社会有益的情形。俄罗斯刑法明确地将这些情形规定为排除行为有罪性的情形。

在排除行为有罪性的情形中，首先比较重要的是正当防卫。按照我国刑法的规定，正当防卫是为了使国家、公共利益、本人或者他人合法的权利或者利益免受正在进行的不法侵害而采取的，对不法侵害人实施的，避免不法侵害且不超过必要限度的情形。《俄罗斯刑法典》第 37 条第 1 款规定了正当防卫，即为了保护防卫人本人或他人的人身权利，保护社会和国家的合法利益免受社会危害行为的侵害，而对侵害人造成的没有超过正当防卫限度的损害，不是犯罪。按照俄罗斯刑法的规定，这一条将保护本人的利益、保护他人的利益放在了社会利益和国家利益之前，是按照个人、社会和国家的顺序排列的。该条的第 2 款还强调了正当防卫的权利属性。我国关于正当防卫的理论中也提到，正当防卫是每个人享有的一种平等权利。俄罗斯刑法明确规定：任何人不论其职业性质或专业技能和职务状况，无论其能否逃避社会危害行为的侵害，以及能否向他人或权力机关求助，均有同等的正当防卫权。这也是再次对正当防卫属于每个人的权利的法律确认。任何一个人，不管从事什么职业、担任何种职务，都平等地享有正当防卫的权利。俄罗斯刑法也明确规定了防卫过当问题，即与侵害的社会危害性及其程度明显不相当的行为，是防卫过当。这里用的词是与侵害明显不相当。俄罗斯刑法也对防卫限度条件作出了必要限制。我国刑法对正当防卫的限度表述为“未明显超过必要限度”。实际上，中俄刑法关于正当防卫都设置了一定的限度条件，防卫行为不能过大，否则正当防卫的正当属性就变成了不正当了。在正当防卫制度的应用中，出现过突发性情形下，防卫人不能正确判断防卫行为的限度，能否认定为正当防卫的问题。2003 年俄罗斯刑法修改时，其解决了这一问题。俄罗斯刑法在正当防卫制度中增加了一款，即防卫人因侵害行为的突发性而不能对所遭受攻击行为的危害性质与程度进行客观评价，在这种情况下实施的防卫行为，不能认定为超出必要限度的防卫行为。俄罗斯学者对防卫过当通常解释为，如果过失造成对方侵害人损害的，则认为未明显超过必要限度。超过防卫限度的只能是间接故意的情形。

在正当防卫制度中，中俄两国的刑法通说有一点相同之处，就是针对未满 14 周岁的人或者是精神病人实施侵害时能否防卫的问题。我国刑法理论通说认为，对不具有刑事责任能力的人实施的侵害行为是可以进行防卫的。但是如果明知对方不具有刑事责任能力，要尽可能采取措施避免给不具有刑事责任能力的人造成损害，实在避免不了的才可以防卫，但要尽可能减少给不具有刑事责任能力的人造成的损害。这种通说遭到了部分学者的质疑。按照三阶层构成要件理论学者的观点，对不具有刑事责任能力的人完全可以实施防卫。原因是不具有刑事责任能力的人实施的也是一种不法行为，既然是不法行为，防卫人当然可以行使正当防卫权。这种理论阐释并没有太大问题，但是从人道主义的角度考虑，我们认为还是通说的理论更加合理。与我国通说理论相似，俄罗斯刑法通说也认为，对不具有刑事责任能力的人是可以防卫，但要避免而不是作为一种当然的权利去行使，实在避免不了也要尽可能地减少所造成的损害。[1] 中俄两国的正当防卫制度，都要求行为人主观上是为了保护合法利益，而不能是为了保护违法利益；只能是对正在实施侵害行为人本人防卫，如果防卫其他人同样构成防卫对象错误；只能对正在进行的不法侵害行为防卫而不能事前防

---

〔1〕 参见［俄］库兹涅佐娃、佳日科娃主编：《俄罗斯刑法教程》（上卷·犯罪论），黄道秀译，中国法制出版社 2002 年版，第 488 页。

卫和事后防卫，否则都将构成防卫不适时。正当防卫的上述要求，中俄两国刑法的规定是一致的。

拘捕犯罪人时造成的损害是俄罗斯刑法排除行为有罪性的第二种情形。拘捕犯罪人时造成损害的情形，在实践中时有发生，确实需要特别关注。曾经有一个案件，在我国的一个火车站，一位执勤民警开枪击中了一个在车站内寻衅滋事的人，却没想到该人被打死了。该案当年在我国的刑法学界引起很大争议。该案的争议点在于，民警即开枪者的行为是否构成正当防卫。为什么当时对民警开枪是否属于正当防卫的争论如此之大呢？原因在于，警察拘捕犯罪嫌疑人时的情形与刑法上正当防卫制度的规定并不完全一致。正当防卫要求不法侵害人实施不法侵害，防卫者针对不法侵害人进行防卫，并且防卫行为不能过限。但拘捕犯罪人时，会出现不同的情形。第一种情形是，犯罪人正在实施危害行为时为制止犯罪人的危害行为而给犯罪人造成损害的情形。在这种情况下，一般能够认定成为正当防卫。但如果在犯罪人还未犯罪或犯罪人犯罪之后又逃跑的情况下，对犯罪人造成损害的是否属于正当防卫？应该说，拘捕犯罪人时给犯罪人造成损害行为的情形不同，需要作出不同的判断。俄罗斯刑法将拘捕犯罪人时造成的损害作为独立的排除行为有罪性的情形进行了明确规定。《俄罗斯刑法典》第38条第1款规定：为了将犯罪人押解到权力机关，或者为了制止犯罪人实施新的犯罪的可能，而拘捕犯罪人时对犯罪人造成损害，如果不可能用其他手段拘捕犯罪人，而且也没有超过为达到此目的的必要限度，则不是犯罪。该条更多强调在犯罪之后，或在犯罪人想再一次实施新犯罪时，给犯罪人造成损害能否认定为正当防卫的问题。当然，给犯罪人造成损害也不可能是无限制的。《俄罗斯刑法典》第38条第2款规定：如果犯罪人所犯罪行的性质和社会危害程度与拘捕的情形明显不相当，而对被拘捕人造成不必要的明显过分的且非情势所致的损害的，则是超过必要限度的行为。但是在超过了拘捕限度造成损害的情况下，俄罗斯刑法又明确规定，只有故意造成损害的，才对这种过限的行为承担刑事责任。俄罗斯刑法对拘捕犯罪人造成损害排除行为犯罪性的规定，实际上赋予了权力机关工作人员一定的权力，同时又对这种权力做了必要限制。俄罗斯刑法要求在拘捕犯罪人时，所采取的措施应该与犯罪人所犯的罪行和程度大致相当。如果犯罪人犯轻罪的，则不能用造成犯罪人严重身体伤害的方法拘捕犯罪人，否则就属于明显超过限度。实践中会发生小偷偷东西被人发现、抓捕、殴打，甚至小偷被打死的案例。我国法律也规定了对正在实施犯罪的人，群众有将之扭送到司法机关的权利，这种权利被称作扭送权。任何公民都有权利、有义务同犯罪作斗争，但是这种权利也不能过限。对小偷偷东西的行为如何惩处，是法院代表国家行使的权力，个人不能拥有这种惩罚权，否则便是动用私刑。在抓捕小偷时，对小偷的人身造成伤害，实施伤害行为的人需要承担相应的法律责任。

紧急避险是俄罗斯刑法排除行为有罪性的第三种情形，俄罗斯刑法规定了多种法定的正当行为。俄罗斯刑法上的紧急避险与我国刑法的规定几乎相同。为了排除直接威胁避险者本人或他人的人身权、社会和国家受法律保护的利益的危险，而对受刑法保护的利益造成损害的，如果该危险不能用其他手段排除，且没有超出紧急避险的必要限度，不是犯罪。虽然俄罗斯刑法对紧急避险的表述与我国刑法关于紧急避险的表述不太一致，但其精髓是相同的，都是为了保护本人、国家、社会的利益，对正在发生的危险，在迫不得已的情况下可以采取牺牲第三者的利益以保护更大的利益。[1] 与正当防卫不同，在紧急避险的情况下，损害的是第三人的合法利益。既然是损害第三人的合法利益，便要求被损害的利益一定要小于保护的那个利益。只有在这种情况下，避险行为才是对社会有益的，否则就构成了避险过当。

对于紧急避险的成立条件，俄罗斯刑法和中国刑法的规定也几乎一致，即只能针对第三人避险，而且两种利益之间要有大小的衡量，还有避险的时间和避险的限度等要求。《俄罗斯刑法典》第 39 条第 2 款规定，如果避险行为造成的损害明显与危险的性质和程度及排除危险的状况不相当，当对造成的损害等于或者大于所防止的损害时，则构成避险过当。在避险过当时，只有当行为人故意造成损害的情况下，才对避险过当行为承担责任。这便把避险过当的刑事责任限定在了故意的范畴，对鼓励避险行为是有利的。

身体或心理受到强制是排除行为有罪性的第四种情形。《俄罗斯刑法典》

---

〔1〕 Наумов А. В. Российское уголовное право. Т. 1. Общая часть. М.: Волтерс Клувер, 2011. С. 523-526.

第40条第1款规定，如果行为人因身体受到强制而不能控制自己的行为，因此对刑法保护利益造成损害的，不是犯罪。在身体受到强制的情况下，行为人不能控制自己行为的情形，可以从多个角度来解释。从刑事责任能力的角度来看，行为人有意识能力，意识到自己行为的性质，但不能控制自己的行为；从行为来看，缺少了行为的有意性特征。这些都能将被强制的行为造成的损害，不归责于被强制者本人。实际上，实施了强制行为的人，已经属于间接正犯了。《俄罗斯刑法典》第40条第2款规定，因心理受强制而对刑法保护的利益造成损害，以及在身体受到强制，但仍然能够控制自己的行为，却对刑法所保护的利益造成损害的，要依照紧急避险的规定承担责任。这一规定解决了心理受强制的情况下，如何进行归责的问题。俄罗斯刑法明确规定，对心理受强制情形下实施的危害行为的归责问题，取决于该行为是否符合紧急避险的规定。若符合紧急避险，则要求损害的利益不能大于被保护的利益，否则就不能构成紧急避险。如果认定不构成紧急避险，则要承担相应的责任。[1] 应该说，虽然中俄刑法对胁从犯，也就是心理受强制时实施的危害行为在刑法上规定的位置不同，但处理起来确实有异曲同工之妙。

正当风险是排除行为有罪性的第五种情形。20世纪“60年代以来，随着社会发展的进程和科技进步，苏维埃刑法学界加强了对风险制度的研究，越来越多的学者认为，合法的职业风险或生产风险是属于排除刑事责任的一种情况，并建议将其载入刑事立法中”。[2] 现行俄罗斯刑法在排除行为犯罪性事由方面，规定了正当风险。《俄罗斯刑法典》第41条第1款规定，基于社会利益在正当风险情况下对受法律保护的利益造成损害的，不是犯罪。这一规定将正当风险作为行为犯罪性的排除事由进行了明确规定。该条第2款规定了正当风险的概念，即如果不冒行为或不作为的风险，上述社会公益的目的便不能达到，而且冒风险的人已经采取了足够的措施防止对刑事法律保护的利益造成损害的，风险是正当的。根据这一规定，构成正当风险必须具备两个条件：其一，不冒风险所追求的社会公益的目的便无法实现；其二，既然实施某种行为

〔1〕 赵微：《俄罗斯联邦刑法》，法律出版社2003年版，第151页。
〔2〕 薛瑞麟：《俄罗斯刑法研究》，中国政法大学出版社2000年版，第243页。

时存在风险，就必须采取足够的措施以防止风险变成现实。理解上述两个条件，需要先明确什么是风险。应该指出，当今社会是一个风险社会，高科技给生活带来便利的同时，也附带着各种风险。例如现代交通工具，在为生活提供便利的同时，也增加了导致事故的可能，交通肇事已经成了人类意外死亡的重要因素。无人驾驶技术的兴起，在给人类带来更为方便的交通环境的同时，也隐藏着技术性灾难。科技的发展使得人们对资源的控制能力越来越强，但这隐含着可能的风险，转基因技术也是如此。也就是说，在风险社会来临时，我们该如何去面对风险，该如何去预防风险，刑法应该怎样应对，这些都是现实的问题。应该说，一定的风险是必然的，人类无法完全排除所有风险，甚至，没有风险就没有社会的进步。所以，刑法上才规定了正当风险成为排除行为有罪性的事由。俄罗斯刑法对此做了明确规定。但是，必须将风险限定在合理的范围内才可以，并且应采取必要的预防措施。正当风险所造成的损害不是犯罪。只要是基于社会公益目的，采取了足够的预防措施，即便造成了损害，也不构成犯罪。

执行命令或指令是排除行为有罪性的第六种情形。《俄罗斯刑法典》第 42 条第 1 款规定，行为人为了执行对他具有强制性的命令或指令，而对受法律保护的利益造成损害的不是犯罪。该条首先明确，如果某人是在执行对自己而言具有强制性的命令，在造成损害的情况下，也排除该行为的有罪性。但不是所有执行命令或指令的行为都应排除行为的有罪性。该条第 2 款规定，执行明显是不法命令或指令的行为人，要承担故意犯罪的刑事责任。相反，不执行明显不法命令或指令的，则不负刑事责任。这里我们对执行的命令或指令进行了合法与否的划分。只有在执行合法命令或指令的情况下，造成损害才不是犯罪；对明知是违法的命令还去执行的，同样构成犯罪，承担刑事责任。[1] 虽然我国刑法没有把执行命令或法令作为一个明确的免责事由，但实践当中也是适用的。执行死刑便是例证，某人按照法院签署的死刑令，对犯罪人执行死刑，执行死刑是剥夺他人生命的行为，但行为人执行死刑的行为并不是犯罪行为，原

---

〔1〕 Наумов А. В. Российское уголовное право. Т. 1. Общая часть. М.: Волтерс Клувер, 2011. С. 531.

因就在于行为人执行的是命令，是一种履行职务的行为。相反，如果这种命令并不是合法的，并不是按照法定程序和权限作出的，而是某个人的命令或指示，如果执行者明知这种命令违法还执行，同样要承担相应的刑事责任。

不难发现，俄罗斯刑法上排除行为有罪性的情形较多。此外，排除行为有罪性的情形除了在俄罗斯刑法上有明确的规定外，还有一些尽管未被明确规定但在其刑法理论上进行探讨的情形，被害人的同意即是其中一项内容。如果某种损害是被害人自愿作出的，那么在这种情形下，行为人是否要承担刑事责任？这是理论和实践界都在探讨的一个问题。对于被害人承诺的问题，中俄刑法学界都在探讨，目前刑事立法上还没有被明确纳入进来。

## 第七章　累犯与前科制度

累犯与前科制度，在中俄刑法上都是比较重要的内容。按照我国刑法的规定，累犯是指因实施故意犯罪而被判处过有期徒刑以上的刑罚，在刑罚执行完毕或赦免后 5 年内，又实施了应该被判处有期徒刑以上的故意犯罪的人。我国将累犯分为一般累犯和特别累犯。当然，特别累犯是仅针对危害国家安全犯罪、恐怖活动犯罪、黑社会性质的组织犯罪而言的。俄罗斯刑法也规定了累犯制度，但与我国刑法的规定稍有不同。按照俄罗斯刑法的规定，第一种累犯叫一般累犯，即因故意犯罪而有前科的人，又实施故意犯罪的是累犯。俄罗斯将累犯和前科紧密结合在一起。一个犯过罪的人，要想构成累犯，必须是在前科未被消灭和撤销之前才构成。按照俄罗斯刑法的规定，由于行为人实施不同种类的犯罪，导致前科存续时间长短不同，构成累犯的条件也不一样。

前科制度被规定在《俄罗斯刑法典》第 86 条第 1 款中，因实施犯罪而被判刑的人，自法院的有罪判决生效时起至前科被消灭或者撤销时，被认为是有前科的。前科的存在，将对累犯的认定和刑罚裁量产生影响。前科仅在有罪判决生效时起，至前科被消灭或被撤销为止这段时间才存在。一旦超过这段时间，我们认为前科便不存在，而且，被免除刑罚的人被认为不具有前科。按照俄罗斯刑法的规定，下列情形前科将予消灭。其一，被判缓刑的人考验期满，前科消灭；其二，被判处比剥夺自由更轻刑种的人，比如义务劳动、强制性劳动、罚金等，在服刑期满之后，只要 1 年前科便可消灭；其三，因轻罪或中等程度的犯罪，被判处剥夺自由刑的，服刑期满后 3 年前科消灭；其四，因严重犯罪被判处剥夺自由的，刑满后 6 年，因特别严重犯罪被判处剥夺自由以上刑罚的，刑满后 8 年，前科消灭。也就是说，按照俄罗斯刑法的规定，前科存续的最长时间是 8 年。俄罗斯刑法根据行为人所犯罪行的严重程度，较为合理地划分了前科的存续时间，也就较好地解决了累犯的认定问题。俄罗斯刑法除规定了前科的消灭制度外，还规定了前科的撤销制度。如果罪犯在刑满后表现良好，法院可根据其本人的申请，在前科消灭期限届满之前撤销其前科。例如，一个因严重犯罪被判处刑罚的人，按照刑法规定前科消灭的时间应该是 8 年。但是如果某人服刑期满，在社会上表现良好，比如有见义勇为等行为，那么，犯罪人本人可以在前科未满 8 年之前申请法院撤销前科。按照俄罗斯刑法的规定，前科消灭或撤销后，与前科有关的一切法律后果将归于无效。〔1〕被撤销或消灭前科的人所从事的任何行为，都将不再受到前科的不良影响。这便给曾经犯过罪的人一个改过自新、重新做人的机会。俄罗斯刑法规定的前科消灭和撤销制度，解决了因一次犯罪或一次犯错而让人悔恨终身的问题。

# 第八章　俄罗斯刑罚

## 一、俄罗斯刑罚的概念与目的

刑法包括犯罪论和刑罚论两部分内容。定罪的目的是解决是否判处刑罚和判处何种刑罚的问题。在历史上很长的一段时间内，刑罚论被放在了犯罪论之前，这表明刑法更加强调对犯罪的惩罚问题，直到近代，犯罪论才被置于刑罚论之前。犯罪论和刑罚论在刑法上位置的变化，实际上体现出一种理念的改变，从过去强调惩罚为主，到现在以对罪的认定为主，后者更强调对犯罪人权

〔1〕 Наумов А. В. Российское уголовное право. Общая часть. М. , Проспект, 2018. С. 687 – 689.

利的保障。现代刑事立法更加重视对个人自由的保障，对国家惩罚犯罪人作出了明确的限定，罪刑法定原则更是重在保护犯罪人的权利，这是近代刑法理念的转变。刑罚是犯罪的法律后果。在刑法上，刑罚论与犯罪论并重，研究刑法离不开对刑罚内容的研究。

那么，什么是刑罚？适用刑罚的目的是什么？俄罗斯刑法对上述内容进行了明确规定。《俄罗斯刑法典》第43条第1款规定，刑罚是依据法院的判决所确定的国家强制方法，包括刑法规定的对罪犯的权利和自由进行剥夺和限制。俄罗斯刑法规定的刑罚概念表明：其一，刑罚的依据必须是法院的判决，其他任何人无权适用刑罚。其二，刑罚的本质是对罪犯的权利和自由的限制或剥夺。任何一种刑罚都不能够脱离"惩罚"二字。既然是惩罚，必然会给犯罪人带来某种痛苦。刑罚被认为是一种恶，是用来应对犯罪的必要的恶。通过对犯罪行为判处刑罚，达到以恶制恶，进而实现恢复社会正义的目的。其三，刑罚是由法院代表国家作出的强制方法，是国家暴力的体现。

俄罗斯刑法明确规定了刑罚的目的。《俄罗斯刑法典》第43条第2款规定，刑罚的目的在于恢复社会正义、矫正被判刑人和预防实施新的犯罪。因此，俄罗斯刑罚有三种目的，即恢复社会公正、矫正犯罪人和预防实施新的犯罪。[1] 应该说，刑罚的目的在人类历史上是长时间形成的。实际上，刑罚最早的表现形式是复仇形态。在原始社会，一个部落的人伤害另一个部落的人，被伤害的部落的人负有复仇的责任。再后来，这种部落的复仇演变成血亲之间的复仇义务。不论是中国还是西方的历史，围绕着复仇演绎了很多凄惨的故事，"赵氏孤儿"就是著名的复仇故事。当今社会，犯罪被认为不仅侵害到了个人，更主要的是侵害到国家的整体利益。犯罪行为一旦发生，国家暴力机构将启动，追究并惩罚犯罪人。随着社会的进步，人们认识到除了惩罚外，刑罚还具有其他目的，通过对犯罪行为适用刑罚，可以预防犯罪的发生。我国在封建时代，曾经出现过重刑主义的观点，认为刑罚如火，刑罚越重，人们越不敢犯罪，进而达到以刑去刑的目的。1996年俄罗斯刑法对刑罚目的进行了高度凝练，刑罚的目的是恢复社会公正。恢复社会公正强调的是犯罪人和被害人之

---

〔1〕 赵微：《俄罗斯联邦刑法》，法律出版社2003年版，第203页。

间、犯罪行为和造成的损失之间、权利和义务之间的一种平衡关系。在社会生活中，尤其是在民事领域，人与人之间的关系往往通过利益表现出来。利益可以表现在物质方面，也可以表现在其他方面。利益的核心是权利，权利的本质是自由，而自由是有边界的。近代社会实际上是围绕着如何保障个人自由这条主线来构建秩序的，恢复社会公正就成了刑罚的首要目的。刑罚的目的还在于矫正犯罪人。矫正犯罪人是实证学派的思想，刑罚绝对不仅是惩罚，重要的是，要通过惩罚让犯罪人改邪归正。刑罚的执行强调对犯罪人的改造，注重对犯罪人的教育。预防实施新的犯罪行为也是俄罗斯刑罚的目的。通过适用刑罚，最终实现一般预防与特殊预防之间的平衡。

## 二、俄罗斯刑罚的种类

俄罗斯刑法规定了多种形式的刑罚，其通过这些具体种类的刑罚的适用，达到俄罗斯刑罚的目的。

罚金是俄罗斯刑罚的种类之一。俄罗斯刑法上的罚金，既可以作为主刑，也可以作为附加刑。根据《俄罗斯刑法典》第 46 条第 1 款的规定，罚金是根据刑法的规定判处缴付一定数额钱款的刑罚。罚金刑在俄罗斯刑罚中占比比较高，高到 57.9%。特别是随着对自由刑，尤其是短期自由刑弊端的反思，使人们更加认识到罚金刑的重要性。短期自由刑最大的问题在于，服刑过程中，犯罪人会交叉感染。这不但没有达到刑罚的目的，反而造成犯罪人相互学习犯罪技能，累犯率升高的问题。为此，选择用罚金刑替代短期自由刑就成了一种趋势。

俄罗斯刑法上的罚金，分为固定数额罚金和倍数罚金。俄罗斯刑法规定，罚金数额一般是 5000 卢布到 500 万卢布或判处 2 周以上 5 年以下的工资或其他收入。固定数额罚金易于掌握适用，但缺乏灵活性。由于人与人之间收入存在差距，同一数额的罚金对不同的人所造成的惩罚程度不同。这是固定数额罚金的缺陷。为此，俄罗斯刑法规定，可以判处被告人 2 周以上 5 年以下的工资收入，这样的规定就更加灵活。不同的人，工资等收入不同，这种规定，能更好地适用罚金刑。俄罗斯刑法针对商业贿赂的财产数额，采取了倍数罚金的方式判处，在商业贿赂中可能被判处的罚金为贿赂额的若干倍。

剥夺担任特定职务或者从事某种活动的权利。俄罗斯刑法将剥夺担任特定职务或者从事某种活动的权利作为主刑规定下来，即禁止担任国家机关、自治地方机构的职务或从事某种职业活动或其他活动的权利。但剥夺担任特定职务或者从事某种活动的权利是有时间限制的，作为主刑适用时，时间是 1 年以上 5 年以下，作为附加刑使用时是 6 个月以上 3 年以下。

剥夺专门称号、军衔或荣誉称号、职衔和国家奖励。《俄罗斯刑法典》第 48 条规定，对于严重或者特别严重的罪犯处刑时，法院可以基于犯罪人的身份特征剥夺犯罪人的称号、军衔、荣誉称号等。因此，当犯罪人实施了某种犯罪，法院在判处刑罚时，同时剥夺其过去所获得的荣誉。但对过去获得荣誉的剥夺，存在一定的限制，即只能对那些实施了严重犯罪和特别严重犯罪的人才可以适用。俄罗斯刑法依据社会危害性对犯罪进行了分类。俄罗斯刑法上犯罪的分类，也就成了适用该类刑罚的依据。

公益劳动。公益劳动是指被判刑人在其基本工作或学习以外的自由时间内无偿从事社会公益劳动。这是一种较轻的刑罚，被判刑人并没有被剥夺自由，也没有失去工作，而是在其工作和学习之外的自由时间要从事一定的社会公益性劳动，但这仍然是一种刑罚方式。按照俄罗斯刑法的规定，公益性劳动的时间为 60 个小时到 480 个小时之间，且每天不超过 4 小时。但在适用公益劳动时存在一定的限制，即对怀孕的妇女、有不满 3 岁孩子的女性及伤残人士不能判处公益劳动。

劳动改造。对这一刑罚方式，我们似乎并不陌生。以前我国的监狱就被称作劳动改造大队，服刑人员被称作劳改犯。俄罗斯刑法也将劳动改造规定为一种刑罚方式。劳动改造既适用于有主要劳动地的人，也适用于没有主要劳动地的人。如果有主要劳动地，则被判刑人在其工作地执行劳动改造，若没有主要劳动地则可以在指定的场所进行劳动改造。劳动改造的期限为 2 个月至 2 年，而且劳动改造一般是有偿、给予一定报酬的，但须将通过劳动所获得收入的 5%—20%上交国家。因此，劳动改造与公益劳动不同，公益劳动可能有收入，也可能没有收入，但不存在国家向犯罪人收取一定比例金钱的可能性。须注意的是，对某些特殊群体不能适用劳动改造，比如怀孕的妇女和有未满 3 岁孩子的女性均不可以适用这种刑罚方法。

强制劳动。该刑罚在俄罗斯刑法分则中进行了专门的规定，只是针对实施轻罪、中等程度的犯罪或初次实施严重犯罪的人作为剥夺自由刑的替代刑来适用的。因此，强制劳动可以作为剥夺自由刑的一个替代刑种，期限是2个月以上至5年。强制劳动还作为恶意逃避主刑的公益劳动、劳动改造及限制自由刑的替代刑罚方式被适用。在适用该刑罚时，同样也是将犯罪人收入中的5%—20%交给国家。与劳动改造相比，这种刑罚一般只在刑法分则做专门规定，并且是替代其他刑罚方式适用的一种刑罚方式。

限制军职与军纪营管束。限制军职适用于合同制军人，即只能在俄罗斯刑法分则有规定时才能够适用限制军职，期限是3个月以上2年以下，且在被限制军职期间禁止晋升职务。军纪营管束也是只能对服役的军人适用，时间为3个月以上2年以下。如果判处2个月到2年的剥夺自由刑，也可以用军纪营管束进行替代。事实上，限制军职与限制自由类似，但没有完全剥夺军人的自由，而只是对军人进行一定的限制。军纪营管束类似于剥夺自由刑，只不过军纪营管束刑的服刑地点是在军队。

限制自由刑。限制自由刑，既可以是主刑，也可以是附加刑。限制自由刑是指被判处限制自由刑的人不能离开其居住地，不能去法院禁止去的特定地点，以及未经执行机构同意不得随意变更住所。被判限制自由刑的人有义务向监督机关报告自己的行为。此外，限制自由刑还可以折抵刑期，羁押一日折抵限制自由两日。该规定与我国刑法中的管制刑较为相似，即在判处管制之前，先行羁押一日的折抵管制两日，被判处管制的人同样不得随意变更住所，而且须向执行机关报告并进行社区校正。

拘役刑。与限制自由刑相比，拘役刑被剥夺人身自由的程度更大。拘役刑要求与社会严格地进行隔离，限制自由仅仅是限制部分自由，并没有与社会完全隔离。拘役刑的期限是1个月以上6个月以下。俄罗斯拘役刑的刑期与我国拘役刑的期限一样，都为1个月以上6个月以下。俄罗斯的拘役刑在替代公益劳动和劳动改造时可以短于1个月，即当有人逃避公益劳动和劳动改造时，可以用拘役刑来替代，也就是用重刑来替代轻刑。所以在用重刑来替代轻刑的情况下，拘役刑可能短于1个月。此外，拘役刑不得对孕妇、未满18周岁的人以及抚养未满14周岁子女的女性适用。俄罗斯刑法将女性和未满14周岁子女建立了非常密切的联系。一般所犯罪行不是特别重的，刑法尽可能对这两类女性判处不脱离家庭的惩罚方式，如社会公益劳动、强制劳动、劳动改造，也可能判处罚金刑。

剥夺一定期限的自由。该刑罚与我国的有期徒刑相类似。我国刑法规定，有期徒刑的期限为 6 个月以上 15 年以下，有期徒刑总和刑期不满 35 年的，最高不能超过 20 年，总和刑期在 35 年以上的，最高不能超过 25 年。俄罗斯刑法规定，剥夺一定期限自由的刑期为 2 个月以上 20 年以下，数罪并罚时不得超过 25 年，如果多个判决相加一般不超过 30 年。剥夺一定期限的自由的执行场所包括劳改营、教养院、医疗改造机构。此外，还有一般严格制度或特别严格制度的改造营和监狱。对于具体的执行场所，俄罗斯刑事执行法典做了详细规定。俄罗斯刑事执行法典还针对不同的危害行为和犯罪人的人身危险性，设置了不同的服刑场所，如劳改营、教养院、医疗改造机构及监狱。监狱具体区分为一般性监狱、严格监狱和特别严格监狱。不同标准的监狱，适用于人身危险性不同的犯罪人。

剥夺终身自由。除剥夺一定期限自由之外，俄罗斯刑法还规定了剥夺终身自由。剥夺终身自由类似于我国的终身监禁，但与我国的终身监禁不完全相同。我国终身监禁主要针对的是贪污贿赂犯罪，是作为死刑的替代措施被提出来的。俄罗斯刑法的剥夺终身自由只适用于侵害生命的特别严重犯罪、一些具有加重情节的破坏公共安全犯罪、侵害宪法制度和国家安全的犯罪。在俄罗斯刑法上，剥夺终身自由作为最严厉的一种刑罚方式对那些危害极大的犯罪适用。我国之所以没有对剥夺他人生命的人适用终身监禁，是因为在我国刑法中规定了死刑。罪行极其严重的犯罪人，通常是被判处死刑立即执行。如果不必立即执行死刑的，可以判处死刑缓期执行。正是因为有死刑的存在，对故意侵害他人生命的犯罪没有规定终身剥夺自由制度。需特别注意的是，剥夺终身自由对妇女、未满 18 周岁的人和满 65 周岁的男子不得适用。

死刑。俄罗斯刑法虽规定了死刑，但其所规定适用死刑的范围很窄，只能针对侵害生命的暴力犯罪。如故意杀人可以判处死刑，另外在一些其他侵害他人生命的犯罪中也规定了死刑。

俄罗斯从 90 年代开始就再不执行死刑。后来，俄罗斯法院也不允许作出死刑的判决。因此，虽然俄罗斯刑法规定了死刑，但实际司法实践中，死刑并不被适用，只具有宣誓性。从功利的角度看，俄罗斯暂停死刑执行也和叶利钦时期俄罗斯社会的政治状态有关。一国若想加入欧洲委员会，需要遵守欧洲人权公约才可以，废止死刑或在事实上废除死刑是欧洲人权公约的重要内容之一。而俄罗斯为了加入欧洲委员会，虽然没有正式废除死刑，但已承诺废除死刑。此后俄罗斯发生了极端主义和恐怖主义威胁，普通民众呼吁恢复执行死刑。到2009年欧洲人权委员会对俄罗斯进行考察，发现俄罗斯仍然没有在刑法上废除死刑。为此，俄罗斯宪法法院作出一项判决，即俄罗斯的死刑既不废除也不执行，至于何时执行或何时彻底废除需要俄罗斯议会进行表决，而且必须要符合国内法。俄罗斯社会经常出现一浪又一浪的恢复死刑的呼声，特别是当社会上发生了非常残忍的案件或发生了恐怖袭击时，对恐怖分子和那些极其残忍的犯罪人，就会出现要求适用死刑的意见。[1] 俄罗斯死刑问题，已经不再是一个单纯的民意问题，而是一个国家的政治问题。

## 三、俄罗斯刑罚特征

人道化是俄罗斯刑罚的鲜明特征。由于人道主义思潮的影响，人类社会将关注的重点从神转移到人，人的价值被提倡。受近代刑法思潮的影响，死刑废除观念被推向全球。俄罗斯刑罚人道化，也与死刑问题相关。尽管俄罗斯在刑法上保留了死刑，但却不允许法院作出死刑判决，进而俄罗斯成了事实上废除死刑的国家之一。此外，俄罗斯刑法某些罪名，尽管规定了死刑，但死刑已经不再作为第一顺序的刑罚选项。故意杀人罪即是例证。在2004年之前，《俄罗斯刑法典》第105条规定的故意杀人罪的刑罚配置上，优先选择适用死刑。2004年的刑法修正了死刑优先的排列顺序。故意杀人的刑罚也按照由轻到重的顺序进行排列。

刑事责任的免除制度也是俄罗斯刑罚人道化的体现。俄罗斯刑法将免除刑事责任作为独立的一章规定下来。具体包括因积极悔过而免除刑事责任，即初次实施轻罪或中等程度犯罪的行为人，如果犯罪后自首、协助揭发犯罪、赔偿

---

〔1〕 参见龙长海:《俄罗斯死刑的现状及困境》，载《中国刑事法杂志》2011年第8期。

犯罪损失或以其他方式补偿犯罪损失，因积极悔过而终止社会危害行为的，可以免除刑事责任。与被害人和解也可免除刑事责任，即初次犯罪的人如果已经与受害人和解并且弥补了受害人的损失，可以免除刑事责任。因情势变迁也可免除刑事责任。俄罗斯刑法规定："初次犯轻罪或者是中等严重犯罪的人，如果由于情势变迁而使行为人实施的行为不再具有社会危害性的，可以免除刑事责任。"由于情势发生了变化，过去实施的严重的危害行为，现在可能被认为不再具有严重的社会危害性。在这种情形下，可以免除刑事责任。因过了追诉时效也可免除刑事责任。俄罗斯刑法规定，实施轻罪的追诉时效是 2 年，中等犯罪的追诉时效是 6 年，严重犯罪的追诉时效是 10 年，特别严重的是 15 年。

俄罗斯刑罚人道化还体现在免除刑罚制度上。免除刑事责任和免除刑罚之间是有区别的。如果免除了刑事责任就不存在刑罚的问题，只有认定存在刑事责任的情况下，才存在刑罚的免除问题，所以免除刑事责任和免除刑罚是不同的。按照俄罗斯刑法的规定，免除刑罚的情形有如下四种。一是假释。俄罗斯刑法上的假释，是判处军纪营管束、强制劳动或剥夺自由的人，法院认为已经不需要服完全部刑期，并赔偿犯罪所造成的损害的，可以假释，且可以全部或部分免除附加刑。俄罗斯的假释制度，区分了不同的适用对象，设置了不同的刑罚。由于按照俄罗斯刑事执行法典的规定，不同的刑罚执行的地点、执行的条件，采用的隔离措施，都不相同。不论是军纪营管束，还是剥夺自由，都与外界相对隔离。在隔离一段时间后，法院会进行考察。如果认为某人已经不需要再继续执行刑罚了，可以免除剩余的刑期。适用假释的条件是赔偿犯罪所造成的损失。二是以轻刑替代余刑。《俄罗斯刑法典》第 80 条规定了以轻刑代替剩余刑期制度。被判处军纪营管束、限制自由、剥夺自由刑的人，如果赔偿被害人损害，法院可根据其在服刑期间的表现，决定适用以较轻的刑罚替代剩余刑期。这实际上是对过去较重刑罚的免除。三是因情势变迁而免除刑罚。这是指初次实施犯罪或中等程度犯罪的人，因情势发生变化而该人的犯罪不再具有社会危害时，法院可免除其刑罚。很明显，如果一个行为过去是犯罪，而现在不再认为是犯罪时，可以免除刑罚。因情势变迁而免除刑罚和免除刑事责任的区别在于，免除刑事责任是不追究，免除刑罚是追究刑事责任且已经判刑，剩余刑期被免除掉。四是因疾病而免除刑罚。因精神疾病不能辨认或控制自己行为的人，法院可以免除其刑罚，对其可以适用医疗强制措施。有些人犯罪之后被追究刑事责任，在监狱服刑过程当中，由于精神疾病的作用，而不能辨认和控制自己的行为，对这样的人，可以免除其剩余刑期。

延期服刑制度也是俄罗斯刑罚人道化的体现。俄罗斯刑法的延期服刑制度针对的是怀孕的妇女、有未满 14 周岁孩子的妇女、有未满 14 周岁孩子的单亲男性，法院可以将刑罚的执行时间延期到孩子满 14 周岁时止。例外情况是，如果是对未满 14 周岁的人实施性侵害的和实施恐怖主义犯罪的人不能适用延期服刑制度。俄罗斯刑法延期服刑制度充分考虑到父母对孩子的教育，主要针对有未满 14 周岁孩子的女性；如果有未满 14 周岁孩子的男性，没有配偶或与配偶离异，也可以适用。这种制度充分考虑到了未成年人的权益，有利于对孩子的培养照顾。

俄罗斯刑法行刑时效制度也是其刑罚人道化的体现。有罪判决未能在行刑时效内实施的，免除刑罚的执行。行刑时效的具体时间为，轻罪 2 年、中等重罪 6 年、严重犯罪 10 年、特别严重的犯罪 15 年。但在有罪判决作出之后，被判刑人逃避服刑的，则不受行刑时效的限制。司法机关不认真履行职责，是造成行刑时效届满的重要原因。行刑时效制度有利于督促国家认真履行职责，尽快将判处付诸实施，也有利于对犯罪人权利的保障。[1] 例如，判处某人死刑，死刑判决已作出且已生效，但如果长时间不执行判决，会给犯罪人造成强大的精神压力，是对犯罪人精神上的折磨，此时即体现了行刑时效的重要作用。

刑罚的灵活性和实用性。俄罗斯刑法规定了刑罚的易科制度。其一，在被判刑人恶意逃避作为主刑的罚金时，可以在俄罗斯刑法分则相应条款的制裁限度内改判其他刑罚。一般而言，罚金刑较轻，但如果犯罪人拒绝履行，便可以将罚金刑易科为在同一个罪名制裁限度内的其他种类的主刑，如限制自由或强制劳动等。如果被判刑人恶意逃避强制性社会公益劳动，则可以改判限制自由、拘役或者是剥夺自由。其二，被判处劳动改造的犯罪人恶意逃避服刑，法院可以用限制自由刑、拘役或剥夺自由刑替代未执行完毕的刑期。也就是说，如果犯罪人被判处了劳动刑，犯罪人不履行，则可以易科为自由刑。其三，被

---

〔1〕 Иванов Н. Г. Уголовное право. Общая часть. М.: Издательство Юрайт, 2014. С. 512.

判处限制自由的人恶意逃避服刑的，限制自由刑则可以易科为剥夺自由刑。可以说，刑罚易科制度的存在，确保了刑罚在实践中的灵活性和实用性，确保了刑罚目的的实现。

### 四、刑事法律性质的措施

刑事法律性质的措施是刑罚还是保安处分，俄罗斯刑法上是存在争议的。具体而言，刑事法律性质的措施分为三类。第一类是强制医疗。强制医疗主要是针对患有精神疾病的人适用，俄罗斯的强制医疗制度规定得较为详细。第二类是特别没收。2002 年俄罗斯废除了没收财产后，俄罗斯社会又出现了诸如恐怖主义、黑社会犯罪和腐败犯罪等一系列问题。只判处罚金，无法达到惩处这类犯罪的目的，于是俄罗斯又在刑法上恢复了特别没收。但特别没收与一般没收不同，不能没收个人合法拥有的财产，仅能没收犯罪所得及其产生的孳息。特别没收也没有被规定在刑罚中，而是作为刑事法律性质的措施存在。第三类是司法罚金。2016 年俄罗斯修改刑法时，增加了司法罚金制度。司法罚金是对那些初次实施了轻罪或中等严重程度犯罪的人，如果能够赔偿损失或弥补犯罪造成的损害，法院可以在适用司法罚金的情况下，免除该犯罪人的刑事责任。

## 第九章　俄罗斯刑法分则的特点

俄罗斯刑法分则从第七编到第十二编，共 6 编 19 章。第七编为侵害人身的犯罪，第八编为经济领域的犯罪，第九编为危害公共安全与社会秩序的犯罪，第十编为危害国家政权的犯罪，第十一编为违反军职犯罪，第十二编为危害人类和平与安全的犯罪。从俄罗斯刑法分则各编的排列顺序看，俄罗斯刑法将侵害个人的犯罪置于刑法分则最前面，其次是侵害公共安全的犯罪，最后才是危害国家政权有关的犯罪。所以 1996 年的俄罗斯刑法分则中，最大的变化就是按照个人、社会、国家三大法益的顺序调整俄罗斯刑法分则的结构，将侵害个人法益的犯罪置于刑法分则之前，突出国家优先保护个人利益的价值。这种排列顺序也符合俄罗斯宪法规定的个人权利和自由是国家最高价值的要求。

这是俄罗斯刑法过去和现在相比较的一个重大变化。除优先保护个人权利与自由外，俄罗斯刑法分则还表现出如下两个特点。

**俄罗斯刑法分则人道化。**人道化的内容体现在俄罗斯刑法分则的若干罪名中。如《俄罗斯刑法典》第316条关于包庇罪的规定，故意包庇犯罪人的需承担刑事责任。在帮助犯罪人逃避处罚的情况下，是否应该被免责？这在俄罗斯的刑法分则上作了相应规定。《俄罗斯刑法典》第316条规定，如果配偶及其近亲属包庇犯罪人，只要与犯罪人没有事先通谋，不承担刑事责任。这体现出一种人性的回归和尊重。俄罗斯《刑事诉讼法典》第56条规定，证人有权拒绝为自己的配偶和近亲属做不利的证明，该规定免除公民对自己近亲属做不利证明的义务。《俄罗斯刑法典》第205条第6款规定，当有人知道某人要发动恐怖袭击时，知晓的人有义务向国家机关进行告发，不告发的情况下须承担刑事责任。该规定是为了最大限度地预防恐怖行为的发生。在该规定中也有例外内容，即如果犯罪人的配偶和近亲属知道犯罪人要实施恐怖袭击而不予告发，只要没有事先通谋，即使不告发也不用承担刑事责任。这也是对人性的一种尊重。俄罗斯刑法还规定了见危不救罪，见危不救即明知他人的生命或健康处于危险无助的状态，并且由于年幼、年老、疾病或者孤立无援而无法自救，如果行为人有为之提供帮助的可能性并负有帮助义务的，或行为人使他人的生命或健康处于危险状态而没有提供帮助的行为。这也是对人生命和健康的尊重，体现了俄罗斯刑法分则人道化的发展态势。

俄罗斯刑法规定的虐待动物罪，也是其刑法分则人道化的体现。虐待动物罪是指基于给动物造成疼痛或痛苦为目的，及出于流氓动机或者贪利动机而虐待动物、造成动物死亡或残疾的行为。俄罗斯刑法对虐待动物罪前后修改过多遍。较早时，构成虐待动物罪的条件是在实施虐待行为时，必须有未成年人在场，才构成虐待动物罪。很明显，这样规定的立法目的是为了保护未成年人的心理健康状态。但是，现在该罪已经进行了修改，该罪的成立范围较之前更大，且并没有要求必须是未成年人在场或者儿童在场，但有儿童在场的情况下虐待动物的要加重处罚。有儿童在场实施虐待动物的，公开或者在互联网上展示虐待动物行为的都是虐待动物罪的加重情节。俄罗斯刑法虐待动物罪的规定，实际上是通过保护动物来保护人类社会善良的秩序。

**犯罪构成的精细化。**犯罪构成的精细化对应的是刑罚个别化的要求。在侵害人身权利的犯罪中，体现得较为明显。关于故意杀人罪，俄罗斯刑法规定了五个罪名。通过犯罪构成的精细化，以更准确地对危害行为和刑事责任细化界定。《俄罗斯刑法典》第105条对故意杀人进行了一般规定：故意杀人，即故意导致他人死亡的行为。杀害履行公职的人员或明知是孕妇而杀害的，是故意杀人罪的加重情节。出于政治意识形态及民族、宗教以及种族的仇恨而实施的杀人，也是故意杀人罪加重情节。俄罗斯刑法还将母亲杀害新生儿罪单列出来。母亲杀害新生儿的行为当然也是故意杀人，但与一般的故意杀人行为相比，危害性相对较小。原因是女性生孩子后可能会有产后抑郁，女性要有一个适应阶段。此外，还有一些特殊情况，如没有能力抚养等问题也会造成新生儿母亲产生杀害新生儿的动机。所以，在故意杀人罪之外，规定一个独立的罪名，更有利于实现刑罚个别化的机能。激情杀人罪也是独立的罪名，是指因受害人的暴力、嘲笑、严重侮辱，或者长期的不法、不道德行为，而使行为人处于激情状态下实施的杀人行为。在激情杀人时，实施故意杀人是被害人刺激作用的结果，正如犯罪学所提到的犯罪是行为人和被害人的一种相互作用的刑事伙伴关系，被害人在犯罪过程中会从一个加害者转变成被害者。在这种情况下，犯罪人的刑事责任相对来说要轻一些。此外，俄罗斯刑法将防卫过当杀人，拘捕罪犯过程中杀人，通过威胁、虐待或者侮辱被害人的人格尊严等方式而导致被害人自杀，教唆、帮助他人自杀等行为都从故意杀人罪中独立出来，实现了故意杀人行为刑法规定的精细化，更有利于定罪和量刑，实现刑法个别化的目的。

# 第三编　俄罗斯民法

## 第一章　俄罗斯现行民事立法

苏联解体后，俄罗斯社会急剧转型。俄罗斯国家制度也从过去的公有制模式转变为私有制模式，社会的急剧转型需要法律制度的保障。"社会制度和经济制度根本改革的必然结果之一就是法律体系的变更。"[1] 制定一部与俄罗斯社会现实相适应的民法典工作，便被提上了日程。

### 一、俄罗斯现行民事立法的制定经过

《俄罗斯民法典》规模宏大，共有1551条之多。到这部法典制定完毕，更是横跨了从1992年到2006年的15年时间。俄罗斯对其民法典进行讲解的教科书也可谓汗牛充栋。民事立法的好处是将散见于各个部门法的民事法律规范基本上全部纳入到民法典之中。为此，俄罗斯采用分阶段立法的方式。

早在1994年10月21日，俄罗斯便通过了其《民法典》的第一部分，并于1995年1月实施；《民法典》第二部分于1995年12月通过，1996年3月实施；第三部分于2001年通过，2002年实施；第四部分于2006年通过，2008年实施。《俄罗斯民法典》第四部分，即知识产权部分，通过并且被纳入法典之后，俄罗斯整个的民事立法全部实现了转型。至此，俄罗斯联邦现行《民法

[1] [俄] 苏哈诺夫主编：《俄罗斯民法》（第1册），黄道秀译，中国政法大学出版社2011年版，第21页。

典》正式通过，这标志着俄罗斯在改革之后进入到了民法典时代。《俄罗斯民法典》制定的时间跨度如此之长，其间经历了社会的巨大变迁，以至于到2008年，俄罗斯总统委托民法典和民事立法完善委员会制定民法典修改计划，从2009年正式开始对《民法典》进行完善。对此，我国学者指出："修订民法典并不表明民法典的质量低，恰恰相反，它证明了动态民事流转变化的多样性、复杂性、发展的迅速性和维护民事流转参加者权利的必要性。显然，民法法典化不仅仅是立法活动，还是一场革命，国家的法制建设伴随着法典化进程健康发展。"[1]

《俄罗斯民法典》不仅仅对当今俄罗斯社会生活的影响是巨大的，对整个世界民事立法的发展也有重要意义。俄罗斯民法典是新世纪以来出版的第一部民法典。

《俄罗斯民法典》第一部分包括总则、物权、债权。物权和债权这种模式或者说是位置的变化实际上是对德国《民法典》的一种调整。俄罗斯民法采用的是德国民法的体系。当今大陆法系国家民事立法编纂有两种主要体系：一种是法国《民法典》体系，另一种是德国《民法典》体系。法国《民法典》来自1804年拿破仑法典，它的渊源是《法学阶梯》。德国《民法典》的渊源是法学《学说汇编》。法国《民法典》则采用了人、物、继承的顺序；德国《民法典》采用总则、债权、物权的方式排列。《俄罗斯民法典》采用的是德国式的，但是对物权和债权做了位置上的调整。确定物权的时候是物和人的权利归属，当有了权利归属，才能在人与人之间发生物的变动。导致物的变动有两种方式，一种是通过合同（买卖合同）的方式发生转移，另一种是通过继承的方式发生转移。合同部分还有继承法和国际私法。《俄罗斯民法典》的一个重要特点是知识产权法典化。知识产权法典化也是有巨大争议的。[2] 一般而言，知识产权是独立的，但是俄罗斯民法体系把它（知识产权）纳入进去了。

---

〔1〕 鄢一美：《俄罗斯社会转型期民法再法典化》，载《中国人大》2017年第11期。

〔2〕 参见鄢一美：《俄罗斯当代民法研究》，中国政法大学出版社2006年版，第358—360页。

## 二、现行俄罗斯民法的特点

其一，确立并肯定了“私”的合法性。这是非常重要的一点。俄罗斯学者认为，俄罗斯民法体现了私法复兴的精神，实现了对传统民法的回归，同时实现了私法自治的最高原则。新的《俄罗斯民法典》“基本抛弃了过去具有公法性质的法律调整方式，恢复民法其固有的私法精神，为俄罗斯形成和调整现代市场经济关系确立了统一的法律准则”。[1] 私法自治原则是贯穿整部《俄罗斯民法典》的主线，《俄罗斯民法典》的基本原则都是围绕着私法自治展开的。这种私法自治原则是对传统民法体系的复归，强调私人在市场经济中的作用，强调对民事主体自由的尊重，具体体现在其《民法典》的基本原则、民事立法的中央权属、禁止行政干涉等方面。[2] 其二，适应现在市场要求，债权编取消了与市场经济不符的原则，修改和补充了原有的合同类型，确立了统一的交易规则，加强了对债权人利益的保护。其三，解决了经济学概念混淆甚至取代法学概念的问题。新的《民法典》不再使用混合所有制、集体所有制、公有制等概念，而是使用了私法上典型的所有权、个人所有等概念，用权利的观点来取代制度。其四，将知识产权纳入到民法典，实现了世界民法典编纂历程的新突破，使知识产权法典化。其五，完善了法人制度，其规定法人类型有各种公司、生产合作社、国家和单一制企业、非商业组织等。

现行《俄罗斯民法典》编纂过程中存在的问题。第一，改革时期俄罗斯的立法文件极其混乱。从20世纪80年代戈尔巴乔夫用他的“新思维”来推行经济改革开始一直到90年代的改革时期，俄罗斯政府和总统颁布了一系列有关产权关系、私人领域财产问题的法律文件。这些法律文件由于是每次单行，导致各规范性文件之间相互冲突。在这种情况下，要制定民法典争议是非常大的。部分学者认为，俄罗斯处在一个急剧转型时期，这可能导致对原有体制或制度的急剧变革，如果用民法典的形式来规范，不利于整个改革的推进。另一部分学者认为，必须要用民法典的形式巩固改革的成果，且最终这种观点占据

---

〔1〕 鄢一美：《俄罗斯当代民法研究》，中国政法大学出版社2006年版，第1页。

〔2〕 参见焦富民：《私法理念在〈俄罗斯联邦民法典〉中的复兴及其启示》，载《法商研究》2007年第6期。

了上风。俄罗斯逐步制定了现在的受德国民法影响的《民法典》，在编排上，把物权放到了债权之前。

第二，在民法典改革过程中，还有一个争议是到底使用何种立法模式。当时在俄罗斯改革过程中，有一种观点要采用英美法系的判例法。部分学者认为，判例对适应社会的发展有极大帮助，这部分人则主张应该采用英美法系立法模式。但是最终这种建议被拒绝了。[1]

其没有被采纳的最主要原因是法律传统。俄罗斯作为一个欧洲国家或者说欧亚国家，它在生活习惯、传统立法模式上受到了德国的巨大影响，因此俄罗斯人一说到法律，首先想到的是德国。在这种情况下，俄罗斯实际上是一个大陆法系国家，大陆法系国家的特点不是以判例为最高，而是以国家成文立法作为最主要的法律渊源，这是其一。如果改变了这种传统整个社会将会无所适应。大陆法系的特点是注重立法，强调法学教育的重要作用，因此法律人才的培养是从本科阶段开始的。而英美法系很注重经验，因此本科阶段没有学法律的，本科要先学别的专业，硕士阶段再学法律，这是其二。因此，俄罗斯最终也没有采用英美法系的成果。

第三，对民法典何时编纂和颁布的时间看法不一致。在改革中如果颁布成文法，实际上导致的是成文法不稳定。不断改革，就需要不断地对原有制度进行突破。反对派认为，在过渡时期颁布成文法典是不成熟的；赞成派认为社会经济要想稳定，需要用成文法律去规范。最终赞成派的观点占据了上风。在俄罗斯反对派的观点是有一定道理的，俄罗斯的成文立法中，包括刑法、民法都有一个极其可怕的现象，即俄罗斯的法律在一年之内要更改若干次。例如，刑法典从1996年制定至今，每年要修改4—5次，甚至同一条文被修改了多次。这说明成文法典不够稳定，会导致人们对自己行为的预期下降。所以俄罗斯社会一个很典型的特点就是，很多人知道有法典，但是对法典的内容不了解，甚至法律人自身也不了解。社会生活中的法律极多，对专业领域的划分会越来越细，这就要求每个人必须对自己所从事的领域，有充分的理解和掌握，时时关注国家立法的最新变化。

---

[1] 参见鄢一美：《俄罗斯当代民法研究》，中国政法大学出版社2006年版，第7—9页。

## 三、《俄罗斯民法典》的主要内容

《俄罗斯民法典》是俄罗斯于21世纪初制定的第一部民法典，奠定了俄罗斯现代私法体系的基石。其意义不仅仅限于其调整的职能，充满新理念的法典对私法领域的科学研究有重要意义。

俄罗斯民法典的主要内容分为四大部分。在保留原苏俄时期总则体系的基础上其增加了私法的原则，这些原则共同体现一个根本内容——“私法自治”。

第一，确定了民法典在私法体系中的核心地位。《俄罗斯民法典》明确规定：“总统令和政府颁布文件不得与民法典相抵触，如发生抵触，则政府颁布文件无效。”

第二，在物权制度当中改革的力度更大，其将苏联时期的公有制改成了现在的私有制。这也包括最重要的资源——土地。民法典除了保留过去所有权的一般规定外，还恢复了土地他物权制度，从过去立法仅允许国家拥有土地所有权，到今天规定土地可以由不同的主体所有，可以说，俄罗斯的土地制度发生了巨大的变化。但是土地私有还会导致另一个问题，即出现一大批地主，有了地主就会出现收取土地租金的人（剥削者），还有租种他人土地的人（被剥削者、佃户）。对此，俄罗斯新规定了土地终身占有权、无偿定期使用权、地益权，等等。

第三，在债权制度中俄罗斯民法坚持大陆法系的合同之债与非合同之债的划分。为适应市场经济的需要，其增加了在过去立法当中所没有的全新的合同类型。比如说增加了对土地、房屋以及企业的不动产买卖和租赁合同，规定了融资租赁、财务代理、商务特许、信托管理、悬赏、公开竞争……这些都是在市场经济时代需要的新制度。这些制度在我国法律上也有规定。

第四，在继承权上变化也很大，俄罗斯民法典提高了遗嘱继承的作用和地位。遗嘱继承是真正体现意思自治的，俄罗斯在法律结构上将遗嘱继承提到法定继承之前，并在规范中突出了遗嘱人在遗嘱中意思表示的关键性作用，当然遗嘱必须真实有效。

第五，在法定继承上变化也比较大，民法典上保存了过去的继承顺序。俄罗斯认为，如果把法定继承上的顺序限制得太小，便不利于对权利的保护。把财产给谁才能最大地发挥价值，这绝对不是把一份财产给一群人，而是要归个人，只有把财物归个人，个人才会充分发挥财产的使用价值，为社会创造出更多的价值。所以俄罗斯修改民法的时候，将过去法定继承顺序范围太小的问题进行了修改。其保留了过去 2 个顺序继承，又增加了 6 个。哪些人能继承呢？法定继承人的范围与过去法律规定相比发生了实质变化，增加了被继承人的叔叔、舅舅、姑姑、姨、曾祖、外祖、侄子、侄女、外甥女、外甥的子女，被继承人的祖父母、外祖父母的亲兄弟姐妹，表（堂）侄子女……被继承人的前夫（妻）的子女，继父和继母等都可以成为法定继承上的顺序。“法定继承顺序的增加和继承人范围扩大的一个基本意义是：尽可能避免将被继承人的遗产作为无人继承的遗产转归国家所有。这也是俄罗斯民法总则中规定的保障公民财产不受侵犯基本原则的具体体现。”〔1〕这样做的根本目的是保护私有财产。因此，一个保证私权的社会，不是尽可能地使财产收归国有，而是使财产流转到个人手中。在一个社会中个人财产增加，实际上相当于国家的财力在增长。如果每个人都非常富有，每个人都非常独立，每个人都非常自由，每个人都身体健康，头脑清醒、理智，那么这个国家便是不可战胜的。所以，在俄罗斯社会发生变化的时候，我们要注意它特别强调对私人权利的保护。

第六，将知识产权纳入到民法典中。《俄罗斯民法典》的第四部分是知识产权。知识产权法典化属于俄罗斯的首创。知识产权最早发源于英美，从工业产权、商标发展到现在的知识产权。俄罗斯在民法典改革时，争议随之而来，一部分学者认为，知识产权是私权的一部分，应该纳入民法典中，但是一旦被立法化，尤其如果被国家以法典进行规范，知识产权将具有稳定性。如果知识产权立法非常稳定，那么国外一些最新理念很难改变当前立法。知识产权目前以美国为主，美国制定规则，然后把它的规则推向全世界，强加给各个国家，这么做的原因实际上是通过各国国内立法保护知识产权，然后变相地维护美国的知识产权。随着美国不断地进行发明创造，它的知识产权也在不停修改，然后随产品将它的知识产权立法推向全世界。如果美国的知识产权立法变了，它会要求相应国家的立法改变，只有相应国家的法律变了，才会间接地保护美国

〔1〕鄢一美：《俄罗斯当代民法研究》，中国政法大学出版社 2006 年版，第 425—426 页。

人的利益。但是俄罗斯的民法典一旦将知识产权法典化，知识产权再想改，就没那么容易了，因为对法典的修改要比一部单行法修改困难太多，它要经过严格的立法程序。在这种情况下，俄罗斯人的知识产权法典化受到了极大的外来压力，最后俄罗斯人没有屈服，而是按照自己的模式将知识产权法典化了。

俄罗斯民法典的特点是确立了私法化，其适应现在市场经济的要求，取消了与市场经济不适应的规则，修改和补充了原有的合同类型，确立了统一的交易规则。这些都是俄罗斯民事立法的显著特点。

## 第二章　俄罗斯民法的基本原则

理解俄罗斯民法的基本原则，我们应把握一点，即“私法自治”。大陆法系国家，可以将法律规范分为公法和私法两部分。俄罗斯在改革的过程中发现，要让市场经济在俄罗斯生根发芽，就必须从私法自治入手，保障公民权利。所以俄罗斯民法典的基本原则，都是围绕“私法自治”这个最根本的内容展开的。

这些基本原则体现在《俄罗斯民法典》的第 1 条第 1 款：“民事立法的基本原则是确认民事立法所调整关系的参加者一律平等，财产不受侵犯，合同自由，不允许任何人随意干涉私人事物，必须无阻碍地行使民事权利，保障恢复被侵犯的权利及其司法保护。”第 2 款：“公民（自然人）和法人以自己的意志和为自己的利益取得和行使民事权利。他们在根据合同确定自己的权利和义务方面及在规定任何不与立法相抵触的合同条件方面享有自由。民事权利可以根据联邦的法律受到限制，但仅为维护宪法制度的基本原则、道德、健康、他人的权利和合法利益及保障国防和国家安全之必需所必要。”第 3 款：“商品、服务和资金可以在俄罗斯联邦全境内自由流通。如果出于保障安全、保护人民的生命和健康、保护自然环境和文化珍品的必需，可根据联邦法律实施对商品、服务流通的限制。”

《俄罗斯民法典》第 1 条直接规定了俄罗斯民法的基本原则，在立法、司法解释和法律适用过程中，都必须予以遵守。

## 一、不允许随意干涉私人事务原则

从古罗马时代，我们就将调整平等主体之间关系的法律规范称为私法。那么，如何保障公民个人能够最大程度发挥主动精神创造社会的财富呢？在私法方面，要贯彻的便是“私法自治”原则。[1] 私法自治强调个人的主体性，强调个人的意志优先，这可以最大限度地防止来自国家公权力的干涉。公权力和公权力机关有一种特别典型的特点：公权总要想方设法干涉私权，而且公权对私权的侵蚀，往往总是发生在公民的不知不觉之间。对私权的侵蚀性，似乎是公权的一个典型的特点。所以，为保障私人权利，俄罗斯民法上的第一个基本原则就是禁止随意干涉私人事务。禁止随意干涉私人事务是指民事主体可以根据自己的意愿实现自己的权利。公权力机关如果非法干涉民事法律关系，将要承担财产责任。《俄罗斯民法典》第 16 条规定：“由于国家权力机关或地方自治机关或这些机关的公职人员所实施的非法行为（不作为），其中包括颁布与法律或其他法律文件不一致的国家权力机关或地方自治机关文件而给公民或法人造成的损失，应由俄罗斯联邦、有关的俄罗斯联邦主体或地方自治组织予以赔偿。”俄罗斯联邦国家所颁布的文件与民事法律规定相冲突，由于这种冲突给公民个人造成损失的，相应的主体要承担赔偿责任。

国家机关颁布了行使其管理职权的规范性文件，即作出抽象行政行为，如果相对人对此提起诉讼，法院通常不会受理。但是，这种抽象的行政行为，同样会对行政相对人的利益造成影响，甚至是损害。如果真的对相对人的利益造成损害，谁来承担赔偿责任？按照俄罗斯民法的规定，谁发布的，谁承担责任。这种规定严格要求国家机关颁布的规范性文件应与国家法律保持一致。

禁止公权力机关干涉私人事务也是俄罗斯宪法的要求。俄罗斯宪法第 23 条规定：“每个人都享有私人生活、个人和家庭秘密不受侵犯、维护自己的荣誉和名誉的权利。每个人都享有保守通信、通话、邮件、电报和其他通讯秘密的权利。只有根据法院的决定才可对这一权利加以限制。”这是俄罗斯关于隐

---

〔1〕 Гончаров А. А., Маслова А. В. Гражданское право (части Общая и Особенная). – М.: Волверс Клувер. 2010. С. 6.

私权的宪法规定。公民私人领域应该是禁止国家公权力干涉的，公权力不能对个人所有的私生活都进行干涉和控制，否则会发生人人自危的问题。

俄罗斯宪法明确规定了可以干涉私人事务的情形，并且，在对私人事务进行干涉的情况下，要承担相应的财产责任。法院可以认定公权力机关的文件无效，或者解决争端的时候不适用这些文件。《俄罗斯民法典》第12条便规定："……确认国家机关或地方自治机关的文件无效。"第13条："国家权力机关或地方自治机关的非规范性文件，以及在法律规定的情况下上述机关的规范性文件，如果与法律不一致并侵犯了公民或法人的民事权利和受法律保护的利益，可以由法院确认为无效。"因此，俄罗斯民法突出强调了公民私权不受公权力的干涉。当然，在俄罗斯和个人私生活有关的都属于"私"的范畴，"私人的事务"由道德等非法律规范调整便足够了，大家对此也习以为常。

## 二、法律平等原则

平等是市场经济的根基。一个私权张扬的社会，要想有发达的民事法律，法律上的主体一定是平等的，民事法律关系参加者的地位是相同的，权利义务是对等的。法律平等意味着民事法律关系的任何一方都不能拥有相对于另一方的特权。[1] 在平等的基础上，才会产生意思自治、等价交换等一系列私法的基本原则。如果离开了平等，那么整个民事法律得以构建的根基，便已经丧失了。《俄罗斯民法典》明确规定，"民事法律关系参加者的法律地位平等，个人之间、个人与组织和公权力机关平等"。因此，民事交易的各主体之间是平等的，包括俄罗斯联邦作为一个民事主体参与民事活动的时候，同样要遵守《俄罗斯民法典》的规定，按照民事法律的基本原则从事民事交易。此外，各联邦主体在民事法律方面，也同样是平等的。平等具有基础性地位。而我们在强调民事主体平等的时候，是不是意味着其绝对不受限制呢？当然不是。在某些情况下，公民个人将很难维护其自身的权利。在从事民事交易时，往往会出现交易双方由于其所具有的特殊地位从而导致的不平等现象。例如，我们在与大公司签订合同时，尽管要贯彻平等原则，但往往消费者面对的是只剩下了签和不

---

〔1〕 Марченко М. Н. , Дерябина Е. М. Правоведение. –М. : Проспект. 2016. С. 310.

签合同的自由，这种现象也被称为契约的死亡。为了保持交易双方的平等，防止交易中强势方对弱势方意思自治的侵害，法律往往规定在发生争议时，要做有利于消费者的解释。因此，在消费者与经营者的相互关系中，其对消费者做出了额外的维护其利益的法律保障。这也是对平等原则的进一步发展，这种变化是值得关注的。

### 三、财产不受侵犯原则

这个原则也是私法自治得以实现的最重要的根基之一。平等很重要，但是在平等的情况下，财产必须有保障。在产权明确的前提下，财物的所有人才会发挥财物的最大价值。国家所要做的就是保障这种关系，进而促进社会的发展。在私法领域，俄罗斯私有财产不受侵犯原则的最典型体现是，规定了私有财产的地位不低于国有财产。这一点是从苏维埃时期到当今俄罗斯社会变革的明显体现。

俄罗斯民法明确规定财产不受侵犯原则。按照该原则，“民事法律规范要保护财产拥有者稳定地实现对财产的占有、使用、收益和处分的权利”。[1] 私人的财产与国家的或者公共的财产地位是平等的，这一点也体现在民法上财产不受侵犯原则的规定方面。而且，俄罗斯宪法第 35 条第 3 款规定：“任何人都不能被剥夺属于自己的财产，法院决定的除外。为国家需要而把财产强制性地划归国有，只有在事先和等值补偿的情况下才能进行。”此外，对合法财产的剥夺，还必须是出于公共利益的需要。为了公共利益收缴财产，必须有法律明文规定，并事先提供等价补偿。公民个人财产受法律保护，国家想把个人财产收归国家时，要事先跟对方协商，而且要支付等价的对价，而且为了公共利益收归财产的必须要有法律的明文规定。这是俄罗斯私有财产不受侵犯原则在宪法和民法上的体现。可以说，加强私有财产的保护力度，是俄罗斯民事立法改革的根本性变化。

个人的财产不受侵犯实际上还有另外一层含义，即只有个人的财产不受侵犯，才能够保证人与物之间的稳固关系，也就是说，这个物是有主的，只有在

---

〔1〕 Гражданское право/Под ред. Сергеева А. П. , Толстого Ю. К. –М. : Проспект, 2005. С. 29.

物有主的情况下，物的主人才能够尽其可能充分运用物的使用价值。如果人和物的关系不稳定，则容易损害物的价值。在保证人和物之间的一种稳定关系的情况下，再促进人对物的使用，促进它的流转，这是一个基本的道理。要先确定人的权利能力和行为能力，再确定人和物之间的关系，然后规定物的流转规则。在流转方面，就有了债权和继承的问题。

俄罗斯民法把财产不受侵犯作为一个基本原则进行规定，最根本的价值在于保障所有权关系的稳定性，进而有利于物的价值的充分发挥。

## 四、合同自由原则

一个人买卖东西的时候，要尊重交易双方个人的意思，这也称作是合同自由，与我国法律的规定是大致相同的。合同自由是私法得以建立的前提。在私的领域，交易双方或者主体都是平等的，平等的人要根据个人的意志、个人的意思，从事商品交易行为。在私的领域，平等、财产不受侵犯和意思自治是重要的三个原则，也是私法得以建立的三个最重要的依据。合同自由是俄罗斯民法明确规定的。那么，如何去理解合同自由这样的一个原则呢？

从历史的角度来看，可能会加深对这个原则的理解。人类社会从过去走到现在，经历了一个过程。英国法律史学家梅因认为，人类社会的发展实际上经历了一个从身份到契约的变化。在很久以前，人与人之间其实是一种身份关系。身份关系并非契约关系，契约是合同。如何理解他这句话呢？一个以身份来决定人的社会地位和发展的社会，不是资本主义。一个人怎么样，在社会上能获得什么样的地位，不是他个人努力的结果，而是由他的血缘决定的。一个人过得怎么样，要看他父辈、祖辈的身份地位，即看他的出身。随着资本主义的兴起，资产阶级开始反对因血缘导致人的地位不平等的社会制度，提出了人与人之间是否平等应根据个人后天努力的程度来衡量的理论。在一个身份社会里，契约自由的理念是得不到贯彻的。主体的平等，要尊重个人的意思自治，唯有如此才能实现平等的交易。

当然，上文也说到，当合同自由发展到一定阶段的时候，我们会发现签约双方绝对的自由已经变得不太可能实现。因此，便会出现了“契约的灭亡”现象。例如，一个雇主和一个雇工之间是不是绝对平等的？理论上是这样的吧。

一个人去不去雇主那里工作，是他的自由。但实际情况是，工作岗位永远是有限的，那是一种稀缺的资源。一个人找工作的时候，跟雇主谈条件往往是不切实际的幻想。随之也就出现了雇主与雇员地位上的不平等。不平等怎么办？需要用国家法律进行调整，典型的便是劳动法。劳动法上有一些规定，比如说雇工之间可以组成工会，工会可以派出代表就工资问题与雇主进行谈判，这是一种集体性的权利。一般而言，当一个职工在某个单位连续工作满 10 年，单位不得轻易解雇该员工。这些限制是为了真正地保障合同自由原则。俄罗斯的民法也有类似的规定，最典型的就是国家供应的合同，一方当事人有权强制要求签订合同，这一点理解起来不难。

### 五、取得实现和维护民事权利的自主性和主动性原则

在绝大多数情况下，民事主体都是自主决定参加某种民事法律关系，维护自己的权利要出于自己的主动性，是否要求一方当事人履行债务，是否向法院提出维护自己权利的主张等，都应尊重民事主体的意愿。在维护民事权利取得和实现民事权利方面，主体是享有一定自由的。这种民事权利，主体可以积极行使，也可以放弃。如甲欠乙的钱，乙是债权人，甲是债务人，那么乙可以不要自己的这个钱，这是他处分的一种自由，乙也可以主动向甲索要，在甲不给的情况下他也可以向法院提出请求要求判令对方强制履行。当然，法律上对民事主体在特殊情况下任意处分自己的权利也作出了限制。赠与便是如此。例如，甲对乙说我给你 1000 元钱，甲有这样的权利。在甲实际将 1000 元钱给乙之前，甲有随时撤销这种赠与的权利。但如果这种赠与涉及公益性，便不可以撤销。实现民事权利的任意性方面是要注意的，当然，在绝大多数的情况下民事权利的行使都具有任意性。

### 六、无阻碍地实现民事权利原则

无阻碍地实现民事权利，主要是指财产流转自由。曾经在很长一段时间，一件物品从一个地方流转到另外一个地方，并不是按照市场的规律自由流动，而是人为地被设置壁垒。当人和物的关系确定之后，如何发挥物的最大价值呢？我们说，东西应该放到它最有用的地方才能最大限度地发挥其价值。“物

以稀为贵”，东西多了自然要降价，这是市场的规律。某个东西在某地并不稀罕，但是在另外一个地方却很少，那么在很少的地方这个物就值钱。通过在某地贱买然后到另外一个地方去贵卖，交易就产生了。物的自由流动，实际上是为了最大限度地满足人的需要，同时也能够促进某一个物的产地更多地生产这种东西。由于物的流动带来的是资金的流动，为此，我们就可能会人为地对物的流动做出限制。一个地区的商品和另外一个地区的商品是存在竞争关系的，那么如果一个地区的商品想到另外一个地区卖，必须要交高额的税才行。这种现象在我们共同的法律空间里面，现在是绝对不允许的。但是国与国之间可以，法律空间不一样。曾经我们也面临着这种壁垒，所以我们花了很长时间加入了 WTO。这个组织实际上想做到的是贸易自由化，贸易自由化就是要促进商品的全球流动，要求各个成员国削减关税。当然，这里还涉及很多其他问题。随着商品流动的便利性增加，人的流动也更加便利，各种思想观念也会随之碰撞，全球化的过程也就随之产生。

在俄罗斯，无阻碍地实现民事权利要求的是财产流转自由，具体到民法上便是排除民事流转中任何不正当的妨碍，从事经营活动和法律不予禁止的任何经济活动的自由，商品服务和资金在俄境内可以自由流动。根据该原则，俄罗斯联邦各主体和其他人均无权设置阻碍商品、服务和财政资金在俄罗斯统一的经济空间内的自由流动。[1] 这里实际上还涉及一个问题，即行政许可和行政审批问题。

## 七、禁止乱用权利原则

权利使用过度则代表着恣意妄为。民事法律关系的参与者在行使自己权利的时候不能超出必要的限度。例如，房屋所有人在对房屋进行装修的时候，不可以随意修改房屋的结构。原因是，一旦随意更改结构便可能破坏承重墙，危及邻居的安全，或者是整栋楼的安全。权利可以行使，但不能越过界限，一旦超过界限，则是对自己权利的滥用，要承担相应的责任。所有权人有权按照自己的意志对属于他的财产实施任何不与法律相抵触的，也不侵犯他人权利和利

---

〔1〕 Гражданское право/Под ред. Сергеева А. П. , Толстого Ю. К. –М. : Проспект, 2005. С. 31.

益的行为。这实际上是一种对权利的限制。

## 八、全力维护民事权利原则

这是指民事主体在法律许可的范围内，尽其可能来维护自己的权利，可以寻求司法保护，也可以进行自我保护。权利维护既要求国家机关提供保护，同时公民个人在必要的情况下也可以进行私力救济，当然，私力救济不能违法。在司法保护领域，如果普通法院不能实现权利救济，相关主体还可以向宪法法院起诉，以实现权利的救济。

# 第三章 俄罗斯民法上的自然人

俄罗斯民事法律关系的主体，既可以是自然人，也可以是法人和公法组织。这里的公法组织包括俄罗斯联邦、俄罗斯联邦各主体和地方自治组织。[1]此外，外国的国家和国际组织也可以成为民事法律关系的主体。如果某个组织、团体或国家要公平地参与到民事领域，这些组织和个人之间便不再是一种隶属关系，而是一种平等的民事法律关系。既然是平等关系，便要遵循市场规律，尊重对方的权利，坚持意思自治、等价有偿等民事法律的原则。由此可见，俄罗斯民事法律关系主体的范围是非常广泛的。

《俄罗斯民法典》第2条第1款第4项规定，民事立法所确立的规则适用于所有外国公民、无国籍人和外国法人参与的关系，但联邦法律有不同规定的除外。按照俄罗斯民法的这一规定，人是俄罗斯民事法律关系的主体。这里的人，俄罗斯民法先用公民来表述，之后再加了一个无国籍人。很明显，公民、外国公民和无国籍人之间，尽管享有的权利义务不同，但在民事法律关系方面，一般而言都受俄罗斯民法的平等保护。这是民事法律对人适用的一般规则。但是，这里值得注意的是该条后半部分的特别规定。那么，为什么要加一

---

〔1〕［俄］苏哈诺夫主编:《俄罗斯民法》（第1册），黄道秀译，中国政法大学出版社2011年版，第88页。

个除外的条件呢？在绝大多数情况下，外国人和俄罗斯本国人的民事权利义务是相同的，都要遵循相应的民事规则进行交易。但在特殊情况下，也可能出现不同之处。这种特殊情况便是，如果对方国家对俄罗斯本国公民的权利做了某些限制，俄罗斯将使用对等原则，对相应的外国公民做出对等的限制。这种做法，在国际上也是比较常见的，其被广泛适用在法律、外交、贸易等诸多领域，体现的是国际法上国与国之间的平等原则。当然，当某一国家给予俄罗斯公民特别优待时，俄罗斯也可能给予对方相应的优惠条件，如国民待遇、最惠国待遇，等等。因此，在俄罗斯的民事法律关系中，外国公民、无国籍人、外国法人在绝大多数情况下与俄罗斯公民享有相同的权利、义务，但俄罗斯法律做出例外规定时除外。按照俄罗斯民法的规定，俄罗斯民法上的人被分为自然人和法人。

## 一、俄罗斯公民的民事权利能力

依据民法的基本原理，自然人必然享有权利能力，然而，享有权利能力的自然人却并不必然享有行为能力。民事权利能力关乎一个人之所以成为人的资格，因此是极为重要的问题。自然人的权利能力和行为能力是任何一部民法典都必须予以规定的问题。对此，《俄罗斯民法典》第 17 条做了明确规定。该条第 1 款规定，“所有公民均被承认平等地具有享有民事权利和承担民事义务的能力（民事权利能力）”，第 2 款规定了权利能力产生和消灭的时间，即“公民的权利能力自其出生之时产生，因其死亡而终止”。俄罗斯民法的这一规定与我国《民法典》的规定基本相同。我国《民法典》第 13 条规定“自然人从出生时起到死亡时止，具有民事权利能力，依法享有民事权利，承担民事义务”。如此看来，民事权利能力是属于每个自然人的与之不可分离的权利，其内容是自然人享有法律赋予的任何民事权利和法律允许的任何民事义务的能力。因此，民事权利能力是指享有民事权利并承担民事义务的能力。[1] 这种能力被所有自然人享有。民事权利能力是一个人之所以被称作“人”的最基本的东西，权利能力不因人的差异而产生差别，都是自其出生之时产生，因其死亡而

---

〔1〕 Яковлев А. И. Основы правоведения. –М.：Издательский центр《Академия》, 2009. С. 203.

终止。

但是，权利能力并不等同于权利。权利更具体，权利能力只是主体享有某种权利的资格。有些权利要求主体达到一定条件时才能享有，最典型的是关于法定婚龄的规定。按照婚姻法的规定，结婚是有限制的。我国《婚姻法》明确规定，结婚时男应满 22 周岁，女应满 20 周岁。如果没有达到这一条件，这种结婚的权利是不能行使的。当然，由于历史、文化等诸多因素的不同，中俄公民结婚的法定年龄是不同的。依据俄罗斯《家庭法典》第 13 条的规定，俄罗斯公民结婚的法定年龄是 18 周岁。但是，在有正当理由的情况下，想要缔结婚姻的俄罗斯人，可以向其居住地的地方自治机关提出申请，地方自治机关可以允许年满 16 周岁的俄罗斯人结婚。此外，俄罗斯法律还规定，考虑到各地的特殊情况，俄罗斯联邦各主体的法律还可以规定 16 周岁之前结婚的程序和条件。

权利能力始于出生，终于死亡。当一个人死亡后，其生前具有的某些人身和财产权利也会随之消失。在人身权利方面，典型的是夫妻关系，当配偶一方死亡后，另一方是可以再婚的。当一个人死亡后，其生前拥有的财产会变成遗产，而既然是遗产就要发生继承关系。

当然，在某些情况下，死者的利益还要继续受法律保护。比如，不能对死去的人进行名誉上的侮辱，不能对其尸体进行毁坏。当然，上述保护措施，与整个社会的秩序和利益存在直接关联，有的是为了保护死者家属的利益，有的是为了保护整个社会的道德秩序、公序良俗。

权利能力是不能转让的。权利能力是一个人之所以为人的基本条件，是不能转让的。那么，权利能力是法律规定的，还是自然而然产生的呢？权利能力是生而有之的，还是法律规定才有的呢？实际上，权利能力的渊源在不同的时代被认为是不一样的。如果从历史的角度看，它是属于法律规定的。在历史上的很长一段时间，并不是任何人都享有这种权利能力，最典型的是奴隶制时代的奴隶，并没有被当作人来看待，而是被当作会说话的工具，他们是一种物化了的人，被当作商品来看待。当然，随着奴隶制的消亡，人的权利能力平等逐渐被世界公认。这里的问题是，外国人和无国籍人的权利能力，会不会因为他是外国人或者是无国籍人而有所不同？在正常的情况下是不会的，除非法律有特别的限制，这种特别的限制有可能产生权利上的区别。为此，俄罗斯民法做出了例外规定。可以说，俄罗斯民法关于民事权利能力的规定，实际上和我国民事权利能力的相关规定是相似的。

## 二、俄罗斯公民的民事行为能力

《俄罗斯民法典》第 21 条第 1 款规定："公民自成年起，即年满 18 周岁之时起，完全具有以自己的行为取得并行使民事权利，为自己设定义务并履行义务的能力。"民事行为能力是指公民以自己的行为获得并实现民事权利，为自己创设并履行民事义务的能力。[1] 由此看来，民事行为能力是法律赋予公民以自己的行为实现自己权利能力的可能性。权利能力可以是相同的，但行为能力却存在巨大差异。《俄罗斯民法典》规定，公民自成年起，即年满 18 周岁之时，才具有完全的民事行为能力。因此，关于完全民事行为能力年龄的规定，中俄民法是相同的。18 周岁是一个界限，具有完全民事行为能力的人，在生活中被称作"成年人"。从法律的视角看，一个人年满 18 周岁，标志着该人要独立地承担责任，享有选举和被选举的权利。但这是一般情况。有一般情况，就会存在例外。我国也是同样的。我国《民法典》第 18 条第 2 款规定："16 周岁以上的未成年人，以自己的劳动收入为主要生活来源的，视为完全民事行为能力人。"也就是说，16 周岁以上不满 18 周岁的人，如果能够用自己的劳动来养活自己，可以被看作是完全民事行为能力人。

关于特殊情况下的民事行为能力，俄罗斯民法与我国民法的规定存在不同之处。按照《俄罗斯民法典》第 21 条第 2、3、4 款的规定，"如果法律允许在年满 18 周岁之前结婚，则未满 18 周岁的公民自结婚之时起即取得完全民事行为能力。"通过对比我们可以发现，中俄民法规定的 18 周岁之前取得完全民事行为能力的条件是不同的。我国是 16 周岁到 18 周岁，且能够以自己的劳动独立生活为要件，结婚并不是公民取得完全民事行为能力的要件。但俄罗斯民法却以结婚为要件来认定公民的完全民事行为能力问题。并且，16 周岁也不是公民获得民事行为能力的必要年龄要件。其原因是，如果按照某些地区特殊的风

---

〔1〕 Яковлев А. И. Основы правоведения. –М.：Издательский центр《Академия》, 2009. С. 204.

俗、文化等，俄罗斯公民的法定结婚年龄是可能被降到16周岁之前的。俄罗斯的这种规定，更像是我国所说的“成家立业”了。但是，我国曾经提倡晚婚晚育，法定婚龄成了合法婚姻的一个要件，因此，我国在对公民的完全民事行为能力的界定上，不可能以婚姻为要件。

俄罗斯民法对公民18周岁以前能否获得完全民事行为能力，是以结婚为要件的。按照俄罗斯法律的规定，未满18周岁的公民在结婚之时起即取得完全民事行为能力。结婚较早的现象，在俄罗斯还是比较常见的。俄罗斯部分大学生带着孩子读书，这种现象比中国更为常见。当然，一般到上大学时也都年满18周岁了，本身已经符合法定结婚年龄。此外，这还与俄罗斯民族女性的体质有关系。

如果一个人不满18周岁就结婚了，在年满18周岁前，可能会出现离婚或被认定为婚姻无效的情形，如果是这样该怎么办呢？《俄罗斯民法典》第21条第2款第3、4项规定：“因结婚而获得民事行为能力即使在年满18周岁之前又离婚的情况下仍完全保留。在法院确认婚姻无效时，法院可以判决未成年一方自法院确定的时间起丧失完全的行为能力。”

如此看来，以结婚为要件获得完全民事行为能力，在18周岁前离婚或被认定为婚姻无效的后果是不同的。如果一个俄罗斯公民18周岁前离婚，该人尽管离婚但仍被认定为具有完全民事行为能力，亦即完全民事行为能力自取得便不会丧失，但如果该人结婚时便不符合法定结婚条件，即婚姻无效的话，我们则认为该公民没有取得完全民事行为能力。

俄罗斯民法关于18周岁前公民获得完全民事行为能力的规定非常之细，既需要以《俄罗斯民法典》为准，还要参考俄罗斯的《家庭法典》，此外，还得参考俄罗斯各联邦主体的特殊规定。这充分体现了国家法律一般规则的平等适用问题，同时又需要兼顾土地广袤的俄罗斯不同地域、不同民族之间巨大的文化、环境、历史、传统方面的差异。

那么，是不是所有人的民事行为能力都是一样的呢？答案当然是否定的。民事行为能力被分为不同的种类。俄罗斯的民法规定，未满6周岁的孩子被认为是完全不具有民事行为能力的人。因为在不满6周岁之前，孩子的心智不成熟。我国《民法典》规定：“不满8周岁的未成年人为无民事行为能力人，由其法定代理人代理实施民事法律行为。”从中我们可以发现，中俄民法对完全无民事行为能力人的年龄规定并不相同，有 2 岁的年龄差。

按照《俄罗斯民法典》第 28 条的规定，已满 6 周岁不满 14 周岁的幼年人，只有其父母、收养人和保护人才能以这些未成年人的名义代替他们实施法律行为。但是，考虑到更好地保护幼年人的民事权利，俄罗斯民法规定，年满 6 周岁不满 14 周岁的幼年人，有权独立实施小额的日常生活性法律行为（比如买吃的喝的、买价值不大的玩具等日常行为），无须公证证明的或无须进行任何国家登记的旨在无偿获利的法律行为，为了一定目的或为了自由支配而处分由法定代理人提供的或经法定代理人同意由第三人提供的资金的法律行为。上述三类行为充分考虑到了幼年人的心智成熟情况以及他们的利益。我国《民法典》第 19 条也做出了类似规定：“8 周岁以上的未成年人为限制民事行为能力人，实施民事法律行为由其法定代理人代理或者经其法定代理人同意、追认；但是，可以独立实施纯获利益的民事法律行为或者与其年龄、智力相适应的民事法律行为。”

俄罗斯民法对已满 14 周岁不满 18 周岁的俄罗斯公民的民事行为能力，又进一步进行了细化。按照俄罗斯民法的规定，年满 14 周岁不满 18 周岁的未成年人有权实施下列行为：处分自己的工资奖金及其他收入；行使科学文学或者艺术作品发明或者其他受法律保护的智力活动成果的著作者的权利；依照法律在信贷机构存款并处分这些存款，实施小额的日常生活性的法律行为。除上述行为外，已满 14 周岁不满 18 周岁的人实施的民事法律行为须征得自己的法定代理人的书面同意，在未事先征得法定代理人书面同意的情况下，需要其法定代理人事后的书面赞同，该行为也将被追认。

在已满 14 周岁不满 18 周岁之间，俄罗斯民法划分出了 16—18 周岁民事行为能力的标准。按照《俄罗斯民法典》第 27 条的规定，年满 16 周岁的未成年人，如果依照劳动合同工作，其中包括按其他合同工作，或经父母、收养人或保护人的同意从事经营活动，可以被宣告为具有完全的民事行为能力。这一规定与我国公民民事行为能力的规定非常相似。

民法上对公民的民事行为能力规定得如此之细，重要的原因是，在未成年人发生损害需要确定责任时，相应上述未成年人要在其民事行为能力的范围内，以自己的财产承担损害赔偿责任。例如，《俄罗斯民法典》第 26 条规定，已满 14 周岁不满 18 周岁的未成年人对其有权实施的民事法律行为独立承担财产责任，并对其损害承担责任。《俄罗斯民法典》第 27 条规定，对已取得完全民事行为能力的未成年人的债务，其中包括致人损害而发生的债务，其父母、收养人或保护人不承担责任。

在公民的民事行为能力方面，除了年龄等重要因素外，还有其他一些因素的影响，比如说精神状态问题。《俄罗斯民法典》第 29 条规定，由于精神病而不能理解自己行为的意义或不能控制自己行为的公民，可以由法院依照俄罗斯联邦民事诉讼法规定的程序确认为无民事行为能力人。对这类人，要设立监护制度。正如我国《民法典》第 21 条规定“不能辨认自己行为的成年人为无民事行为能力人，由其法定代理人代理实施民事法律行为”。

在成年人的民事行为能力方面，俄罗斯民法规定得更为详细。除精神病对公民行为能力的影响外，酗酒和吸毒也被俄罗斯民法列为影响公民民事行为能力的重要因素。《俄罗斯民法典》第 30 条规定，因酗酒和吸毒而使其家庭物质状况艰难的公民，可以由法院依照民事诉讼立法规定的程序限制其行为能力，并应对其设立保护制度。

吸毒者由于毒瘾的作用控制不了自己的行为，一旦毒瘾发作，会把自己所有的财产拿去买毒品，先花自己的钱然后变卖家产，家产变卖完了就可能去实施犯罪行为。这就是几乎世界上所有国家都要禁毒的原因之一。表面上看起来吸毒是一个人的行为，但不控制这类行为的话，其会危害到整个社会的稳定。俄罗斯民法还规定酗酒会影响一个人的行为能力。如果一个人酗酒，其最终也会像吸毒一样导致家庭财产的损失，所以按照俄罗斯民法的规定，可以将吸毒或者酗酒的人，认定为限制民事行为能力人。一旦这类人被认定为限制民事行为能力人，其处分财产的自由是要受到限制的，这种保护制度的设立目的是为了保障财产的安全。当然，这类人并不是完全没有民事行为能力，他们属于被限制行为能力的公民，有权实施小额的日常生活性法律行为，但只有取得保护人的同意，才能实施其他法律行为，如领取工资、赡养金和其他收入以及处分上述收入。这类公民应对其实施的法律行为和造成的损害独立承担财产责任。如果限制公民行为能力的根据不复存在，那么法院应该撤销对其行为能力的限制。一个人在戒了毒、戒了酒的情况下，已经变成一个正常人时，就没有必要再去限制他的行为了。

## 三、公民破产

俄罗斯民法对公民破产进行了明确规定。公民破产，即公民没有能力向自己的债权人进行偿付，也没有能力履行支付必要付款的义务。这种状况被定性为债务人资不抵债，在法律规定下可以认定公民为破产人。〔1〕破产制度的确立，对市场经济的健康发展有着至关重要的作用，通过破产程序，那些不能适应市场发展的企业逐步按照法定程序退出市场，并在这一过程中，最大限度地实现债权人与债务人利益的平衡。俄罗斯破产法既适用于企业，也适用于公民个人，“规定了个人破产程序，对个人企业破产和农户破产程序作了特别规定”。〔2〕

当一个人，尤其是那些从事个体经营活动的自然人，出现资不抵债的情况时，如果不允许破产，他将会永远背负债务。而如果一个人背的债务太多了，在高压之下，经常会出现个人选择自杀的情况。满洲里便发生过一起因无法还清债务而自杀的事件。某甲做玉石生意，借了很多钱从俄罗斯往中国贩卖玉石。我们知道，买玉石，在市场上被称作赌石，也就是说，买玉石确实存在赌的风险，看起来石头里面像是有玉，但可能没玉。该甲便将认为存在玉的石头买回来了，但却发现石头里根本没有玉，最终其血本无归，走上了跳楼自杀的绝路。在没有公民破产制度的情况下，个人欠债太多，最后的结果可能就会是死路一条。实际上这对公民个人从事民事财产流转或经营是不利的，很多人不敢去做生意，因为做生意有风险，为了避免风险，很多人宁愿给人打工赚少量的固定收入，也不愿意去冒风险。久而久之，其将会导致市场缺乏活力，创新性不足。设立公民破产制度的好处就在于能够让这类自然人，出现经营不善而资不抵债的情况时，为其留下一条生路。公民破产制度的存在，可以通过法定程序免除其所承担的债务。这样从制度上可以保证这些诚实劳动的人，有一个

---

〔1〕［俄］苏哈诺夫主编：《俄罗斯民法》（第1册），黄道秀译，中国政法大学出版社2011年版，第121页。

〔2〕李曙光、贺丹：《破产法立法若干重大问题的国际比较》，载《政法论坛》2004年第5期。

翻身的机会。按照俄罗斯民事法律的规定，在极端的情况下，个人是可以申请破产的。当然，为了防止恶意破产侵害债权人的利益，俄罗斯相关法律也对此进行了严格规定。

之所以在自然人部分会涉及公民破产，是因为公民破产会导致其财产责任发生变化。按照《俄罗斯民法典》第24条的规定，公民以属于他的全部财产对自己的债务承担责任，但依法不得对之进行追索的财产除外。与此相关，《俄罗斯民法典》第25条对公民破产做出了一般性规定，即个体经营者如果不能满足与从事经营活动有关的债权人的请求，可以依照法院的判决被认定为资不抵债（破产人）。在完成与债权人的结算后，被确认为破产人的个体经营者免除履行其余与经营活动有关的债务，并免除在确认经营者为破产人过程中要求他履行的及清理出的其他请求。

公民破产的直接结果是破产人对与经营有关的债务的免除。当一个人宣布破产时，这意味着该人不需要再还钱，也就是说，这将会对债权人的利益造成直接的损害。这与企业破产有共性，当一个公司或者企业欠的债太多，实在还不上时，可能将面临破产。当然，是否为资不抵债需要由俄罗斯法院遵守严格的程序进行认定。

俄罗斯民法对公民破产仅做了一般规定，关于公民破产问题，更详细的内容被规定在俄罗斯《破产法》和《民事诉讼法》中。2002年通过的俄罗斯《破产法》规定了公民破产的三种情形。一是不具有个体经营者资格的公民的破产；二是个体经营者的破产；三是农场（畜牧场）的破产。尽管俄罗斯《破产法》对公民申请破产进行了限制，但其仍从制度上为公民个人免除因经营所产生的债务提供可能性。实际上，这与公司企业的破产存在相似之处，这种债务的产生都是因经营行为导致的。既然企业可以破产，公民个人因经营不善所导致的债务，也可能而且应该通过破产程序予以免除。

按照俄罗斯法律的规定，要进行公民破产，需要认定如下三点。一是公民无力履行债务的期限；二是公民债务总额与公民财产价值的比例关系；三是欠款的金额。法院依据俄罗斯《民事诉讼法》和《破产法》的规定，认定某人是否属于破产人。

当然，在国家的法律允许企业破产，也允许公民个人破产的情况下，实践中完全有可能出现某些公民为了逃避债务而虚假破产的情形。为防止虚假破产进而对债权人利益造成损害，俄罗斯刑法规定了虚假破产罪，其含义是公民个人隐匿资产，为逃避债务申请破产的行为。这种行为一旦成功，该人免除偿还债务的义务，但其实际上侵害了债权人的利益。俄罗斯通过在刑法中设立虚假破产罪，对那些进行虚假破产的行为人进行打击，进而保障公民破产制度的良性运转。我国在司法实践中也出现过通过虚假破产来损害债权人利益情形的案件，2006 年我国《刑法修正案（六）》便新增虚假破产罪，对该类行为进行制裁。

公民破产的后果是免除债务，那么，是不是所有债务都将被免除掉呢？当然不是。按照《俄罗斯民法典》第 25 条第 4 款的规定，如被宣布为破产人的个体经营者对损害公民生命或健康应承担责任，则该公民的请求以及其他人身性质的请求，仍然有效。也就是说，公民破产免除的仅仅是合同之债，和人身有直接关系的债务并不能被免除掉，这其中最典型的便是抚养费。尽管公民被认定为破产人，但并不代表该人没有劳动能力，而有劳动能力就应该通过诚实劳动来获取收入。在这种情况下，该人还得支付所抚养人或赡养者的必要费用。此外，针对他人人身造成损害的，破产人仍然需要偿还其债务。

### 四、俄罗斯民法上的监护、保护和庇护制度

与苏俄时期相比，当今俄罗斯对“无行为能力人和限制行为能力人的权利和利益的保护的法律规则基本没有太大变化。最大的改变是把监护制度的基本规则从家庭法典中移到民法典中”。[1]

按照俄罗斯民法的规定，对 14 周岁以下的幼年人和因精神病而被法院认定为无民事行为能力的人，设立监护制度，其民事行为由法定代理人实施。监护人依法为被监护人的法定代理人，以被监护人的名义和为了被监护人的利益而实施一切必要的法律行为，也就是在俄罗斯的监护制度当中，它主要是针对那些无民事行为能力的人而言的。

对已满 14 周岁不满 18 周岁的未成年人以及因酗酒和吸毒而被法院认定为

---

〔1〕 鄢一美：《俄罗斯当代民法研究》，中国政法大学出版社 2006 年版，第 115 页。

限制行为能力的公民设立保护制度。

对具有完全民事行为能力但由于健康状况不能独立行使和保护自己权利和履行义务的公民，可以根据其请求设立庇护形式的保护制度，具有行为能力的成年公民的保护人由监护或者保护机关指定，并应征得其同意。也就是说，在某些情况下，有的人既不酗酒也不吸毒，而且行为能力正常，但只是限于健康状况，该类人不能恰当地行使权利并履行义务，为了保护该类人的权利，才在民法上设立一种庇护制度。这种制度还是非常有存在必要的。有些人由于年纪太大，并且由于健康问题，其行为能力受限，如果在此时该人处分了财产，可能并不是其真实意愿的体现。在这种情况下，就有必要通过庇护制度来保障该类人的权利。现实中会存在这样的情况，老人去世后，子女要继承他的财产，但是保姆拿出遗嘱说老人把财产赠送给了她，而这在法律上叫作遗赠。子女想要证明该遗嘱无效，该如何证明呢？人已经死亡，而且遗嘱确实是本人签字，这就需要证明遗嘱违背了当事人的真实愿意。如果有这样一种庇护制度，那就能够更好地保护当事人的权益。在我国的司法实践中，针对上述问题，通常是通过申请法院宣告这类老年人是限制行为能力人来实现的，但认定程序非常困难。

## 五、宣告失踪与宣告死亡

为什么要设立宣告失踪制度呢？在公民长时间脱离其居住地时，该公民与其他民事法律关系的参加者之间可能会产生一种法律上的不确定性。宣告失踪和宣告死亡制度便是为克服这种不确定性而设立的。[1] 设立该制度的目的是为了解决公民之间的财产关系及人身关系纠纷。如果一个人失踪了，而且很长时间音信皆无，就会涉及对该人名下的财产如何更有效地进行管理的问题，涉及与该人有关的债权债务关系问题。而宣告死亡，不仅涉及财产关系，还涉及被宣告死亡人的人身关系问题，如夫妻关系的存续。

按照《俄罗斯民法典》第42、43条的规定，如果在公民的住地已经经过1

---

〔1〕 Гончаров А. А.，Маслова А. В. Гражданское право（части Общая и Особенная），-М.：Волтерс Клувер，2010. С. 32.

年没有关于该公民下落的消息，可以根据利害关系人的申请，由法院确认该公民失踪。被确认失踪的公民的财产，如果有必要对它进行经常性管理，则依照法院的判决交付给监护和保护机关确定的并依照与该机关签订的委托管理合同进行工作的人员实行委托管理。

宣告死亡会导致财产关系和人身关系均发生变化。按照《俄罗斯民法典》第 45 条的规定，如果在公民的住地已逾 5 年没有关于他下落的消息，可以由法院宣告他死亡，而如果他是在有死亡威胁的情况下失踪，则过 6 个月没有其下落时可以由法院宣告其死亡。但这种一般性规定，对军人并不适用。由于执行军事任务的特殊性，《俄罗斯民法典》规定，军人或者其他因军事行动而失踪的公民，应在军事行动结束之日起至少满 2 年，才能由法院宣告其死亡。这一制度与我国民法规定有一定的相似之处。宣告一个人失踪需要经过一段时间，而宣告一个人死亡需要经历的时间要更长一些。如果在特殊情况下，确实表明某人无法找到，则宣告失踪和死亡的时间要缩短。发生战争的时候，必须等战争结束才能计算失踪的时间。如此规定，实际上是考虑到在战争时，某人的失踪，可能并非该人战死，而是被俘了。因此，必须等战争结束才能计算时间。

宣告失踪和宣告死亡，只是法律上的一种制度设计，当被宣告失踪人或被宣告死亡人出现时，则相应地，应该按照法律的规定撤销其失踪宣告和死亡宣告，财产关系自动恢复。人身关系则需要看具体的情形来决定能否自然恢复。可以说，中俄民法上关于自然人的一些基本制度的原理是相同的，只不过在具体制度的设计上存在一定差异。

## 第四章　俄罗斯法人概述

现代市场经济中，法人与自然人并驾齐驱，成了非常重要的主体。《俄罗斯民法典》总则对法人制度进行了明确规定，其具体体现在《俄罗斯民法典》总则第四章中，从第 48 条到第 123 条，内容极其丰富，规定的法人种类也更为齐全，从承担无限责任的合伙，到两合责任形式，再到补充责任公司和有限责任公司与股份有限公司，类型繁多，内容庞杂。由于俄罗斯采取了“民商合一”的立法形式，因此，很多属于商法的内容，也都在民法中进行规定了。为了使大家更好地理解俄罗斯法人制度，我们需要先梳理一下法人制度发展的基本轨迹。

## 一、法人的产生与发展

在今天的社会生活中，或者说主要是在经济活动中，作为民事主体的法人已经非常普遍存在，而且有一种趋势，法人在逐渐地取代自然人从事经济活动，越是大规模的经济生活，越需要组织严密的法人参与。在经济全球化的过程中，法人的活动也出现了全球化的现象，甚至可以说，全球化的出现，是在逐利动因的推动下法人推波助澜的产物。法人对社会生活的影响越来越大，在十年或者十几年以前，饭店大都还是自然人个人经营，现如今，很多成功的饭店华丽转型，跃变为具有法人资质的有限责任公司或餐饮连锁公司了。随着我国市场经济的发展，法人的规模和质量都在快速攀升。

法人的产生和发展，是私有制经济发展到一定阶段的必然结果。“因为民事流转具有财产性质、商品性质，能够参加这种关系的只是拥有这种财产的独立自主的商品占有人。所以法人应该拥有独立于其设立人（发起人、参加人）的财产。”[1] 自然人个人所有的财产毕竟是有限的，在这种情况下，实现资本的联合才能用更多的钱去办更大的事，追逐更高的利润就成了推动法人制度发展的动因。这在出资额确定的情况下，既能够使自然人最大限度地获取利润，又能最小限度地承担风险。有限公司，基本就是这种思路的产物。当然，随着法人制度的发展，又出现了股份有限公司。法人开始以一种开放的形式，面向社会的所有公众募集资金，法人制度的建立，包括公司法的很多规定，也都是围绕着这一主线展开的。

剩余产品出现后，私有制也逐渐出现了。随着劳动分工的出现，必然需要拥有剩余产品的自然人为满足各自的需求，进行商品的交换。无论是在生产领

〔1〕［俄］苏哈诺夫主编：《俄罗斯民法》（第1册），黄道秀译，中国政法大学出版社2011年版，第146页。

域，还是在交换领域，最初的主体都是自然人。但有些事情一个人做起来比较困难，需要和别人联合，在这种情况下便产生了最初的法人的原型。两个以上的自然人一起从事商业活动，就出现了合伙。合伙与现代法人制度的区别在于，合伙人需要承担无限连带责任。尽管如此，合伙的双方当事人，由于比较熟悉、了解，相互非常信任。这样，合伙各方会各尽其能地促进合伙事业的发展。事业发展时，出资人往往想扩大规模，以获得更大的利润。怎么办？当然是需要融资。

中国满洲里从事俄货经营的人非常多。例如，甲经营俄罗斯商品，从俄罗斯往满洲里销售俄货。甲一开始自己干，后来觉得人少，需要找一个人和他合伙，这样便从个体经营演化成了合伙经营。后来，两个人想从俄罗斯倒卖更多的商品，他们需要更多的资金。于是，便找到了丙，想让丙跟他们一起做生意。丙说我有资金，但是我不可能像你们俩那样，从事具体的经营活动，因为丙有自己的工作。虽然丙有工作，但丙可以给甲乙投钱。在这个过程中，丙希望按照对自己最有利的方式来和甲乙做生意。那么对丙而言，最有利的方式是什么呢？最好是，丙投的钱只给他带来利润，而不给他带来损失。但是，有利润就有风险，不可能只占便宜，不承担风险吧？于是，在丙和甲、乙博弈的过程中，最终的结果是丙仅以自己投资额为限，来承担责任。这实际上是在无限责任的基础上，又产生了一种新的混合形式，即两合形式。很多国家的公司法上都有关于两合公司的规定。意思是说，在一个公司内部，一部分人要承担无限责任，还有的人仅仅以出资额为限，承担有限责任。

这种有限责任和无限责任混合形式的出现，是和资本主义刚刚兴起、力量还不足够强大的状况有关的，是资本家为了吸收贵族的钱做生意，让贵族投资，在给贵族利润的情况下，又不能让贵族承担过大风险而想出的一种办法。贵族在给资本家出资后，仅以其投资额为限承担有限责任，并且不需要从事具体的经营活动。

于是，法人制度便从无限责任的合伙形式，出现了两合公司形式。在两合公司运作过程中，承担无限责任的人发现，要做生意就会有利润和风险，在这种情况下，必须考虑到自己的最大利益。怎样做才是对自己有利的呢？当然是在经营过程中，自己也仅以出资额为限承担有限责任。

既然从事经营活动的人都承担有限责任，后来便又出现了一种新的公司形式，即现在的有限责任公司。有限责任公司的股东仅以出资额为限承担有限责任。这种制度，一方面避免了因从事经营活动给出资者造成较大的风险，另一方面又鼓励了自然人从事经营活动，有利于经济的增长。大家知道，现代社会提倡企业家精神，实际上，是意识到了企业家或者说有创业精神的企业家对社会发展的巨大作用。有限责任的发展，体现了一种从人合向资合的过渡的特点。

可以说，合伙是一种典型的人合；两合责任公司的出现，则代表了既有人合也有资合的存在，是人合加资合的混合形式；到了有限责任公司，则更多地体现出资合的性质，但在这一过程中，也体现出人合的特点。有限责任公司股东之间一般要比较了解和信任，而且其对股东有一定的限制，尤其是人数不能过多。人数过多的情况下，会导致股东对彼此不熟悉，进而破坏有限责任公司制度设计的初衷。

在有限责任公司里，又出现了两种类型。一种是纯粹的有限责任公司，也就是公司法上的有限责任公司，还有一种叫作承担补充责任的补充责任公司。补充责任公司的出现，考虑到了债权人的利益保护问题。在有限责任公司中，由于股东仅以自己的出资额为限承担有限责任，对债权人的保护不利。这种情况下，为了鼓励债权人与公司之间的交易，增加债权人的信任，出现了部分股东承担其出资额倍数的财产责任形式的公司。也就是，部分股东，不仅要以自己的出资额为限对公司债务承担责任，同时，要承担自己出资额几倍的补充责任。但是，不管该股东承担自己投资额多少倍的责任，他承担的责任仍然是有限的，这与合伙不一样，合伙人承担的是无限责任。

随着经济的进一步增长、市场的快速扩张，人们发现，有限责任公司存在着一些弊端。有限责任公司里，既强调资合又强调人合。有限责任公司的股东，退股或者发生变化，对该公司会造成非常大的不良影响。并且，由于有限责任公司的人合属性，公司法上一般都规定了对股东数量的限制。一个自然人的出资额是有限的，在限制股东人数的情况下，很难继续扩大获得资金的来源。

为了获取更大规模的资金，便出现了另一类型的公司，叫作股份有限公司。俄罗斯民法将股份有限公司分为两类，一类叫封闭式股份有限公司，另一类叫开放式股份有限公司。

封闭式股份有限公司是指，出资人人数受到一定的限制，并且出资后不能撤回出资。股东人数有限制这方面和有限责任公司相似，但是，在有限责任公司中，股东有权撤回出资。在封闭式股份有限公司中，股东一旦出资，仅能在股东之间流转，而不能要求公司收回，这是封闭式股份有限公司的特点。这种规定能保证出资的稳定性，但股东人数还是受到了限制。所以在封闭式股份有限公司的基础上，又出现了一种开放式股份有限公司，也就是我国公司法上的股份有限公司。其特点是，把公司的资本分成股份，由发起人设立公司，公司的股票按股份向外出售，谁都可以去购买，这种股票一旦购买了，不能退，只能在市场上流转。这种股份公司，在俄罗斯民法上叫作开放式股份有限公司。开放式股份有限公司对人数没有限制，可能是几百、几千，也可能是几万人，谁都可以出钱去购买开放式股份有限公司的股份。在这种公司中，资合的性质是最明显的。为了适应大规模的资本运作需求，募集更多的资金，以便从事大规模的经营和开发，股份有限责任公司就是最佳选择。从自然人主体到公司或者法人主体的过渡形式，需要从社会经济发展的角度去理解。[1]

既然法人产生并大量活跃在现代经济生活中，那么，法人究竟属于什么性质呢？关于法人性质存在不同的学说。最具代表性的当属法人拟制说。该说认为，法人是一种拟制人格，它仅仅是拟制的，不具有自然人那样的人格。这是最早的一种观点，代表人物是德国的历史法学派代表人物萨维尼。[2] 在萨维尼看来，必须从历史的习俗、风俗中去理解法人。他所持的法人拟制说对后世对法人本质的理解产生了重大影响。法人拟制说，不承认法人像自然人一样具有人格，尤其是人的心理活动。从法人拟制说出发，很难导致法人刑事责任的产生，因为追究人的刑事责任的前提是法人具有善恶选择的自由意志能力。而因为法人不是自然人，不可能像追究自然人那样去追究法人的刑事责任。这也是现在的俄罗斯和很多西方国家的刑法典中没有把法人作为犯罪主体的一个最

---

〔1〕 参见王志华：《俄罗斯公司法》，法律出版社 2010 年版，第 16—17 页。

〔2〕 参见［俄］苏哈诺夫主编：《俄罗斯民法》（第 1 册），黄道秀译，中国政法大学出版社 2011 年版，第 150—151 页。

主要的理论根据。

后来有观点认为，法人应该像自然人一样，也有权利能力和行为能力，而且它有内在的心理活动，该种学说被称作法人实在说。法人实在说又分为有机体说和组织体说等不同形式。其基本观点认为，法人不仅仅是一种拟制的主体，更是像自然人一样拥有权利能力和行为能力的人。这种法人实在说逐渐成为通说，其进而认为，法人不但要承担民事责任，还要承担刑事责任。在这种学说的影响下，越来越多的国家在刑法中规定了法人的刑事责任问题。我们国家刑法也不例外。

随着法人制度的发展，法人违法犯罪情形的增加，出现了法人人格否认说。该说是对法人实在说的否认，认为在很多情况下可以突破法人的限制，对组成法人的自然人追究责任，并且可能是刑事责任。例如，我国《公司法》第20条规定，公司股东滥用公司法人独立地位和股东有限责任，逃避债务，严重损害公司债权人利益的，应当对公司债务承担连带责任。这种情况实际上已经突破了对股东承担有限责任的限制，在特殊情况下，其要承担无限责任。这一点在我国最近的刑事立法上体现得非常明显。如果一个单位实施了一个单位性的犯罪，并且刑法没有规定单位刑事责任的话，可以按照自然人犯罪来追究相应人员的责任。关于法人性质存在不同学说，但无论如何，各种学说都不是凭空产生的，基本上都是时代的产物，都需要解决实践中出现的问题。

## 二、俄罗斯法人制度历史沿革

研究俄罗斯法人的发展，要从俄罗斯出现法人或公司这种现代的形式讲起。法人在俄罗斯出现，最早可以追溯至1699年，当时是彼得大帝统治时期，彼得大帝是一个非常有作为的君主。在彼得之前，沙俄更多地向东方学习。到彼得当皇帝之后，他开始将俄罗斯的船头调向了西方，学习西方的军事技术、文化和法律制度。为了向当时先进的西方学习，彼得曾经几次化装成普通人到欧洲学习。当彼得从西方考察回到沙俄之后，他发现公司的形式才真正对促进民事的流转或者个人生意的发展有重大帮助，于是马上开始推行法人制改革。

1699年，彼得发布命令，允许商人成立公司。1717年，其将成立公司的权利赋予了其他的阶层。1699年到1717年实际上是一个过渡期，是从最早的

“允许商人成立公司”向“普通人也可以成立公司”过渡。到1724年，根据沙皇命令，沙俄成立了一个非常大的西班牙贸易公司，这是俄罗斯最早的公司之一。这是在俄罗斯的公司发展历史上，比较重要的几个历史节点。

19世纪，公司制度在俄罗斯取得了较大发展，出现了无限公司和两合公司。俄罗斯从允许公司运营，到公司取得较大发展经历的时间比较短暂。从1822—1855年，俄罗斯已经成立了81个股份公司，到1876年时，其数量已经达到550个。受1873年经济危机的影响，当时，沙俄的股份公司数量锐减。整个世界经济的大环境对公司的发展具有致命性的影响。1877年俄罗斯股份公司数量锐减至141个。这是沙俄时期法人制度的发展状况，经历了从无到有，从有到繁荣，从繁荣到受经济危机影响的破产。[1]

清朝时，沙俄和中国做生意，一开始采用的是商队。商队有着政府背景。从北京到莫斯科是一条漫长的商路，最后沙俄为了适应法人制度的发展，把商队改成了公司。因此，沙俄向中国的扩张，也存在着公司的作用和影响。通过公司，沙俄政府调动了民间力量，与国家一同参与对中国的掠夺，或者说，当时的沙俄公司，为沙俄侵略清政府，起到了推波助澜的作用。当时，沙俄公司对中国的影响，今天我们仍能够看到。

俄罗斯法人制度的复兴是和苏联时期实施的经济改革联系在一起的。20世纪80年代，戈尔巴乔夫上台之后就推行改革，最早是从经济领域的改革开始，之后又开始往政治领域深入。不幸的是，出师未捷身先死，改革推行不久，苏联便解体了。1990年以后，随着私有化的实行，各种私营公司开始发展起来。从这里可以发现，公司制度实际上是与私人拥有的财产及资本运营方式存在着密切联系的。苏联解体，俄罗斯实行私有化改造，目的就是对过去的国有财产进行确权，通过行政手段进行私有化改造，然后按照市场的规律进行运营。苏联解体后，经过多年的发展，2005年全俄罗斯登记的有130多万家有限责任公司和17多万家股份公司。

现在，俄罗斯各种公司的数量已经非常庞大。譬如想去俄罗斯旅游，中方要找一个旅行社，类似于一个公司的形式，俄方同时也是一个旅行社在办，它

---

〔1〕参见王志华:《俄罗斯公司法》，法律出版社2010年版，第6—7页。

的组织形式也是一个公司。可以说，公司或法人在俄罗斯的社会生活中，起到了越来越重要的作用。

### 三、俄罗斯法人的一般规定

我们首先来看法人的概念。什么是法人，《俄罗斯民法典》第48条做了明确规定，凡对独立财产享有所有权、经营权或业务管理权并以此财产对自己的债务承担责任，能够以自己的名义取得和实现财产权利和人身非财产权利并承担义务，能够在法院起诉和应诉的组织，都是法人。按照这样的规定，俄罗斯法人应该具备如下特征：法人是一个组织体；拥有一定财产；以自己的名义从事民事活动、取得财产、从事经营；可以作为原告和被告进行应诉。[1]

中俄两国关于法人的规定，有一定的相似之处。只不过俄罗斯民法上规定的法人种类比我国公司法上规定的公司种类多。俄罗斯将法人制度直接规定于其民法，这是一种民商合一的典型立法例。

俄罗斯法人的权利能力规定在其《民法典》的第49条。法人能够享有符合其设立文件所规定的活动宗旨的民事权利，并承担与该活动有关的义务。商业组织，除单一制企业和法律规定的某几种组织外，可以享有为进行法律不予禁止的任何种类的活动所必需的民事权利并承担民事义务。对法律明文规定的某些种类的活动，法人需取得专门许可方能从事。[2] 此外，俄罗斯民法还规定，只有在法律规定的情况下和依照法律规定的程序，法人的权利才能受到限制。对限制其权利的决定，法人有权向法院提起申诉。法人的权利能力自成立时产生，并在其清算完成之时终止。上述内容是俄罗斯民法典对法人的权利能力的基本规定。

那么，为什么要设立法人呢？设立法人的目的，要么是为了赚钱，为了获取利润（在俄罗斯被称作商业组织）；要么不是为了赚钱，而是为了公益事业或实现其他非商业性质的目的。俄罗斯民法也是按照这样一个主线来划分法人

---

〔1〕 Гончаров А. А., Маслова А. В. Гражданское право（части Общая и Особенная）. – М.: Волверс Клувер. 2010. С. 38–39.

〔2〕 Гончаров А. А., Маслова А. В. Гражданское право（части Общая и Особенная）. – М.: Волверс Клувер. 2010. С. 44.

类别的，分为商业性质与非商业性质的组织。

非商业性质的组织种类繁多，国家也是非商业性质的组织。从某种意义而言，国家也是一个大的组织体，当国家以民事方式来参与民事活动的时候，它也是一个民事主体。此外，如果联邦主体参加民事活动，它也是一个独立的民事主体。

俄罗斯法人的权利能力要求其根据设立文件上的宗旨从事活动。如果在一些特殊的情况下，法律对法人从事哪些活动有特别限制，在这种情况下，只有获得国家的许可才能从事这样的活动。我国也有类似的规定，比如烟草的售卖，需要有许可。一般而言，法人可以从事法律不禁止的活动，这一点是和自然人的规定相类似的。法人从事的活动应该尽可能是它成立的文件所明确标明的那些才可以。为了保护法人的经营活动，《俄罗斯民法典》规定，只有在现有的法律规定的情况下和依照法律规定的程序，法人的权利才能受到限制，对限制其权利的决定，法人有权向法院提起诉讼。这也是一项特别的规定。

法人的权利能力自成立时产生，并在其清算完成时终止，这是对法人的权利能力的一项规定，它和自然人有一定的相似之处，但又不完全相同。法人从事那种需要专门业务许可的行业的权利，如果法律或者其他法律文件未做其他特别规定，则自取得该许可时产生，或者在许可规定的期限内产生，并且在许可有效期限届满时终止。这是对法人行为能力的规定。只要是法人获得了执照，那么它从获得时刻产生这样的行为能力，直到它的终止时刻止，其间享有它的行为能力，这一点是和自然人不一样的。这是关于法人、法人的权利能力与行为能力等的基本概念。

# 第五章 俄罗斯法人的种类与特点

## 一、无限公司（Полное товарищество）

结合合伙制度的内容，我们就会明白无限公司的含义。无限公司是指公司参加人根据他们之间签订的合同以公司的名义从事经营活动，并以属于他们的财产对公司的债务承担责任的公司。在无限公司中，一个人要以自己所有的财产承担责任。在民事交易的过程中，要从两方面来考虑，一方面是债权人的利益，另一方面是从事民事流转的主体，也就是组成法人的股东的利益。公司法对公司类型的规定，实际上是考虑到债权人和股东二者之间利益的某种平衡关系。

从债权人的角度来看，无限公司对债权人的保护力度最大。做生意可以，但要是做赔了，欠了债权人的钱，债权人如何保护自己的债权，不仅仅是以公司所有的财产为限要求偿还，同时如果公司偿还不了，股东需要承担无限连带责任。每个股东之间都有一种连带责任，也就是，如果甲股东偿还不了，找乙股东偿还，乙股东偿还不了，找丙股东，最终要维护债权人的利益。这种无限公司，对债权人的保护力度最大，但对股东而言是不利的。如果从事某个风险性极高的行业，股东可能会在个人亏损的情况下丧失个人所有的财产。

这种无限公司往往需要组成无限公司的股东之间有非常亲密的联系，相互之间彼此信任，共同从事生产经营，以获得最大可能的利润。既然是无限公司，在俄罗斯的民法中规定，一个人只能成为一个无限公司的股东，要对这个公司承担无限的责任。[1] 这是和股东担负的责任联系在一起的。

按照俄罗斯民法的规定，无限公司的商业名称，或者应该包括其全部参加人的姓名（名称）和“无限公司”字样，或者包含一个或几个参加人的姓名（名称）并加上“无限公司”字样。大家注意，为什么俄罗斯会对无限公司做出这样的规定呢？这一点是和无限公司典型的人合性质联系在一起的。

如果某人和一个无限公司做生意，他首先要看无限公司的股东是谁，股东不一样代表公司的实力是有差异的。跟有资金实力的人做生意，自己的债权更容易得到保障。所以说，无限公司人合的性质最为明显。而且，俄罗斯民法要求加上无限公司的字样，每个股东都要承担无限责任。无限公司依照设立合同来开展活动，设立合同应由所有参加人签字。一旦签字之后，设立合同将对所有的人生效。

无限公司参加人以自己的财产对公司的债务承担补充责任。那么这里面也

---

〔1〕 参见王志华：《俄罗斯公司法》，法律出版社2010年版，第14页。

强调，首先应该由无限公司用公司的财产来承担债务责任，当公司的财产无法承担责任时，无限公司的股东才以自己的财产承担责任。无限公司的参加人，不是公司发起人的，对其加入公司之前已经发生的债务，同其他参加人承担同样的责任。

这一点和我国的合伙企业有相似之处。某人入伙，对之前的债务需要承担责任，这是一种人合性质的体现。例如，我国《合伙企业法》第 44 条第 2 款明确规定“新合伙人对入伙前合伙企业的债务承担无限连带责任”。无限公司参加人关于限制或者免除其他债务人的协议一律无效，人合就是这样的一个特点，无限公司对外承担无限责任。对债权人而言，一看无限公司字样，就知道所有人都承担一种无限连带责任，如果公司内部约定说某某人不用对他人或者某人承担债务的范围来对抗债权人，是无效的，这是由无限公司的本质决定的。

与无限公司的责任相对应，无限公司的参加人不得以任何协议方式，排除参加人参与利润的分配，或者是亏损的分担，这也是人合性质的特点。无限公司的管理形式，通常由全体参加人的一致同意进行决策。公司的设立合同可以规定由参加人的多数票通过决议。当然，一个无限公司多数决议该如何形成，参加人可以进行协商，协商不成的，也可以通过投票的方式最后按照多数决的形式来作出决议。

无限公司股东如果死亡，其继承人不能自动地成为无限公司的股东，须经其他股东的同意才能加入无限公司，取得股东资格。我国的合伙也是这样的，某一合伙人死亡，他的继承人不可以自动取得合伙人的资格，必须经其他合伙人同意才行。这是为了充分保障合伙的人合属性。我国《合伙企业法》第 50 条规定，合伙人死亡或者被依法宣告死亡的，对该合伙人在合伙企业中的财产份额享有合法继承权的继承人，按照合伙协议的约定或者经全体合伙人一致同意，从继承开始之日起，取得该合伙企业的合伙人资格。这种规定是因为无限公司是人合的一种典型的体现。几个合伙人能在一起做生意，首先是彼此之间信任，合伙人信任某人，不代表信任某人的继承人，有可能这个继承人跟其他合伙人处不到一起去，就导致人合的这种性质将无法维系，所以说合伙人死亡之后，他的继承人不能当然成为合伙人，当然，如果合伙协议有特殊约定的除外。如果对无限公司的法人进行改组后，作为其权利继承人的法人，有权经无限公司的其他股东的同意加入无限公司，但公司设立文件有不同规定的除外。

很明显，对无限公司的股东，在法人和自然人方面，俄罗斯民法做了不同的规定，这是俄罗斯民法的一个独特之处。如果权利继承人或者继受人不加入公司，则应当按照股东退出公司的程序处理。

## 二、两合公司（Товарищество на вере）

两合公司是从纯粹的、典型的人合向资合的一种过渡形态，人合的属性和特点非常明显。在一个公司内部，既有以个人财产对公司债务承担责任，并直接参与公司经营活动的股东，又有一个或者若干个仅以出资额为限对公司经营活动有关的损失承担风险的股东，即有限责任股东。承担有限责任的股东并不参与公司的经营管理活动。两合公司的出现，是和资本主义早期的发展有着直接联系的。贵族有钱、有身份，一般而言，让贵族去做生意，并不是一件高贵的事情，贵族不想去做，但同时贵族又有资金，于是他把资金给了这些新兴的小资本家们，让资本家们为自己赚钱，但自己承担的损失又是有一定限度的，这是两合公司产生的一个历史条件。[1] 在我国的《合伙企业法》中，有限合伙人类似于两合公司中承担有限责任的股东。因此，实际上，我国对两合公司的规定也是存在的。在有限合伙企业中，有的投资人承担无限责任，有的承担的是有限责任。

按照俄罗斯民法的规定，一个人仅仅能成为一个两合公司的无限股东，而有限责任股东没有限制。有限责任股东的特点是以出资额为限承担有限的责任，可以对这个两合公司投一部分钱，也可以向另一个两合公司承担一定的有限责任，还可以参与到有限责任公司去做股东，最主要的是取决于该投资人的资金实力。无限责任公司的股东参加人不得成为两合公司的无限股东，无限责任公司里面的股东只能作为一个无限责任公司的人来参与，因为它所承担的是无限责任。

---

〔1〕 参见［俄］苏哈诺夫主编:《俄罗斯民法》（第1册），黄道秀译，中国政法大学出版社2011年版，第194页。

俄罗斯的两合公司具有如下的特点。其一，两合公司根据其设立合同成立和开展活动，设立合同应该由所有无限责任股东签字。其二，两合公司的管理活动由无限责任股东进行，这与无限责任股东要承担无限责任有关系，关于两合公司里面说公司发展得怎么样，直接和无限责任股东存在紧密联系。如果这个公司发展得不好，倒闭了，对债务承担无限责任的股东是要承担无限连带责任的。所以，在这种情况下，让承担无限责任的股东从事经营，更有利于两合公司的发展，承担无限责任的股东，会更加尽职尽责。其三，两合公司中承担有限责任的，无权参与公司的管理，不得以公司的名义活动，无权对无限责任股东对公司的管理和公司的业务经营提出异议。之所以对两合公司中承担有限责任的股东做出如此限制，是和该股东承担的责任有关的。这类股东仅仅是以出资额为限承担责任，因此不能干预无限责任股东从事的经营活动。

## 三、补充责任公司（Общества с дополнительной ответственностью）

补充责任公司，也是一种过渡形式，是由一种纯粹的人合公司向资合公司的过渡形式。按照《俄罗斯民法典》第 95 条的规定，公司由一个人或者几个人成立，其注册资本按设立文件规定的数额分成若干股份，公司的股东按公司设立文件规定的所有权人相同的投资价值倍比数额以自己的财产对公司的债务连带地承担补充责任。当一个股东破产时，他对公司债务的责任由其余股东按其投资的比例分担，但公司设立文件规定了分担责任不同办法的除外。

关于补充责任公司，要注意如下几点。补充责任公司的股东人数有限制，相互之间也比较了解，和纯粹的有限公司的区别在于，有限责任公司的股东是仅以其出资额为限承担债务的，每个人承担的都是有限责任。与无限责任公司与两合公司相比，有限责任公司对债权人的保护力度是最小的，无限责任公司里所有的参加人都要承担无限责任，两合公司里有人承担有限责任，还有很多人承担的是无限责任，对债权人的保护力度也非常大。在补充责任公司中，股东还是这么多，出资额也是那么多，但是如何平衡公司的股东和公司债权人之间的利益，这是根本。为了更有效地保护债权人的利益，在股东对债务的承担上，法律有明确规定，每个人不仅仅是以他的出资额为限承担责任，还要按照出资额的倍比关系来承担责任。比如说，补充责任公司设立文件明确规定每人出资10万元，成立一个补充责任公司，有3个投资人，这个公司的注册资本是30万。有一天公司做生意亏了，30万全部赔进去。公司的钱没有了，还剩下100万的债务，要由3个人来承担。3个人怎么承担？前面说到倍数关系，每个人除了以投资的10万为限承担责任之外，还要以投资额的3倍，用个人的资产承担责任。也就是说，除了投资的10万之外，每个人还要再承担30万的债务，3个人加起来就90万，加上原来的30万，一共120万。如果外面仅仅欠了100万，实际上债权人的债权还是能够得以维护的。这种补充责任是位于有限责任和无限责任到两合再到有限之间的一种过渡形式，它既要保障债权人的利益，同时又要保护出资人的利益，出资人不仅以出资额为限，还要对出资额的倍数承担责任，但同时，这种承担的债务又不是无限的，仍然是有限的，因此把这种补充责任也列到有限责任公司来。补充责任公司在公司的商业名称当中，应该标明补充责任字样，某个股东破产时，它的补充责任由其他股东分担，或者按比例在其他股东之间进行分配，这是补充责任公司的一个特点。补充责任公司从维护债权人利益的角度考虑，要比纯粹的有限公司更有力度。

按照俄罗斯民法的规定，不管是有限责任公司、两合公司，还是补充责任公司，都要在公司的名称上进行标注才行。[1] 这样规定的目的是，如果有人要和某个公司从事交易，只要一看公司名称，就知道这个公司是如何进行债务承担的。公司中的股东承担的是无限责任，还是补充责任，还是一种两合性质的责任，都可以让交易相对方在与公司进行交易时，有选择的机会。在进行交易之前，从理性人的角度评估交易过程中可能面临的风险，从而实现个人利益的最大化，这也是尊重交易双方自由意志的体现，反映了现代民事立法的基本精神。我国公司法也要求公司标明其公司的类型，其目的同样是要让债权人在从事交易时，清楚自己债权实现的保障程度，合理选择交易方，维护自己的最大利益。

---

〔1〕 Гончаров А. А., Маслова А. В. Гражданское право (части Общая и Особенная). –М.: Волверс Клувер. 2010. С. 56.

## 四、有限责任公司（Общества с органиченной ответственностью）

《俄罗斯民法典》第87条规定，有限责任公司是由一人或者几人设立，其注册资本以设立文件的规定分成一定数额股份的公司；有限责任公司的股东以其缴纳的出资额为限，对公司活动有关的风险承担责任。这一点和我国公司法上的有限责任公司是相同的，股东仅以出资额为限对公司经营过程中的风险承担责任，这对交易相对方的债权保障存在一定风险。因此，这种风险必须提前对交易相对方进行告知。为此，《俄罗斯民法典》规定，有限公司在公司名称当中应该标明有限责任字样。我国《公司法》第8条也明确规定，依照本法设立的股份有限公司，必须在公司名称中标明股份有限公司或者股份公司字样。并且，为了最大限度地保护债权人的利益，同时督促股东及时足额出资，《俄罗斯民法典》规定，未足额出资的股东对每个股东在未缴纳数额限度内对公司的债务承担无限责任。按照《俄罗斯民法典》的规定，俄罗斯有限责任公司有如下特点：

有限责任公司的股东人数不能超50人，这是上限，下限是1人。我国有限责任公司股东最多也是50人，最少1人。在这一点上，中俄两国的规定是相同的。如果股东只有1个人的话，叫一人公司，一人也可以设立成有限责任公司。

为什么要有50人的限制呢？这是因为，有限责任公司是一种从人合到资合的过渡形态。一般而言，有限责任公司的股东往往彼此是比较熟悉的，一起组建有限责任公司的人存在一种相互信任关系。一般而言，有限责任公司的人数不能太多，太多将导致股东之间不熟悉，不利于公司的发展。因此，在各个国家，公司法上对有限责任公司股东的人数基本都会进行一定的限制。在有限责任公司里，一旦股东之间发生矛盾，有人要求退股，这种情况下有可能导致这个公司的倒闭。为什么会倒闭呢？这就和有限责任公司不仅仅是资合，还有一定的人合因素有关。有限责任公司靠的是人和人之间的相互信任，为了保持这种信任关系，必须在人数上做限制，最多50人，最少是1人。

在2005年之前，我国公司法上规定，有限责任公司股东的人数不能少于2人，也就是说，按照当时公司法的规定，公司不能是一人公司。后来大家发现，实际上，我们法律做了限制，但在经营过程中，存在着一种隐性的因素。例如，2个人共同设立有限责任公司，1个人出资99.99%，另1个人出资百分之0.01%，这在法律上是符合两人以上股东的要求的。但实际上，控制公司的就1个人而已。

人们还发现，在1个人和他人缺少信任的情况下，其更愿意成立一人公司，自己管理，自己决策，收益不用跟别人分享。在这种情况下，一人公司的成立实际上有利于促进经济的发展。一些小的行业，像商品零售以及普通的买卖，也不需要大的投资，1个人也可以。不论是一人公司还是多人公司，公司章程都非常重要，它是公司从事经营活动的依据，经营过程中，出现的争议要按照公司章程解决。

关于注册资本，俄罗斯的民法规定，不少于公司提交注册资本登记文件时联邦法律规定的100倍最低劳动报酬。最低劳动报酬是指一个人在被别人雇佣的情况下，雇主应该给雇员的最低报酬。最低报酬是根据什么来决定的呢？是当地的生活水平。一个人赚的钱至少要能养活他自己，除了吃饭的钱外还不够，还要保障这个人能养活他的家人。所以在很多国家，包括我们国家也有最低劳动报酬的规定。

有限责任公司可以根据股东的一致决议自愿进行改组或者清算，这一点体现了意思自治原则。有限责任公司的进一步发展，就演变成了股份有限公司。“保留着人合公司某些特征的有限责任公司具有‘过渡’性质。”[1] 在法人的发展过程中，逐渐出现了从人合向资合的过渡。在这一过程中，其呈现出典型的人合，再到人合与资合的结合形式，然后才是典型的资合。

## 五、股份公司

股份公司，尤其是开放式股份公司是最典型的资合形式。《俄罗斯民法典》第96条规定，股份公司将资本分成一定数量的股票，公司的参加人不对公司的债务承担责任，但以其拥有的公司的股票价值为限，对与公司活动有关的亏

〔1〕［俄］苏哈诺夫主编：《俄罗斯民法》，黄道秀等译，中国政法大学出版社2011年版，第197页。

损承担责任。

购买股票的人，是给股份公司投资，用其购买股票的价款来承担公司经营过程中可能出现的风险，但这种风险是可以预估的，也就是股票的价格。股份公司的出现和发展是和社会的经济发展状况联系在一起的。随着越来越大型的生产活动的出现，对资本的要求越来越高，因此而带来的利润会更大。为此，建立在人合基础上的有限责任公司等，由于股东规模限制，不可能募集到更多的资金。这么多的资金从哪里来呢？当然，资金来自于人，要突破资金的限制，就必须突破对公司股东人数的限制。于是人们创造出了股份公司的形式，先由发起人发起，设立公司，然后发售股票。这种公司形式的特点是，一个国家的所有人都可以去购买股票，而且每股的价值不大，这样有更多的人可以购买到股票。一项需要大规模资金的工程，通过制度设计，加大投资者的数量，进而达到募集大额资金的目的。投资者之间不需要，也不可能相互认识。于是，法人建立的基础便从人合形式的属性，向典型的资合属性发生了变化。所以，股份公司的根本属性在于资金的融合。

资金融合的盈利模式就在于通过大额资金筹集和项目建设获得利润收入，再由公司将利润收入按股票价值分配给股东。当然，这种股票还可以上市交易，公司经营得越好，股票的市场价值就越高，股民通过股票的买卖，便可以从中获得收入。当然，这也意味着可能会存在亏损。

股份公司应该在名称当中标明股份公司字样，这也是从标识上让交易相对方知道公司的性质，以便慎重考虑交易的风险问题，在交易之前进行恰当的风险评估和预防。

俄罗斯的股份公司又分为开放式股份公司（Открытые акционерские общества）和封闭式股份公司（Закрытые акционерские общества）。这点是和我国公司法规定的股份公司的类型存在差异的。

（一）开放式股份公司（Открытые акционерские общества）

按照《俄罗斯民法典》第 97 条的规定，如果股份公司的股东不经其他股东同意即可转移他们股票的，为开放式股份公司。这种股份公司有权办理对它所发行的股票的认购，并依照股份公司法和其他法律文件规定的条件自由出售股票。“开放式股份公司之所以称为‘开放式’的，是因为其股东范围不受限制，任何人都可以加入，成为公司股东。”[1]

中国公司法规定的股份公司，便是这种开放式股份公司。一个人可以自由地购买股票，也可以将自己所有的股票按照法律规定的条件进行自由交易。股市交易就属于这种情况。股民一般是盯住股票行情，在股票便宜时买入，股票涨价时再卖出。这种买卖，基本上是自由的。当然，国家为了保障交易的公平和安全，规定了一些必要条件，股民在进行股票交易时也必须遵守。

开放式股份公司是资本的结合，在符合法律规定的股票交易规则的情况下，谁买股票都对公司基本没影响。因为公司成立的目的、发行股票的目的，就是要积累资本。这种股份公司有权办理对股权的认购，并依照股份公司法和其他法律文件规定的条件，自由地出售股票。

为了保证开放式股份公司的交易安全，维护股民的合法利益，《俄罗斯民法典》第 97 条第 1 款规定，开放式股份公司必须每年向公众公布年度的决算、会计资产负债表、利润和亏损的账目。鉴于开放式股份公司是典型的资合形式，投资人、持有股票的人，不参与公司的生产和经营，这就会产生如何对股份公司的管理人员进行必要的监督，以保障广大股民的利益问题。如果监管不严，实践中会出现通过设立股份公司的方式，套取股民资金的问题。例如，发起人通过募集资金的方式成立了一个股份公司，获得了十几亿的资金，但该人可能最终的投资才几千万。在这种情况下，发起人发现，通过这种方式便能轻易赚到钱，继续经营还存在风险，于是，就不再经营了，只把从股市募集到的资金汇到自己手里，然后再想办法让这个公司破产。如果成立的股份公司破产了，相当于所有投资人都损失掉了对股份公司的投资。通过这种方式，从股市吸钱，进而损害广大股民的利益。为避免这种情况的发生，法律要求股份公司每年都按时公布它的资产负债表、利润亏损情况以及重大的经营状况，包括公司内部管理人员的变化，都要向外定期公布。为了避免有人恶意进行股票买卖，法律规定持有大额股份的人，超过一定数额进行股票买卖时，必须经过批准。对于开放式股份公司股东的人数没有限制。最低的注册资本，俄罗斯法律规定是 1000 倍以上的最低劳动报酬。

---

〔1〕 王志华：《俄罗斯公司法》，法律出版社 2010 年版，第 16 页。

（二）封闭式股份公司（Закрытые акционерские общества）

封闭式股份公司和开放式股份公司存在一定的差别，封闭式股份公司是俄罗斯从美国移植而来的，俄罗斯封闭式股份公司的数量比较多。《俄罗斯民法典》第97条第2款规定，如果股份公司的股票仅在其发起人或其他事先确定范围的人之间进行分配的，为封闭式股份公司。这种股份公司无法办理它所发行的股票的公开认购，也不得以其他方式向范围不限的人出售股票。这样，开放式股份公司和封闭式股份公司间便出现了较大差异。

首先，对封闭式股份公司的股东人数是有限制的。按照俄罗斯相关法律的规定，封闭式股份公司股东人数不能超50人，如果股东人数超过这一限制人数，则应该变更为开放式股份公司，或者清算，或者减少股东的人数。其次，封闭式股份公司的股东对其他股东出售的股票，有优先购买权，而开放式股份公司的股东只要在股票市场上交易就可以了，对交易对象没有限制。再次，封闭式股份公司注册资本为100倍最低劳动报酬，而开放式股份公司则为1000倍最低劳动报酬。最后，法律对封闭式股份公司和开放式股份公司的限制条件不同。例如，对必须定期公布账目等的要求存在较大差别。

封闭式股份公司和开放式股份公司的上述差异，是和两者之间的属性不同相关的。"封闭式股份公司具有人合性，股东相对较为固定，资本较少也不至于威胁到交易安全和对债权人造成损害。"[1] 开放式股份公司是一种典型的资合，而封闭式股份公司则是从人合向资合的进一步过渡，仍然保留了人合的某些特点。在封闭式股份公司里，对股东人数的限制，对股权转让的限制，即原股东享有优先购买权等规定，都是保证封闭式股份公司中股东的组成要保持人合的属性。

封闭式股份公司和有限责任公司有何区别呢？封闭式股份公司和有限责任公司之间，在股东人数限制、出资的转让规则等方面，都存在相同之处。区别之处在于，封闭式股份公司股东一旦出资，便不能随意退股，只能转让他的股份，并且，其股份应该由原来的股东享有优先购买权。有限责任公司不能发行股票，有限责任公司的股东有权要求退出公司。这就保证了封闭式股份公司的

---

〔1〕 王志华：《俄罗斯公司法》，法律出版社2010年版，第17页。

稳定性，股东一旦出资，想把这个钱要回来是不可能的，除非他把自己所有的股份转让给其他人。保证出资的稳定性便是封闭式股份公司与有限责任公司的区别。

封闭式股份公司和开放式股份公司相比，它的特点是股东人数要比开放式股份公司的少，有限制，50 人以下。封闭式股份公司无权公开募集股份，股份不能自由地进行转让，也无须进行信息披露。这与封闭式股份公司的股东之间具有一定的人合属性存在一定关系。开放式股份公司的股东，根本就不参与经营活动，其公司治理也非常繁杂。开放式股份公司的权力机构是代表股民意志的，是全体股东代表大会，下面又设置了执行机关——董事会，且为了让董事会能够更好地执行或者说维护开放式股份公司股东的权利，又成立了一个监事会。开放式股份公司在公司治理上的这种烦琐结构，是和出资人不参与经营的情况下，保证出资人的利益存在着直接关系的。

在股份公司的设立方面，《俄罗斯民法典》第 98 条规定，股份公司的发起人签订合同，规定他们为建立公司而进行共同活动的程序、公司注册资本的数额、发行股票的种类和配股的程序，以及股份公司法规定的其他条款。股份公司发起人对公司注册前发生的债务承担连带责任。这种规定，是要通过强化发起人的责任，确保股份公司在发起设立时能够进行下去，并能够最大限度地维护股东的利益。《俄罗斯民法典》第 98 条第 2 款规定，只有事后经股东大会对发起人行为的赞同，公司才对其发起人与公司成立有关的债务承担责任。为了确保股份公司能顺利成立，《俄罗斯民法典》第 98 条第 6 款规定，股份公司可以通过一人购买公司全部的股票，由一人或者多人组成。同时，规定股份公司不得以另一个一人公司作为其唯一股东。

## 六、法人及与法人相关的其他组织

除上述类型的法人之外，俄罗斯还存在大量其他形式的法人类型及与其相关的组织。

### （一）员工股份公司

员工股份公司，也称作人民企业（Акционерские общества работников, Народные предприятия）。这种公司形式是为了贯彻俄罗斯国内立法必须重点保护那些成为国有企业股份公司小股东的受雇人员利益，进而规定的一种法人形式。这种员工股份公司或者说人民企业，是和最初的苏俄时期的国有企业转为私有企业存在一定关系。俄罗斯学者认为“这一奇怪‘变种’的股份公司的出现，只是由于国内立法贯彻立法者的意图，因为立法者要力求片面保护那些成为国有企业股份公司小股东的受雇人员的利益”。[1] 俄罗斯私有化改造的过程中，出现了每个员工都应该享有对企业的一定股份，人人都是企业的主人，每个员工和企业都存在劳动关系，把该企业所有的资产分成股份，每个员工都享有一定份额，员工既是股东，又是这个企业的生产者，企业的员工既是所有者，又是生产者的一种混合结构形式。员工对企业享有的资产份额，就成了员工所持有的股票。与企业存在劳动关系的职工，都可以拥有股份，其权利受到一定的限制。员工股东可以向其他股东转让自己的股份，但不能超过自己股份的20%。这种企业形式是在从过去的公共财产变成私有财产的过程中，对原来的国有企业的一种经营模式的创造。尽管部分俄罗斯学者认为，这种创造不太成功。

（二）一人公司

一人公司是指只有一个出资人，其采用的形式可以是有限责任公司，也可以是股份公司。俄罗斯法律规定，无限公司和两合公司不能成立一人公司，因为无限公司和两合公司以设立合同为基础，而非公司章程，一人无从签订公司设立合同。我国公司法也规定了一人公司。

（三）分公司和代表处

分公司和代表处等内容，为公司章程必须载明的事项。公司股东根据代表全体股东表决权2/3以上多数通过公司股东会议决议设立分公司和代表处。分公司和代表处以公司的名义开展业务活动，但不具有法人资格。负责人由公司任命，并在授权范围内开展活动。我国公司法上也有类似的规定。我国《公司法》第14条规定，公司可以设立分公司。设立分公司，应当向公司登记机关申请登记，领取营业执照。分公司不具有法人资格，其民事责任由公司承担。

---

〔1〕［俄］苏哈诺夫主编：《俄罗斯民法》（第1册），黄道秀译，中国政法大学出版社2011年版，第209页。

（四）子公司

子公司是因其注册资本的多数为另一商业公司或商合伙（母公司）所持有，或者依照它们之间订立的合同，或者以其他方式，从而其决策有可能被母公司控制的公司。当某一个公司的大部分股份已经被另一个公司持有的情况下，可能会出现这种子母公司的形式。由于股份被某一大公司控制，该子公司在运行过程中，它的决策有可能会受到母公司的影响。

这里涉及法人表决权的问题，其因法人性质的不同而有不同的类型。有的是按照人头来计算的，其成员之间在表决权上不存在差异，典型的是合伙。有的是按照股份，也就是股东的出资额为标准来确定表决权的，谁出的钱多，谁拥有的表决权就越大。因此，在一个纯粹的以资合为表征的法人中，出资额便代表了表决权的权重。当一个人出资占了绝大多数的情况下，该人实际上也就控制了该公司。

按照《俄罗斯民法典》第 105 条第 2 款的规定，子公司不对母公司的债务负责任。但是，母公司（合伙），如果有权对子公司发出强制性指示，其中包括依照同签订子公司的合同而可以发布强制性指示的，应对子公司为执行上述指示的行为所产生的债务与子公司一起承担连带责任。在这种情况下，子公司的行为不是子公司独立作出的，而是由母公司强制的，如果发生了债务风险，母公司也必须对自己的行为负责任。在子公司由于母公司的过错而发生资不抵债的情况下，母公司对子公司的债务承担补充责任。子公司的参加人有权要求母公司赔偿因母公司过错而使子公司遭到的损失，但公司法有不同规定的除外。这里的母公司可以是资合性质的有限责任公司、补充责任公司和股份公司，也可以是人合性质的无限公司和两合公司。

（五）附属公司

按照《俄罗斯民法典》第 106 条的规定，如果股份公司超过 20%的表决权股或者有限责任公司超过 20%的注册资本为另一（占主导地位的、参股的）公司所持有，则该公司为附属公司。一个公司如果获得了另一个股份公司超过 20%的表决权股，或者有限责任公司超过 20%的注册资本，必须按照规定公布资料。

附属公司和子母公司是存在区别的。在附属公司的情况下，自己公司的股份，被另外一个公司持有一定数额，但这一定数额又不一定会完全操纵这个附属公司的命运，在这种情况下，其形成一种附属关系。附属公司的持股比例是20%到50%，如果超过50%，即该公司被另一个公司所操纵的情况下，那么它们已经变成了一个母子公司，而非附属公司。

（六）公司集团

公司集团是建立在参与原则基础上从事协调经营活动的相互联系的法人联合，是法人联合起来的一种形式。具体又分成两类。一类叫控股公司。这是一种企业的联合形式，是指若干企业联合成一个集团，组织上各自保持独立，经营活动上存在控制关系，不参与企业经营活动，服从一个核心公司，这个核心公司是控股公司。控股公司通过持有注册资本多数股份、合同约定或者其他安排，对参与集团企业产生决定性的影响。

另一类叫金融工业集团。这是俄罗斯的一个独特规定。这是为了集中工艺或者经济优势的法人联合的一种形式，目的在于有效实施投资项目以提高企业的竞争能力，扩大销售和服务，提高生产效率，创造新的就业岗位。与控股公司不一样，设立金融工业集团需要注册登记，登记机关是俄罗斯联邦的工业和能源部。这种金融工业集团在目前的俄罗斯法人市场上并不是特别多。

（七）生产合作社

生产合作社也是法人中的一种形式。《俄罗斯民法典》第107条规定，生产合作社（劳动组合）是非经营者公民为了进行共同生产或者其他经济活动，以他们的个人劳动参与（或以其他方式参与）为基础共同投入一定的财产（股份），并对该组织的债务承担有限补充责任的自愿联合。生产合作社在我国也比较盛行，是农村村民自愿的组合，共同制定生产方针，个人的收入建立在自己劳动的基础之上。俄罗斯民法典对生产合作社作了非常详细的规定，比如成员人数不得少于5人，超过50人时，要建立监督机关等。

（八）单一制企业

《俄罗斯民法典》第113条规定，商业组织，如对其财产所有权人划拨给它的财产不享有所有权，即为单一制企业。单一制企业的财产是不可分财产，并且不得按照投资（股份、股金）进行分配，其中包括不得在企业的工作人员中进行分配。这是俄罗斯改制过程中出现的一种独特的类型。单一制企业享有的仅仅是经营和管理的权利，对企业的财产不享有所有权。单一制企业的财产，要么归俄罗斯联邦所有，要么归俄罗斯联邦各主体所有。单一制企业的财产是不可分财产，并且不得按照投资进行分配。这有点像我们国家的国有企业，企业所有权是归国家的，但是经营权和管理权归企业。

中俄法人制度中，关于股东的规定，存在相似之处。根据俄罗斯法律，除了有特定身份的人，如国家机关工作人员或者法官等不可以发起设立公司，任何公民和法人都可以发起设立公司，或者从原有股东那里受让份额而成为股东。[1] 股东享有股东权，这是一种综合性权利，包括财产权与一定的人身权。俄罗斯公司法规定，股东的权利有公司事务的管理权，主要包括参加股东大会、召开临时股东大会、提案表决、选举和被选举以及监督公司的权利等。具体可以说是知情权和公司活动的监督权。股东的财产权利，又具体包括利润分配、公司清算后剩余财产的分配权、股份的转让等。其他权利，如股份转让权、退出公司权等。股东的义务包括出资、保守公司经营管理秘密，同时是公司的管理人员要求敬业敬职等其他权利。这是俄罗斯法人制度当中的权利义务规定。

（九）非商业组织

在社会上从事活动的人，除了这种为了营利而聚集在一起的之外，还包括一些不以营利为目的的，也不在其参加者中分配利润的法人，即非商业组织。这些非商业组织，并非基于营利目的而建立，而是为了实现非商业的社会公益、科学研究等目的。俄罗斯的这类组织主要包括消费合作社、社会团体或者宗教团体，还有协会、联合会、基金会等。非商业组织的类型非常多，最典型的是基金会，其特点是，它成立之后不以营利为目的，并在设立之后，会脱离设立者本人，按照章程自行运转。其获得的资金也不是为了牟利，而是为了从事某类公益事业。这是非商业组织的特点。

（十）公权组织

公权组织，在俄罗斯的民法上也是有明确规定的，最主要是指俄罗斯联邦国家。俄罗斯联邦国家可以在某些情况下作为民事的主体，参与民事流转活

---

〔1〕 参见王志华：《俄罗斯公司法》，法律出版社 2010 年版，第 125 页。

动。在一般情况下，要按照民事流转的规则，如承担债权债务，从事民事交易。但俄罗斯联邦进行民事交易的时候，为了维护国家的利益，其对俄罗斯联邦的财产做了一些特殊规定。比如，俄罗斯联邦的哪些财产是享有豁免权的，其他国家不能进行追偿。除了国家外，还包括俄罗斯联邦主体和地方自治组织，也可以参与民事法律关系。

## 七、俄罗斯法人制度的特点

第一，俄罗斯法人制度是私法复兴的产物。俄罗斯民事立法采用了民商合一的模式，无独立的商法典。这其中包含了一个最基本的原理，即商事规则也是民事法律关系，是平等主体之间产生的商事关系。民商分立国家的商法典中，一般也规定民法典对商事法律关系的调整作用。法人制度是俄罗斯私法复兴中尊重在私权领域主体权利与财产的产物。

第二，俄罗斯法人制度注重保护个人利益。与注重个人利益相一致，私法领域强调其私法自治，这也是和私权复兴联系在一起的。俄罗斯法人制度的规定，尤其是公司法的规定，强调任意规范，赋予公司很大的权利。只不过在公司法通过之后，包括民法中关于法人内容出台后，经过了不断的修改，最典型的是公司法单行的法条出台后经过了若干次的修改。这种修改与俄罗斯社会的变化和公司在治理过程中出现的一系列问题紧密联系在一起。但注重个人利益保护，成为其法人制度的基本出发点。

第三，俄罗斯法人制度在不断修改。作为法人制度的规范，必然会随着俄罗斯社会的发展变化而出现变化。俄罗斯法律的不断变革与其社会经济发展有关系。加之立法时，虽然尽量保持其前瞻性，但法律始终是落后的。马云在一次演讲中提到，中国的企业家要听经济学家的，就办不成企业了。因为经济学家是根据已有数据研究过去的事情，而企业家则是面向未来的。一名成功的企业家，必须具备战略眼光，具备开拓市场的能力，必须面向未来。在立法中，我们努力想要预测未来是怎样的，比如我国 1997 年的刑法典通过时，即有关于计算机犯罪的条款，但在当时，我们无法想象在十几年后的今天，社会发展成现在这样。

现在的企业，在市场经济环境下，遵循的是市场机制。按照这个市场机制，一个企业生产什么，生产多少，生产出的产品有没有销路，完全靠的是市场——一只看不见的手。当然也有计划的成分在其中，但最主要的还是靠市场机制来调节。

那么，过去的国企，靠的是国家计划。计划经济时代典型的特点是，工厂的地点、规模、产品的生产完全是国家的指令和计划。在这种条件下，工厂之间没有竞争关系，因为功能都是限定的。在市场竞争中，可能同时若干个工厂生产同样的东西。市场主体生存的标准在于产品的质量和价格，产品质量好，价格又便宜，这样的产品在市场上一定是有销路的。因此，在市场经济和计划经济中，市场主体的生存法则是不一样的。俄罗斯20世纪90年代之后经过急剧的变革，产权制度并不稳定，各个方面都存在这样的问题，与一个不稳定的经济制度相结合的法律规范一定要做经常性的修改，不修改法律就适应不了社会生活的变化。

第四，俄罗斯法人制度一个重要的特点就是受英美法系影响非常明显。我国的民事立法倾向于欧洲大陆法系的传统，但在商法上我们受到美国的影响最大，而这种影响还没有对俄罗斯的影响那么强烈。我国公司法规定得很简单，分为有限公司和股份公司。俄罗斯公司法则规定了开放式股份公司、封闭式股份公司，而封闭式股份公司就源于美国公司法。

此外，俄罗斯的有限公司不止包括纯粹的有限责任公司，还包括补充责任公司。这也是来自英美法，特别是美国商事法的一项制度。

## 第六章 俄罗斯民事权利的客体

民法要清晰地界定主体、客体和主客体之间的关系问题。自然人和法人是俄罗斯民事法律关系的参加者，是享有民事权利的主体。那么，民事权利的客体包括哪些呢？

“客体问题一直是俄罗斯民法学理论中争论最多的问题之一。”[1] 本部分

---

[1] 鄢一美：《俄罗斯当代民法研究》，中国政法大学出版社2006年版，第181—182页。

将按照《俄罗斯民法典》的规定进行阐述。根据《俄罗斯民法典》第128条的规定：民事权利的客体包括——物，其中包括金钱和有价证券；其他财产，其中包括财产权利；工作和服务；信息；智力活动成果，其中包括智力活动成果的专属权（知识产权）；非物质利益。由此可知，《俄罗斯民法典》上的民事权利的客体是指导致民事法律产生和存续的物质利益与非物质利益。俄罗斯学者认为，民事法律关系的客体和民事权利的客体是不同的，民事权利的客体是构成了民事主体行为的指向对象，而民事法律关系的客体则是指“法律规定的人们取得、转让和使用各种不同利益的行为，而不是这些利益本身”。[1]

在上述俄罗斯民法典规定的民事权利客体中，物是较好理解的，包括了金钱和有价证券。其他的财产主要是指物以外的，具有财产价值的东西。俄罗斯民法上列举了财产权利，这里的权利是一种主观性的存在，但能够在客观上产生一定的财产价值。工作和服务也是民事权利的客体，可以用财产予以衡量，在民事交易中也较为常见。俄罗斯在权利客体中将信息单列出来。实际上，作为权利客体的信息起到的作用越来越重要，特别是在当代社会，谁掌握了信息，便等于掌握了财富。我们国家提倡的信息化、大数据都是建立在信息的快速搜集、整理和分析之上的。智力活动成果，尤其是知识产权，现代社会特别重视。在国家提倡创新的背景下，如果没有对智力活动成果的完善保障制度，就不会有促进创新的良好机制。所以大家看到，我们国家的政策在不断地强调对智力活动成果的保护。俄罗斯民法同样重视对智力活动成果的保护问题，同样强调创新对推动国家经济发展的战略意义。《俄罗斯民法典》中，还有专门的“知识产权编”。一个保护知识产权、保障创新的社会，能够通过人的智力创造出源源不断的物质财富，这些已经被国际社会承认。

民事权利的客体涉及民法的调整对象问题，即民法到底调整人身关系还是财产关系？二者之间是否有主次之分？我国学界一般认为，民法调整平等主体之间的人身关系和财产关系，人身关系在财产关系之前。但是，关于“人身关系”和“财产关系”位置先后的表述，实际上是存在争议的。有观点认为，财

〔1〕［俄］苏哈诺夫主编：《俄罗斯民法》，黄道秀等译，中国政法大学出版社2011年版，第273页。

产关系才是民法首要的调整对象。俄罗斯民法便很明确地将“财产关系”放在“人身关系”之前。民法首先调整的是财产关系和与财产有关的人身关系，这一点是民法的本质。所以在俄罗斯民法民事权利的客体上，有一个人身非财产权，即尽管和财产没有太大关系，但仍然受民法保护的人身权利。民法调整人身权利是没问题的，但与财产相比，其处于第二位。纯粹的调整人身关系的法律，被纳入到俄罗斯的《家庭法典》中。

按照《俄罗斯民法典》的规定，其首先解决的是主体的问题，也就是自然人和法人，人的权利能力和行为能力等。规定了人的问题之后，才规定人和物之间的关系，也就是物权法的内容。在确定了物的归属问题后，才需要明确物在主体之间的流动和转移的问题。物在主体间的流动，通常会通过合同、继承等方式进行。于是，民法典中规定了合同、继承等内容。当然，财产的变化还会与侵权问题产生联系。某人实施一个侵权行为，侵权者负有赔偿的义务，赔付的东西，一般是可以用金钱进行衡量的财物，进而同样导致了财产关系的变化。最早的法国民法典便是这样的思路——人、债、物、继承。基本思路便是民法清晰规定人的问题、人和物关系的问题，即所有权制度、财产的流转、导致财产流转的原因——侵权、合同、继承等。

作为民事权利客体的物，应该具有最基本的属性。物应该体现人的劳动。马克思说，“土地是财富之母，劳动是财富之父。”一件东西如果加入了人的劳动，便产生了价值，比如说，空气本不是商品，但经过加工后有可能变成商品。因为经过加工的空气，已经包含了人类的劳动，用政治经济学的话讲，便是无差别的人类劳动，比如，在雾霾天气出售灌装的新鲜空气。而物只有价值还不行，还要具有流通性。除此之外，有些东西虽然没包含人类劳动，但是由于其具稀缺性，也具有物的特点，典型的如土地、矿产。矿产本是自然存在，但具有稀缺性，“物以稀为贵”便是这样的道理。这样的物也会变成民事权利的客体。

俄罗斯民事权利的客体分为三类，即自由流通的客体、限制流通的客体和禁止流通的客体。自由流通的客体是常态，大多数民事权利的客体都是可以自由流通的，但法律做了特别规定的除外。对此，《俄罗斯民法典》第129条第1款规定：民事权利的客体，如果未被禁止流通或被限制流通，可以依照概括权利继受程序（继承、法人改组）或其他方式自由转让或从一人转移给另一人。为了保障民事交易的顺利进行，保护民事主体的权利，《俄罗斯民法典》第129条第2款规定，不允许流通的民事权利客体（不流通物）的种类，应在法律中明文规定。哪些种类的民事权利客体只能属于流通的一定参加者所有或者需要专门许可方能流通（限制流通物），依照法律规定的程序确定。该款确定了禁止流通物和限制流通物的确定规则，充分体现了民法的基本原理——法无禁止即自由。禁止流通物必须由法律明确规定，限制流通物也必须按照法律规定的程序进行确定。[1]

那么，为什么要限制某些民事权利的客体的流通呢？原因是其与公民个人人身存在直接关系；与公共设施存在直接关系，如公共道路、桥梁；以及与保障俄罗斯宪法制度存在直接关系。这些物被称为限制流通物，限制流通物要按照法律规定的程序进行严格确定。最典型的如俄罗斯的枪支。枪支被认为是限制流通物，要想流通的话，必须遵循一定的规则或者办理一定的许可，在俄罗斯城市中有专门出售枪支的商店。

禁止流通物需要法律的明确规定。有些物的流通，会给社会造成危害，为防止这种不良现象的产生，各国都会列出禁止流通物的具体清单。例如，毒品无论是在中国，还是在俄罗斯，都是禁止流通物。当然，由于各国文化传统不同，禁止流通物的范围是不一样的。

俄罗斯的财产，分为动产和不动产，这一点与我国民法的规定相同。当然，动产和不动产的区别不在于财产的物理属性，不在于其是否可以移动，区分的标准更主要是在于法律的规定。例如，房屋是不动产，通常情况是不动的，但随着科技的发展，现在也出现了平移房屋的技术，于是房屋开始能够"动"了。当然，如果将"动"的问题提高到哲学高度，则会出现"运动是绝对的，静止是相对的"的问题。于是，便没有"不动"的物了。《俄罗斯民法典》第130条规定，不动产包括土地、矿床、独立水体和所有与土地牢固地依附在一起的物，即一经移动便使其用途受到损害的物，其中包括森林、多年生

---

〔1〕 Гончаров А. А., Маслова А. В. Гражданское право (части Общая и Особенная). – М.: Волверс Клувер. 2010. С. 89.

植物、建筑物、构筑物和未竣工的建筑物。与此相关的，有些可移动物是作为不动产管理的，比如机动车辆采用登记制度。《俄罗斯民法典》规定，不动产还包括应进行国家登记的航空器和海洋船舶、内河航运船舶、航天器。在做出上述规定外，《俄罗斯民法典》还补充规定，法律还可以规定其他财产属于不动产，这就更加凸显了对动产与不动产划分的法律意义。《俄罗斯民法典》第130条第2款规定，不属于不动产的物，包括金钱和有价证券，是动产。除法律规定的情形外，动产权利不要求进行登记，这也表明动产和不动产划分的意义在于其交易的规则不同，不动产的交易需要办理登记。

按照《俄罗斯民法典》的规定，物可以分为可分物和不可分物。这种分类方法，与我国是一样的。《俄罗斯民法典》第133条规定，从实物上进行分割即会改变其用途的物是不可分物。由此可以推知，在分割的情况下，不改变其用途的是可分物。可分物与不可分物的区分意义在于共同共有的物的所有权份额分割规则。《俄罗斯民法典》第252条规定，以实物方式分割份额可能对共有财产造成严重损害，则要求分出其份额的共有人有权通过司法程序要求其他按份共有人向他给付其份额的价值。

俄罗斯民法在对物的分类中，还区分出了复杂物。《俄罗斯民法典》第134条规定，如果不同种类的物构成一个按共同用途进行使用的统一的整体，则它们被视为一个物（复杂物）。就复杂物订立契约的效力，适用于其所有组成部分，但合同有不同规定的除外。也就是说，划分出复杂物的目的在于该类物的交易规则。俄罗斯法律规定，为了保障这类复杂物，可以依据其组成属性使用的价值，在交易双方没有特别约定的情况下，对复杂物的交易，给予整个复杂物整体。

在对物的划分中，还区分出了主物和从物。《俄罗斯民法典》第135条规定，服务于另一物，即主物，并与之有共同用途的物（从物），服从于对主物的处分，但合同有不同规定的除外。这种划分，同样是出于交易的目的。在主从物的交易中，如果未对从物进行约定，则从物要随着主物进行流转。如有约定，从物交易与主物便无关系。

《俄罗斯民法典》第136条规定了天然孳息、产品和法定孳息。由于使用财产而获得的物（果实、产品、收益）属于依法使用该财物的人，但法律、其他法律文件或关于该物使用的合同有不同规定的除外。这里的规定，也是为了确定财物在产生孳息情况下的产权归属问题。当然，俄罗斯民法区分出了天然孳息、法定孳息和产品。天然孳息是动植物自然生长的产物，而产品与人的生产活动直接相关，法定孳息则是在民事流转过程中产生的金钱收入。

在俄罗斯民事权利的客体中，动物是比较特殊的。在民法上，动物的本质是物，是财产。但是，由于动物是有生命的物，进而出现了与一般物的重要区别。我国民事法律也有关于动物的规定，如有人捡拾到遗失动物，要物归原主，在这期间因无因管理人产生的债务，由原动物所有人进行赔偿。除此之外，还有动物致人损害的赔偿规则，以及对野生动物的保护规定等。我们首先要确认动物是一般财物，要适用对物的一般保护规则进行保护。比如有人养了一群羊，被人毒死，这会使私人财物受到损害，按照民法的规定，应该进行赔偿。当然，如果损害数额极大，则有可能构成故意毁坏财物罪。如果被损害的动物是从事生产劳动使用的，如耕地用的牛，对这类动物的损害，则可能会符合破坏生产经营罪的要件。《俄罗斯民法典》第 137 条规定：对动物适用关于财产的一般规则，但以法律和其他法律性文件未有不同规定的为限。在行使权利时，不允许以违背人道原则的态度虐待动物，《俄罗斯民法典》第 241 条、第 231 条都有关于动物保护的规定。

将动物区别于一般财物进行特别保护，这在我国具有极为重要的意义。我们曾经在网络上出现过虐待动物的情况，如虐待猫、狗、老鼠等。虐待人做出虐待行为后，将相关的视频发到网络上进行炫耀。虐待动物会对善良公民内心的情感造成伤害，尤其是在有未成年人在场时，严重侵害到善良人的心灵，毒化整个社会的健康心理，会造成更大的不良后果。这种情况发生之后，也就是如果某人虐待一只宠物狗，其他爱狗的人该怎么去保护这只狗呢？

《俄罗斯民法典》第 241 条规定：如果家养动物的所有权人对动物的态度明显违背依法规定的规则或社会一般人的道德准则，则可以由向法院提出相应请求的人向所有权人赎买这些动物。赎买的价格由双方当事人协商，如有争议，则由法院解决。由此，俄罗斯法律明确规定，爱心人士发现有人虐待动物后，在掌握证据的情况下，可以通过诉讼的方式保护动物，要求法院判决转让动物的所有权。这样我们便通过法律的途径，给爱心人士提供了一个救助动物的机会，也避免了网络暴力的发生。

我国民事法律规定了走失动物的处理办法，当然，动物要返还给所有人。如果一个人拾到一群羊，并且养了很多年，那这些羊的所有权归谁呢？按照我国民法的规定，当然还是归原动物所有人所有。俄罗斯民法对此规定了取得时效制度。但是，在取得时效方面，对动物和非动物的规定是不同的。如果有人拾到非动物的物品，取得时效的时间为15年，15年后如果原物所有人还未出现，则该物归占有人所有。当然，占有具有推定效力，即一般认为，占有人即为所有人。

动物和无生命的物又有差别，动物和人会产生感情，如果动物和原所有人还有感情怎么办？《俄罗斯民法典》第231条第2款规定：在将动物交给他人所有之后，原来的所有权人又出现时，如果有情况证明这些动物仍保留着对他的依恋，或者有情况说明新的所有权人虐待动物或以其他不适当的方式对待动物，原来的所有权人有权要求将动物返还给他，返还的条件由他与新的所有权人商定，如果达不成协议，则由法院决定返还的条件。

这一条文很人性化，考虑到了动物和一般物的区别，动物会和原所有权人形成感情上的联系。正是基于这样的考虑，俄罗斯民法才规定了原动物所有人可以要求返还的权利。这种规定充分考虑到了人性、人道、人的怜悯心，进而又将动物区别于一般的财物。

《俄罗斯民法典》第139条规定了职务秘密和商业秘密。职务秘密和商务秘密也属于民事权利的客体。该条规定，当信息由于不为第三人知悉而具有实际的或者潜在的商业价值，对它不能自由了解并且信息持有人采取措施保护其机密性时，信息即构成职务秘密或者商业秘密。

当然，职务秘密和商业秘密的范围是由法律进行规定的。《俄罗斯民法典》对此规定，哪些信息不能构成职务或者商业秘密，由法律和其他法律文件规定。构成职务秘密或商业秘密的信息，受到本法典和其他法律所规定的方式的保护。为了保护职务秘密和商业秘密，确保民事权利主体的利益，《俄罗斯民法典》规定，以非法方法获取构成职务秘密或者商业秘密信息的人，必须赔偿所造成的损失。违反劳动合同或其他合同而泄露职务秘密或商业秘密的工作人员，以及违反民法合同而违反职务秘密或者商业秘密的合同当事人，亦应承担赔偿损失的责任。这便以法律的形式，确保了职务秘密和商业秘密应受法律的保护，以及在发生侵害的情况下，侵权者应该担负的赔偿责任。

《俄罗斯民法典》第140条和第141条对金钱和外汇进行了规定。作为民事权利的客体，金钱和外汇对国家的金融稳定、维护公民的生活、确保国家的安全稳定具有极其重要的作用。《俄罗斯民法典》第140条规定，在俄罗斯联邦全境，卢布是应按其票面价值接受的法定支付手段。在俄罗斯联邦全境，可用现金或者非现金方式进行支付。这条规定，确立了卢布的法定货币地位及其在俄罗斯流通的法律要求。为了确保俄罗斯的金融安全，俄罗斯民法典对外汇问题进行了明确规定，即在俄罗斯联邦境内使用外国货币的场合、程序和条件由法律规定或者依照法定程序规定。被认为是外汇的财产种类和实施使用外汇的法律行为的程序由外汇调整法和外汇管制法规定。在俄罗斯联邦，外汇的所有权按一般规则受到保护。外汇作为一种财产，在俄罗斯按照一般的财产保护规则进行保护。

在社会生活中，知识产权的重要性提升，《俄罗斯民法典》也对作为民事权利客体的知识产权做了规定。《俄罗斯民法典》第138条规定，在本法典和其他法律文件规定的情况下及依照本法典和其他法律文件规定的程序，确认公民和法人对智力活动成果和与之相当的使法人个别化，使产品、所完成工程和服务特定化的手段（商业名称、商标、服务标志等）的专属权（知识产权）。该条第2款规定，第三人只有经权利人的同意方能使用作为专属权客体的智力活动成果和特定化手段。这一规定，明确了作为民事权利客体的知识产权的属性。

鉴于企业在社会生活中的重要作用，俄罗斯民法典也对之做出了规定。《俄罗斯民法典》第132条规定，作为权利客体的企业是用以从事经营活动的财产综合体。作为财产综合体的企业在整体上是不动产。这一规定便明确了作为权利客体的企业的性质，从整体上将企业规定为一个综合体。这种做法的目的在于确立企业整体的交易规则。企业整体或者部分可以是买卖、抵押、租赁和与设立、变更和终止物权有关的其他法律行为的客体。作为财产综合体的企业包括各种用于其活动的财产，其中包括土地、建筑物、构筑物、设备、器材、原料、产品、请求权、债务，以及对企业、企业产品、工程和服务个别化的标志（商业名称、商标和服务标志）的权利和其他专属权，但法律或合同有不同规定的除外。这一规定对在市场进行的企业交易具有促进作用。

## 第七章 俄罗斯民事法律关系的产生、变更和终止

按照俄罗斯民法的规定，民事法律关系是民事法律规范调整的财产关系和与财产相关的人身非财产关系。该规定创造了一个极其独特的概念，即人身非财产关系。这种人身非财产关系和个人、作者的权利、创作者、著作权、个人的名誉荣誉、尊严等人身属性权利密切相关，同时也会对个人财产产生影响。尽管个人的名誉、荣誉、人格等，并非能直接用财产来衡量，但在日常生活中一个拥有较好名誉、荣誉的人，更易得到他人的信任。同理，拥有较好名誉的人在从事民事交易时，将更容易获得交易机会。

民事法律关系是民事法律规范调整的关系，其强调主体之间的平等。平等是民事法律关系得以建立的前提和基础，如果丧失了平等，民法得以构建的前提将不复存在。只有平等，才能尊重双方的意思自由和等价交换。只有把握平等这一点，才能理解民事法律关系的特点。

民事法律关系中的主体主要是自然人和法人。此外，公权组织也是俄罗斯民法上规定的民事主体。当俄罗斯联邦作为一个民事主体参与民事法律关系时，也要遵循民事法律的一般规则，即平等、自愿、等价有偿等基本规则。俄罗斯联邦各主体和地方自治组织参与民事法律关系时，也是民事法律关系的主体。俄罗斯是一个联邦制国家，联邦制国家和单一制国家的区别在于地方和中央之间的权力划分问题。

民事法律关系的客体是指权利义务指向的对象。在俄罗斯学界，对于什么是民事法律关系的客体，有不同的观点。一种观点认为，民事法律关系主体的活动或者行为才是客体。主体能够对他人产生作用，一定是有行为存在。当然，关于客体是什么，我国学界也存在争议。但我国民法上的通说更接近于俄罗斯的通说，即客体是民事主体的活动指向的对象，或者说是权利义务所指向的对象。

民事法律关系中的法律事实，是指法律关系产生、变更、终止的根据。这一点与我国的相关规定并无大的差异。按照俄罗斯民法的规定，法律事实是现行法律和其他法律文件，将民事权利和民事义务，与民事法律关系的产生、变更和终止联系在一起的真实事实。简单地说，法律关系产生、变更和终止的根据是法律事实。

导致民事法律关系产生、变更和终止的根据，主要是行为和事件。民事法律事实，按照与主体意志的关系分为行为和事件。行为是与主体的个人意志直接相关的，事件与个人的意志没有关系。

行为表现主体即自然人和法人的意志。行为是人的行为，体现了人的意志，并且是行为人真实意志的体现。按照行为和法律的属性关系，分为合法行为和非法行为。合法行为和非法行为都可以导致民事法律关系的产生、变更和终止。合法行为又可以分成法律行为和事实行为。

法律行为是指民事主体以民事法律关系的产生、变更和终止为目的的合法行为。随着合法行为的实施，将产生一定的法律后果。法律行为和事实行为之间的最大区别在于有没有这种目的性。法律行为是行为人目的指向，行为人是以民事法律关系的产生、变更、终止为目的实施一个合法行为，目的性很强。事实行为不以民事法律关系的产生、变更和终止为目的。只要行为人实施了相应的行为，便会产生相应的关系。这是法律行为和事实行为之间的关系。关于事实行为，俄罗斯法律上有一个典型例子。俄罗斯法律规定，对发现的埋藏物规定了取得时效。如果发现了埋藏物，找不到所有人，那么该物品根据取得时效的规定，就会归拾得人所有。著作权的产生，是作品完成即取得著作权，不需要登记。如果有人侵害他人的著作权，同样构成侵权。实用新型和发明专利的规定与著作权不同，获得专利要进行申请，获得国家专利局的授权才可以。这是事实行为与法律行为之间的区别。法律行为的最终目的就是产生、变更和终止民事法律关系。

行为，包括合法行为与非法行为。非法行为是指与法律相违背，或者不符合法律规定的，违反法律法规或者是合同约定的行为。典型的是致人损害、不当得利、违反合同约定。

事件是不以人的意志为转移而发生的一种现象。事件分为绝对事件和相对事件。绝对事件的发生和发展与主体的意志活动无任何关系，其存在和发展是一种独立的现象。最典型的是自然灾害，刮风、下雨、洪水、海啸、地震等。相对事件是根据主体的意志而发生，但不以主体意志为转移、发展的现象。例如，行为人故意伤害了被害人，致被害人死亡。被害人被伤害的现象，是行为人主体意志作用的结果。行为人故意伤害被害人，被害人才被伤害，现象的产生与主体的意志存在关系。但被害人受伤后，可能造成死亡或重伤的结果与被害人自身的身体状况、伤害的部位等因素有关，发展结果并不完全受制于行为人的意志支配。区分相对事件与绝对事件的意义在于因果关系的确定上。在绝对事件中，行为人的行为与事件的发生没有关系，不用确定谁要对事件的发生负责任的问题。但相对事件中却存在因果关系，确定因果关系，方能解决民事责任问题。

行为和事件是导致民事法律关系产生、变更和终止的根据。《俄罗斯民法典》第153条规定，法律行为是公民和法人旨在确立、变更或终止民事权利和义务的行为。法律行为体现主体的意志、法律性质、合法性等。法律行为有效的要件有四点。其一，内容上必须符合法律规定；其二，实施法律行为的自然人、法人，具备参加法律行为的能力，即法律行为参加者或者实施者的民事行为能力；其三，主体的意志和意思之间一致；其四，法律行为的形式要得到遵守。[1] 法律上对实施法律行为有形式要求，有的必须是书面的形式，有的则没有要求；有的既可以是书面的，也可以是口头的。

法律行为合法有效须从以下方面去理解。法律行为的内容必须是合法的，法律行为要符合法律规范。行为合法，首先要与法律规范的要求相一致，才能够谈得上合法性问题。俄罗斯法律中出现了一种现象，法律行为到底符合哪项法律规范？如果在调整同一或者类似的社会关系过程中，既有《俄罗斯民法典》，又有俄罗斯联邦总统令，还有地方政府或者俄罗斯联邦政府所颁布的一些规范性文件，那么在判断某个行为是否合法的时候，要遵照哪一项规范？判断一个行为符合哪项法律规范，要服从法律效力的位阶关系。下位法服从上位

---

〔1〕 参见［俄］苏哈诺夫主编：《俄罗斯民法》（第1册），黄道秀译，中国政法大学出版社2011年版，第318页。

法，其内容不得与上位法相冲突。在俄罗斯联邦，民法典是在全俄罗斯联邦有效的，在立法的时候赋予了其较高的位阶范围。只要民法典的规定与俄罗斯联邦的宪法没有冲突，其规范便有效。当民法典、俄罗斯联邦的总统令、政府规范性文件之间产生冲突时，要以《俄罗斯民法典》为准。在俄罗斯诉讼体系中，有一项特别的规定，地方政府出台的规范性文件与法律相违背时的合法性审查，由地方各级法院负责。法院在审理案件时，有权根据民法典的规定，对政府作出的规范性文件与法律是否相符做出判断。这从制度上对政府依法行政提出了要求，确保《俄罗斯民法典》在全俄得到遵守。

在判断民事法律行为的合法性时，并不是社会生活中的各种现象都由完备的民事法律规范进行规定。这种情况下，如何认定某个行为的合法性？俄罗斯民法上明确规定了民事法律规范的类推适用。刑法规范不可类推适用，刑法规定了罪刑法定原则，绝对禁止类推适用刑法。但民法上却是明确规定了类推适用的制度。这是因为刑法坚持罪刑法定原则，要保证法律的明确性以保障个人的权利。“法无明文规定不为罪，法无明文规定不处罚”便成了刑法的基本原则。当有民事纠纷提交到法院时，法院必须作出裁判。法院不能拒绝当事人的诉讼请求，必须要根据民事法律作出裁判。在作裁判时，也无须担心法律没有相关规定。有规定的依照法律规定，没有规定的可以适用原则性规定，还可以适用民事习惯。特别是合同法上的规定，没有明确规定和约定时，要遵守交易习惯。这是民事法律和刑事法律之间存在的一个极大区别。原因是民事法律是平等主体之间的关系，而刑事法律是国家和犯罪或者说和被告人之间的关系，是一个强大的机器和一个自然人之间的关系。我们必须从法律上假定自然人是处于弱势地位的。

法律行为内容合法要求实施法律行为的人应具备参加法律行为的能力。这个能力主要分为自然人的行为能力和法人的行为能力。关于自然人的行为能力，俄罗斯关于民事主体有明确的规定，18 周岁以上是成年人，享有完全的民事行为能力。16 周岁到 18 周岁之间，与我国类似，如果是以自己的劳动收入谋生的，也可以是完全民事行为能力人。区别之处在于，是不是取得完全民事行为能力，还要看个人的婚姻状况。如果不满 18 周岁，根据俄罗斯联邦的法律和联邦主体的法律，某人符合结婚的要件，便可具备完全的民事行为能力。

在俄罗斯的《家庭法典》中，结婚的条件可以限制的最低年龄是14周岁。满14周岁的人也有可能具备完全民事行为能力。

除此之外，《俄罗斯民法典》中还规定了一个保护制度。保护制度主要是针对那些酗酒和吸毒的人设立的。[1] 这样的人也被限制了一定的行为能力。法人的行为能力主要取决于设立法人时的章程，其要求法人在被许可的范围内行使权利。

法律行为参加人意志和意思表示要一致。意志更多的是指行为人实施某一个行为，想要取得一定结果的内在的一种愿望，这是俄罗斯民事法律的规定。在我国法律中，意识是对外在的一种理解和认识，而意志是通过自己的或者主体的行为所要取得的结果。意志就是行为人控制自己行为的内在的动因，意志更多的是行为人实施行为时所具有的内在的主观愿望。个人要想达到自己的某种目的，这种目的的产生和个人对外界的认识存在联系。当对外界现象有了认识时，自己内心会产生实施某一行为的想法和愿望。在个人内在主观愿望的推动下，其仍会实施某一个行为。俄罗斯民法把这种个人推动自己实施某一行为的愿望称作他的意志。

法律行为当中也有类似的问题，人的真实意志和对外所表达出来的意思可能存在差别，或者说在二者之间不一致、不相符的情况下该如何解决？对于解决这些问题，有不同观点。有人认为要尊重行为人真实的意志，也有人认为应该以行为人表现的意思为准。[2] 无论是俄罗斯还是我国，民事法律规定都要考虑意思表示是否真实的问题，也就是当外在表达的意思和内在的真实意志不一致的情况下，会有一个特别的处理办法。俄罗斯与我国一样，有类似的规定，即在显失公平、重大误解、欺诈、胁迫等情况下，可以追认、撤销等。

判断法律行为是否合法还有一个形式要件，即法律上是否规定必须要以某种书面形式作出。在这方面俄罗斯法律与我国也没有太大区别。

法律行为无效，意味着法律行为不具有能够产生主体所希望的民法后果。法律行为无效可以分为自始无效的行为、绝对无效的行为和可撤销的行为，也

---

〔1〕 参见刘春萍、赵微主编：《当代俄罗斯法学通论》，黑龙江人民出版社2003年版，第630页。

〔2〕 参见［俄］苏哈诺夫主编：《俄罗斯民法》（第1册），黄道秀译，中国政法大学出版社2011年版，第306页。

就是相对无效的行为。法律行为无效基于如下四方面的原因。一是内容不合法；二是实施法律行为的自然人或者法人，不具有相应的行为能力；三是意志和意思表示不符；四是不遵守法定的形式要件。这四个方面实际上是与法律行为的有效要件直接对应的。

法律行为的自始无效，即绝对无效，是行为人从实施开始就不具有法律效力的行为。法律行为自始无效，意味着以法律行为形式实施的行为由于与法律相抵触而不产生也不能产生参加人所希望的法律后果。其具体分为如下五个方面。

第一，不符合法律或其他法律文件要求的法律行为，是自始无效的行为。不符合法律或法律文件所要求的行为自始无效，与法律的规定相违背也导致自始无效。但此类法律行为是可撤销或者规定了违法的其他法律后果的情况，则属于例外情况。一个法律行为与法律规定相违背，一般情况下是无效的，但如果法律上做了例外的规定，则其有可能变成一个可撤销的行为。最典型的是俄罗斯设立的保护制度。酗酒的人和吸毒的人行为能力是受限的，一般情况下，这类人的行为要由他的保护人代为实施，这是法律的一般规定。这样的人实施的某些超出其能力范围的行为是无效的，但如果保护人进行追认则是有效的。限制民事行为能力人超出了他能力范围的，在得到追认的情况下，也可能是有效的。

第二，以违反法律秩序的基本原则和道德为目的实施的法律行为无效。这个规定相对来说比较笼统，违反法律秩序的基本原则、违反道德实施的行为无效。

第三，虚构的法律行为和伪装的法律行为无效。虚构的法律行为是指仅为了徒具形式而实施，并无意产生与之相应的法律后果的法律行为，是以某一外在行为掩盖内在真实意思的行为。伪装的法律行为是以掩盖另一法律行为为目的实施的行为。虚构的法律行为和伪装的法律行为都是以某一外在看似合法的行为，实际掩盖另一个不法目的的行为。比如夫妻为逃避债务，办假离婚，然后转移财产；债务人因欠债较多，为保住财产，将自己名下的财产全部登记到他人名下。这都是以一个合法的形式掩盖非法目的的行为。

第四，无行为能力公民实施的法律行为无效。俄罗斯民法规定，不满 6 周岁的未成年人是完全不具有民事行为能力人。6 周岁到 14 周岁的未成年人做出的超越法律规定许可范围的行为都是无效行为，即违反法律规定的行为是无效的。但不满 14 周岁的未成年人所实施、从事的与其智力相适应的行为，是被法律许可的。

第五，不遵守形式要求的法律行为无效。在具体交易过程中，法律做出了严格的形式上的限制，必须要以书面的形式作出，如果规定有相应的形式要求而没有遵守，则可能导致该行为无效。

可撤销的法律行为，如果不是根据其参加人的意志或其他法定权利人的意志而被撤销，则是无效的。可撤销的法律行为是指某个行为在实施之后，其效力处于不确定的状态，最终该行为是否有效取决于权利人的追认。如果权利人进行了追认，则可能变成有效，如果不追认，则该行为可能被撤销。俄罗斯法学界认为，立法上给出了认定无效的可能性，而不是从一开始便不具有效力。与此同时，只能由法律规定的有权利的人实施撤销权，而且必须是在法律规定的范围内行使才有效。具体而言，《俄罗斯民法典》第 173 条规定的可撤销的行为有：其一，法人超越其权利能力实施的法律行为。法人超越其权利能力实施的法律行为是否有效，需具体分析。如果该行为被追认，则可能有效。代理人超越代理权限实施的行为，其代理行为是否有效待定，但表见代理产生与有权代理同样的法律效果。其二，超越实施法律行为权能的限制而实施的法律行为，有可能被撤销。其三，年满 14 周岁不满 18 周岁的未成年人实施的法律行为，是否有效取决于其监护人的追认。追认则有效，不追认或提出撤销，则会被撤销。其四，被法院判决限制行为能力的公民实施的法律行为，也取决于具体的条件。其五，不理解自己行为的意义，或者是不能控制自己行为的公民，实施的法律行为。这种情况也会产生监护人的追认问题。其六，因误解而实施的法律行为。重大误解可能导致行为人的外在意思表示和内在的真实意志不一致。还有欺诈、暴力威胁、一方代理人与另一方恶意串通或迫不得已的情况下实施的法律行为。这类行为也是可以撤销的行为。

# 第八章 俄罗斯国际私法

俄罗斯国际私法规范被专门规定在俄罗斯民法典第三部分第六编中。国际私法规范主要调整涉外民事法律关系的法律适用问题。国际私法规范的形成与发展是与国际私人往来现象的出现和增加紧密相关的。很早以前，世界上各个国家之间处于一种相对封闭和独立的状态，国与国之间人的流动、物的流动非常少。在这种背景下，一个国家主权范围内的民事法律活动只须参考自己国家的法律即可。随着时间的推移，对外贸易开始出现，不同国家之间的私主体也有了交往。在这个过程中，当发生民事纠纷时，对于存在涉外因素的法律关系到底应当使用何国法律的问题，亟须得到解决。基于此，国际私法应运而生。国际私法的前身是罗马法时期的《万民法》。“在古代欧洲，国际私法最初是以学说和理论的形式出现的，故有‘学说法’之称。从公元 13 世纪到 18 世纪，在长达 5 个世纪左右的时间里，作为‘学说法’的‘法则区别说’一直居统治地位，在国际私法发展史上形成法则区别说时代。”[1] 法则区别说认为，一个城市国法律中的某些部分适用于不是本城市国的居民，这是法律具体规范要进行区别适用的问题。随着经济的发展，人口流动加速，在一个主权国家内部必然会出现外国人，同时本国公民也会到其他国家去，必然会产生相应的民事法律关系。

19 世纪后半期，沙俄完成了农奴制改革，经济迅速发展，资本主义逐渐兴起，国家实力急剧增强，与欧洲国家关系越发密切，彼得大帝提出全面向欧洲学习。他们不仅要学习欧洲的科学技术，更重要的是学习欧洲的法律和文化。在这种背景下，部分学者开始研习欧洲法律，其中就包括国际私法的内容。伊万诺夫首次将“国际私法”一词引入俄罗斯，自此之后，沙俄时代关于国际私法的研究大量涌现。[2] 苏联时期，俄罗斯国际私法在沙俄时期的基础上得到进

〔1〕 徐冬根、王国华、萧凯：《国际私法》，清华大学出版社 2005 年版，第 10 页。

〔2〕 参见邹龙妹：《俄罗斯国际私法研究》，知识产权出版社 2008 年版，第 5—7 页。

一步发展。马克思主义学说成了苏俄国际私法的指导思想。在苏联时期，学界着重讨论了国际私法到底是什么法，国际私法是不是一个独立的学科，应否将国际私法变成一部独立的私法典等问题。但是当时的苏联并没有走国际私法单独法典化的道路，国际私法仍归属于民法学科。理由是，国际私法解决国际上私主体之间的民事法律关系，仍然没有摆脱民法的基本问题，国际私法的众多内容也没有脱离私法的本质属性。在俄罗斯学者，尤其是苏俄时期的学者看来，国际私法更多的是解决“私”的关系，在国际私法规范中更多的是要确定民事私法关系，在发生争议时如何使用准据法即冲突规范的问题。[1] 无论是苏联还是今天的俄罗斯，国际私法规范都被纳入到民法典当中。苏联时期国际私法著作十分丰富，这一点和当时苏联的状况有直接关系。苏联是由十五个加盟共和国组成的联盟，当时的苏联畅行国际主义，与一些东欧国家、亚洲的社会主义国家等，都保持着密切联系，形成了社会主义阵营。在这样一个阵营当中，各国公民流动比较频繁，民事法律关系自然发生得比较频繁，极大地促进了苏联国际私法的发展。随着苏联解体，俄罗斯社会制度也发生了巨大变革。1991 年之后俄罗斯走上了既不同于原苏联、也与西方国家制度有区别的具有自身特色的发展道路，俄罗斯国际私法也同样发生了急剧的变革。

### 一、俄罗斯国际私法的特点

现行的俄罗斯国际私法，具有如下特点。

第一，俄罗斯的国际私法未采用统一的法典形式。这是俄罗斯延续了苏联时期《民法典》中的专编+分散式立法形式的结果。《俄罗斯民法典》第三部分第六编规定了国际私法规范，此外，俄罗斯国际私法规范还在其他法典中存在。有学者指出：“俄罗斯国际私法很难突破原有的立法模式——‘分散+专章专编’模式。分散是指俄罗斯的国际私法规定分布在几个相关的立法之中，如《国际商事仲裁法》《家庭法典》《民事诉讼法》，以及《民法典》。”[2] 当然，采用这种形式规定国际私法，也并非俄罗斯的首创。早在 1804 年的法国《民

[1] 参见刘春萍、赵微主编：《当代俄罗斯法学通论》，黑龙江人民出版社 2003 年版，第 699 页。

[2] 田洪鋆：《俄罗斯国际私法立法之“变”与“不变”——兼论对我国国际私法立法思路的启示》，载《当代法学》2018 年第 1 期。

法典》中就规定了一个冲突法的专编，除此之外的其他国际私法规范散见于其他立法之中。随着俄罗斯对外开放程度的增加，国际私法规范的数量也在大量增加。

第二，意思自治原则体现得较为明显。根据《俄罗斯民法典》第 1223 条的规定，当事人可以协商选择将法院所在地国的法律作为解决因不当得利产生的债权债务。在能够遵照当事人的意思确定准据法的情况下，俄罗斯民法一般允许双方当事人约定准据法的适用。在俄罗斯的《家庭法典》中，俄罗斯联邦承认当事人在境外依婚姻缔结地法或离婚地法结婚或离婚的效力。自然人的准据法是依照自然人的国籍法来确定的，当自然人的国籍与自然人生活的居住地不一致时，则依照自然人居住地法确定。这些都体现出对当事人意思的尊重。

第三，最密切联系原则成为确定准据法的基本原则。在我国《涉外民事法律关系适用法》中，最密切联系原则是作为一种补充性原则出现的。而《俄罗斯民法典》国际私法编中，则非常明显地体现出了最密切联系原则。如《俄罗斯民法典》第 1186 条第 2 款便规定若依本条第 1 款无法确定准据法，则适用与民事法律关系有最密切联系国家的法律。此外，如果是在一个多法域的国家中不能确定适用的法时，则适用与该关系联系最密切的法律制度。

## 二、俄罗斯国际私法的一般性规定

对于有外国人参加的或者含有涉外因素的民事法律关系适用法的确定上，《俄罗斯民法典》第 1186 条第 1 款规定，当俄罗斯法律关系存在外国公民或者外国法人参加或有其他涉外因素时，对之适用的法应该根据俄罗斯联邦签署的国际条约、其他法律和俄罗斯承认的其他惯例来确定。关于国际条约，俄罗斯承认国际条约优先于国内法。俄罗斯在《宪法》中规定，俄罗斯签署的国际条约以及俄罗斯加入的国际条约在整个俄罗斯具有优先的效力。国际法公认的原则与准则是俄罗斯法律的一个重要组成部分。但是这种理论在悄然发生着变化。俄罗斯加入了《欧洲人权公约》。在俄罗斯吞并克里米亚后，欧洲人权法院作出了很多对俄罗斯不利的判决，且按照俄罗斯的承诺，只要是欧洲人权法院的判决，在俄罗斯必须得到执行。从俄罗斯的角度看，欧洲人权法院的判决已经不再是公平公正的了。所以，俄罗斯对其宪法的相应内容进行了修改，即欧洲人权法院的判决必须符合俄罗斯宪法，不得与俄罗斯宪法精神相违背。如果国际公约没有规定，国内法也没有规定，则应参考国际惯例。当上述规定不能确定准据法时，则适用与涉外民事法律关系最相近国家的法律。

那么，确定了适用的法律后，法律概念该如何解释呢？如果在确定了含有涉外因素的民事关系适用的准据法后，在适用法律时，会出现对法律概念的解释问题。因为，一旦适用他国的法律，他国的法律术语和概念如何解释便变得非常重要。对此，《俄罗斯民法典》第1187条规定，在确定适用的法律时，法律概念的解释要依照俄罗斯法律，但法律存在例外规定的，应当按照例外规定处理。如果在确定应适用的法律时需要进行法律定性的概念是俄罗斯法律所没有的，不能依照俄罗斯法律进行解释，则在对之定性时适用外国法进行解释。因为一旦确定了准据法是外国法的时候，就要依照外国法进行裁判。然而掌握外国法的原理、立法规定、立法配套解释以及如何准确适用，对于本国法官而言非常之难，所以俄罗斯民法规定，应依照俄罗斯法来解释相应的概念，例如俄罗斯民法规定的保护制度。保护制度是针对酒精中毒、酗酒、吸毒的人适用的。俄罗斯民法认为，这些人的民事行为能力受到一定限制，应当设定保护人。俄罗斯的保护制度在我国民法总则中没有对应的规定，对这样的制度应当如何适用？根据俄罗斯民法规定，如果没有相应概念不能按照本国法进行解释，则对之定性时，要适用相应的外国法来解释。因此，法律概念的识别要依照法院地法。从俄罗斯的民事立法看，法院地法当然是俄罗斯的法律制度。如果依照外国法裁判，外国法与本国法之间不能存在太大差异，一旦差异过大甚至与本国的法律理念存在冲突，对外国法律在本国的适用就要进行限制，即公共秩序保留。

国际私法的相互原则是被《俄罗斯民法典》第1189条明确规定的。该原则是指，外国法在俄罗斯联邦的适用，与相关国家对这种关系是否适用俄罗斯法无关，但法律规定根据相互原则适用外国法的情形除外。如果外国法的适用取决于相互原则，则在不能证明不同情形时推定相互原则的存在。相互原则可以简单解释为互惠原则，即两个平等的主权国家之间，一国法院裁判适用另一国法律的前提条件是另一国法院在裁判类似问题时也要适用该国法律。这其中体现的是主权国家相互平等。但是在具体制定相关规则时是否明确对等适用，在国际私法中是一个非常重要的问题。俄罗斯在相互原则上并非必须互惠对等，而是规定外国法在俄联邦的适用与相关国家对这种关系是否适用俄罗斯法无关，只要按照冲突规范最终确定俄罗斯在裁判时应当适用某国法律，对方国家在判决相应关系时是否适用俄罗斯法并不必要。但是法律规定根据相互原则才能适用外国法的情形是除外的，如果法律没有明确规定必须根据相互原则适用外国法，俄罗斯法院就可以适用，这是对外国法单边适用的问题。“在当代各国交往日益密切的国际环境下，严格以互惠为前提使用外国法无疑是不利于国际民商事交往的。《俄罗斯联邦民法典》也反映了这种大多数国家的新态度。”〔1〕私法规范用以调整私人之间的关系，如果根据冲突法适用某一个国家的法律更容易解决这类问题，就应当直接适用外国法，而无须考虑两国之间是否存在相互关系。如果法律规定必须以相互原则为前提，则必须以相互原则来处理问题。如果俄罗斯的法律明确规定对某一国家法律的适用以相互原则为基础，那么在不能证明不同情形下某个国家不适用俄罗斯法律时，要推定此种情形的存在。俄罗斯冲突法的适用是不以互惠原则为前提的，只能把这种相互适用对方法律作为一种例外，这也是对民事法律关系即私主体之间关系的一种尊重。

如果根据俄罗斯的冲突法确定适用某个国家的法律后，该国的法律规范内容该如何确定？对此，《俄罗斯民法典》第1191条也有明确的规定，法院在适用外国法时，法院应当依照相关国家对该国法律规范的官方解释、适用的实践和理论来确定其内容。该条包括三方面的内容，即官方解释、法律适用的实践和理论。规范是以条文的形式存在的，要让规范具有生命力，必须在生活中适用规范，所以规范的适用要参考审判实践。此外，规范的确定，还应当参考理论学说。如此而言，法律无外乎是获得公认的学说，再以国家效力的形式所体现出来的规范。整个国家的制度构建，实际上也是建立在对某种公认的理论基础之上的，所以理论学说极其重要。俄罗斯也将理论学说作为确定外国法规范内容的依据。尽管俄罗斯民法的确对外国法内容做了明确规定，但法官在确定外国法规范内容时，仍然存在困难。因为，尽管法学理论之间存在相通之处，

〔1〕邹龙妹：《俄罗斯国际私法研究》，知识产权出版社2008年版，第108页。

但是也存在差异。法律除具有相似性之外，还具有民族性。《俄罗斯民法典》第1191条第2款规定，为了确定外国法规范的内容，法院可以依照确定的程序，向俄罗斯司法部和国外的其他主管机关及组织请求协助和解释，或者聘请专家。此外，案件参与人也有权为此提交证明。向俄罗斯法院请求解决争议的双方当事人以外国法为依据时，则有义务证明法律关系适用的外国法的含义。法院也可以将证明外国法含义的责任分配给原被告双方。如果双方当事人已经采取了必要的措施，但在合理期限内未能确定外国法内容的情况，该如何处理？俄罗斯民法将合理期限如何确定的权限交给了法官，如果在法官确定的合理期限内未能查明外国法规范的内容，将依照俄罗斯法律来判定。

强制性规范来源于公共秩序保留，但又区别于公共秩序保留。《俄罗斯民法典》第1192条规定，如果俄罗斯立法的强制性规范由于其本身的规定或者由于其特殊意义，包括对于保障民事流转关系参与者的权利和合法利益方面的特殊意义，而不论应适用的法均调整相应的关系，则本编的规范不得影响俄罗斯立法中强制性规范的效力。简言之，即国际私法内容的规定，不得影响俄罗斯法中强制性规范的效力，这种强制性规范是不得被规避的，比如对消费者弱势一方的保护。除了一些例外情形，本国法律对消费者权利的保护不得被规避，强制性规范的实施必须得到保障。强制性规范与公共秩序保留二者之间也存在着一定的联系。“强制性规范的原理按其性质表达的是公共秩序的内涵。”[1] 公共秩序是一个主观色彩浓厚的词。当适用某外国法时，完全可能被法院地法官以外国法违反本国的公共秩序为由拒绝适用。这种公共秩序保留的规定在各国的国际私法中都会存在。但是，如果公共秩序保留过于宽泛，将会导致冲突规范所确定的准据法在本国无法适用的问题。《俄罗斯民法典》规定，在特殊情况下，如果外国法规范的适用显然违背俄罗斯联邦法律秩序的基本原则，则外国法规范不得适用，这时俄罗斯法可能得以适用。

如何界定公共秩序？依据俄罗斯学者的阐释，对公共秩序这一主观色彩过于浓厚的术语必须具体化。其具体包括如下几个方面：不得过度提高义务，不得保护不道德的需求，不得公然表现对国家利益的破坏，不得保护法定之外的

---

〔1〕 邹龙妹：《俄罗斯国际私法研究》，知识产权出版社2008年版，第134页。

责任，不得破坏国内立法的基本原则。[1] 在法律乃至整个人文社会科学中，这种带有主观色彩的内容被无处不在地规定着。各个国家的社会风俗习惯对某类行为的评价是有区别的，这也是各个国家在国际私法规范中都会规定公共秩序条款的原因。俄罗斯法律中有这样一项规定，不得以有关外国的法律、政治或经济制度不同于俄罗斯的法律、政治或者经济制度为由，拒绝适用外国法的相应规范。这一点排除了意识形态的干扰。不能因为外国的制度跟俄罗斯的不一样，而拒绝适用外国的法律，除非是相应国家的法律规范与俄罗斯法律的基本原则相违背。

《俄罗斯民法典》也明确规定了反致。国际私法规范是一种冲突规范，冲突规范要确定适用民事法律关系的准据法。比如，依照俄罗斯的冲突法规范应当适用中国法，结果依据中国法又应当适用俄罗斯法。这就是所谓的反致问题。对这样的问题应该如何解决？这其中涉及对外国法规范到底适用哪一部分的问题，是适用实体规范，还是既适用实体规范又适用程序规范。对此，《俄罗斯民法典》第 1190 条进行了明确规定，即依照本编规则对外国法的任何系属，均应视为对实体法的系属，而不是对有关国家冲突法的系属。但是，如果外国法的反致规定适用关于自然人法律地位的俄罗斯法，则可以适用外国法的反致。一般情况下，按照俄罗斯的冲突规范确定适用外国法，适用的应当是外国的实体法而不是冲突法，但是有一种情形是例外的，如果涉及自然人的法律地位，则外国的冲突法规定适用俄罗斯的法律规范。关于自然人的法律地位问题比较重要，涉及人的权利能力和行为能力问题，自然人的权利能力和行为能力的判断应当依据俄罗斯的法律。

报复原则是指对于那些对俄罗斯公民和法人的财产和人身非财产权实行专门限制的国家，俄罗斯联邦政府可以对其公民和法人的财产权和人身非财产权规定对应的限制。报复原则与相互原则类似，如果某国歧视性对待本国公民，本国也要相应地对待该国公民。这是主权国家之间的一种对等表现。当然这种主权国家之间的对等表现已经不是一个纯粹的司法问题，而是涉及国与国之间的关系问题。报复原则实际上变相地让公民为国家承担了责任，这种做法的正

---

[1] 邹龙妹：《俄罗斯国际私法研究》，知识产权出版社 2008 年版，第 131 页。

当性也是存疑的。

## 三、俄罗斯国际私法的具体规则

自然人的法律适用。根据《俄罗斯民法典》的规定，自然人的本国法是指其国籍国法。《俄罗斯民法典》规定，如果自然人除了俄罗斯联邦国籍之外，还有外国国籍的，则其本国法为俄罗斯法。一般而言，“在发生国际的积极冲突时，如果既有内国国籍又有外国国籍时，以内国国籍作为当事人的属人法”。[1] 我国不承认双重国籍，自然人获得外国国籍视为自动放弃中国国籍。俄罗斯是有条件地承认双重国籍，其承认的前提是俄罗斯和对方国家都相互承认。俄罗斯对其国籍的这种规定，一定程度上与俄罗斯的人口问题有关。近年来，俄罗斯人口出生率低，同时本国公民大量向外移民，最终导致人口数量增长极为缓慢。除具有本国国籍的人外，还有外国人的国籍确定问题。俄罗斯民法规定，如果外国公民在俄罗斯有住所，则其本国法为俄罗斯法。虽然拥有外国国籍的人不具有俄罗斯国籍，但只要在俄罗斯有住所，其本国法即为俄罗斯法。当一个外国人有多个外国国籍时，其本国法为该人的住所地法。

公民的民事权利能力由其本国法确定。除法律规定的情形外，外国公民和无国籍人在俄罗斯联邦享有与俄罗斯联邦公民平等的民事权利能力。公民民事权利能力在各国的规定基本相似。但公民民事行为能力的规定差异就非常之大。一般而言，自然人的民事行为能力由其本国法确定。但是，依其本国法不具有民事行为能力的自然人，如果依照行为实施地法具有民事行为能力，则不得援引其不具有民事行为能力，除非能够证明另一方当事人知道或者显然知道其不具有民事行为能力。而且，俄罗斯民法规定，在俄罗斯联邦，自然人无行为能力或者限制行为能力的认定应服从俄罗斯法律。姓名权问题也比较重要。我国法律规定，孩子可以随父姓，也可以随母姓。关于姓名问题，《俄罗斯民法典》规定，自然人的姓名权、姓名权的行使和姓名权的保护，由其本国法确定，但本法典和其他法律有不同规定的除外。

法人的法律适用。法人的本国法的确定，存在着成立地说和本座说的争

---

[1] 徐冬根、王国华、萧凯：《国际私法》，清华大学出版社 2005 年版，第 64 页。

论，“成立地说一般为英美法系所采用，认为公司的属人法是其成立地法；而大陆法系则采用本座说，认为公司的属人法是其有效管理地或主要营业地法”。[1]《俄罗斯民法典》规定，法人的本国法是法人设立地国的法。依据法人的本国法，决定法人的设立、改组、清算等相关问题。尽管俄罗斯是以法人的设立地法律为其本国法，但如果法人机关或者法人代表实施法律行为地国的法律中没有关于法人机关或法人代表实施法律行为的限制，则法人不得援引此种限制，除非能证明法律行为的一方知道或应当知道此类限制。

财产关系和人身非财产关系法律适用。《俄罗斯民法典》第1205、1206和1207条规定，对不动产和动产的所有权和他物权的内容，其行使和保护依据的是财产所在地国的法律。财产属于动产还是不动产的范围，也是依照财产所在国的法律确定。财产所有权和其他物权产生和终止的根据依照作为所有权和其他物权产生根据的行为或其他情况发生时财产所在地国的法律确定，但法律有不同规定的除外。如果法律行为是对正在运输途中的财产订立的，应当依照财产的起运地国法律来确定，除非另有规定。财产所有权和他物权因取得时效而产生、终止的，应当依照取得时效终止时的财产所在地国法律来确定。此外，对于应该进行国家注册的航空器、船舶、内河船舶等，要依照注册地国的法律进行确定。

《俄罗斯民法典》第1209条规定，法律行为的形式要服从于其行为实施地法，这是一般规则。如果在国外实施法律行为主要遵守了俄罗斯法律的要求，则不得以未遵守形式规定为由认定无效。对外经济法律行为的形式，只要一方当事人为俄罗斯的法人，即服从俄罗斯法，而不论该法律行为的实施地何在。如果法律行为中的一方当事人是从事经营活动的自然人，只要其本国法为俄罗斯法的，亦应适用俄罗斯法。涉及不动产的法律行为的形式，服从于该财产所在地国的法，而对涉及列入俄罗斯联邦国际等级目录的不动产的法律行为，其形式应该服从俄罗斯法。

俄罗斯民法按照意思自治原则，规定了合同当事人选择法律的问题。按照《俄罗斯民法典》第1210条的规定，合同双方当事人在签订合同时或者签订合

[1] 徐冬根、王国华、萧凯：《国际私法》，清华大学出版社2005年版，第194页。

同后，可以协议选择对该合同的权利和义务应该适用的法。但是，当事人所选择的法律适用于动产的所有权和其他物权的产生和终止，不得损害第三人的权利。双方当事人选择应适用的法的协议应该直接表示或者应该从合同条款或案件情况中确定。双方当事人在合同签订后对应适用的法律所做的选择，如果不损害第三人的权利，则具有溯及既往的效力。双方当事人既可以对整个合同也可以对合同的部分内容选择适用的法律。如果从应适用法律之时存在的情况总和中可以得出结论认为，合同实际上仅与某一国有关，则当事人选择另一国法律不能妨碍合同与之联系的国家的强制性规范的效力。如果当事人没有关于选择对合同应适用法律的协议，则对合同适用与合同联系最密切的国家的法律。俄罗斯民法关于合同当事人选择法律的规定，充分体现出对意思自治原则的坚持。

俄罗斯民法对消费者参与涉外民事法律关系时的适用法律的规定，体现出对弱势一方的保护。在消费者参与社会法律关系时适用法律问题，俄罗斯民法规定，不得剥夺该自然人也就是消费者依照消费者住所国法的强制性规范所享有的对其权利的保护。这是一般规范。此外，俄罗斯民法典在其国际私法编，还详细规定了侵权行为、支付利息、继承等法律适用问题。

# 第四编 俄罗斯行政法

## 第一章 俄罗斯行政法的思想基础

俄罗斯文明的典型特点是专制的传统较强。而所谓的民主在俄罗斯社会并没有深厚的根基。俄罗斯是分权制的国家，从苏联时代末期到当代俄罗斯，其尽管进行了大幅度调整，包括宪法的改革以及整个国家经济基础的变化、文化的变化、意识形态的变化，但仍然没有摆脱“超强权总统制”。尽管俄罗斯宪法规定权力是分立的，立法权归议会，司法权归法院，行政权归总统，但实际上总统决定了政府的命令、议会的法律以及司法体制，所以说普京拥有的权力相当于一个沙皇的权力。[1] 那么，已经走上现代民主化道路的俄罗斯，为什么还是一种专权主义？人们在回答这个问题时，只能从文化基因上寻找。从文化传统上看，俄罗斯人民更希望出现一个救世主似的铁腕人物来治理国家，这点与美国不同。美国总统的权力是有限的，行使的是行政权，而且在行使行政权的时候还受到众多的制约。俄罗斯总统所拥有的权力很大，这种专制的模式和整个俄罗斯民族、国家有一定关系。历史上的俄罗斯，崇拜的是英雄人物，希望社会被英雄人物治理，通过英雄人物的治理，国家变得富强。

当代俄罗斯从集体主义的价值观转向了个人主义，强调个体在社会生活中的作用和地位。集体主义和个人主义的区别是什么呢？集体主义有利于整个集

---

〔1〕 参见［俄］马尔琴科：《国家与法的理论》，许晓晴译，中国政法大学出版社 2010 年版，第 285—286 页。

体的协同合作、创新，但也存在以集体的名义损害个人利益的风险，或者以集体的名义否认或者推卸个人的责任。个人主义则恰好相反。俄罗斯这种集体主义和个人主义之间的关系，强调社会服从国家。

当今俄罗斯行政法被我国学者称为控权平衡模式。[1] 这种模式和纯粹的英美法系国家的控权论有一定的区别。[2] 这种模式的形成与苏联解体后俄罗斯制度转型所导致的经济、政治、思想、文化价值观念出现的变化紧密相关。

政治方面，俄罗斯宪法明确规定了三权分立制度，执行权归政府，立法权归议会，司法权归法院。其中议会分成上下两院，下院是国家杜马，上院是联邦委员会。国家杜马由两部分组成，一部分按照选区进行直选，另一部分按照党派原则进行分配，政党的席位取决于政党获得了多少选票。联邦委员会按照联邦主体的数量根据各主体平权原则，每个主体有两个名额。法院分成普通法院体系和宪法法院。曾经俄罗斯有俄罗斯最高法院和高等仲裁院两套体系，但是在后来改革过程中其将两套体系进行了合并，现在存在的就是宪法法院和普通法院体系。宪法法院解决俄罗斯各主体权力部门颁布的法律是否违反宪法的问题，以及公民个人的诉讼请求。俄罗斯实行多党制。苏联解体的时候，曾经出台过一部《政党法》，允许公民在符合一定条件的情况下自愿组成党派，主张自己的政治权利。当然，这种多党制也经历了混乱状态。俄罗斯社会最多的时候有1000多个政党，一个国家不需要那么多政党，社会的纷争太激烈，无法形成制度合力。此后才逐渐形成了现在的统一俄罗斯党，并成为执政党。普京上台之后，也就是从2000年到现在，统一俄罗斯党基本上是俄罗斯的第一大政党。除此以外，有几个比较稳定的党，如俄罗斯共产党，支持率较为稳定，在20%左右；自由民主党的支持率也是在20%左右。这几个党派的党魁20多年基本没有换过。因此，尽管俄罗斯社会发生了剧烈转型，但是人的观念、思想、行为方式并没有快速转变。

俄罗斯宪法明确规定，任何一种意识形态不能成为国家占统治地位的意识形态，主张思想多元化，但思想多元化也会造成社会价值观不统一，不利于整

[1] 参见刘春萍：《俄罗斯联邦行政法理论基础的变迁》，法律出版社2006年版，第152—182页。

[2] 参见温恒国：《组织行政——俄罗斯行政法学的认知前提》，载《行政法论丛》2009年第12卷。

个社会的凝聚。在这种情况下，俄罗斯大力推崇东正教，想用东正教来统一整个俄罗斯社会的价值观念、思想体系以及规范人们的行为模式。

价值观念方面，从过去的集体主义向现在的个人主义转变。之所以俄罗斯总统由全民选举产生，主要原因是要贯彻个人主义的原则。这种个人主义是从过去的集体主义急剧转化过来的，强调公民个人在社会发展过程中的重大作用。但是如前所述，俄罗斯的集体主义观念较为深厚，沙俄时期的村舍制度可以说是集体主义的根源。在严酷的自然环境下，人们靠个人的力量往往生活不下去，要结成集体，靠集体或者在集体中个人才得以生存和发展，所以俄罗斯有着很强的集体主义观念。只是到了苏联解体的时候才对集体主义进行了反思，但俄罗斯学者们经过研究也发现了集体主义的优势。这种新的、对集体主义比较客观的评价逐渐融入现在的俄罗斯教育中，并逐渐引起人们的重视。集体主义能克服个人的短板，通过集体讨论、研究得到最佳的方案。

俄罗斯在政治上的分权制表明，俄罗斯社会从过去纯粹的劳动分工向权力分工转型。行政权在俄罗斯被称作是执行权，执行权是国家权力中的一种。同时，个人主义的价值观念在整个立法体例上提倡的是一种自由主义的观念。法无禁止即自由，以此来保障公民的个人自由及其最大的可能性。这是一种贯穿了自由主义的价值观，这一点在俄罗斯立法上是存在的，当然也体现在俄罗斯的行政法上。

从苏联向当代俄罗斯转型的过程中，俄罗斯的经济基础、政治体制（三权分立）、政党制度（多党制）、意识形态（多元化）都发生了巨大的变革。在俄罗斯行政法理论上，被称为执行权的行政权更强调它的执行性质——执行立法机关制定的法律，这也成为当今俄罗斯行政法的一个出发点。行政法就是要执行或约束国家执行权的行使，这种执行权的典型代表就是政府机关。在一个法治国家，政府机关执行立法机关订立的法律，所以对执行机关最明确的要求是法无授权即禁止。

在经济管理方式上，计划经济时代是政府直接管理经济，国家将所有经济都纳入到计划中，政府直接从事生产、经营活动。在市场经济体制之下，政府对经济管理由直接管理变为间接管理，政府主要是作为规则制定者和维护者而存在的，以维护公平的竞争秩序。政府需要做的是确定公平的市场秩序。其一，在公平的环境下，市场主体将按照规则从事产品的生产交换分配。这样的转变，是将过去政府直接插手经济活动改为对经济活动的间接调控。在市场上出现扰乱经济秩序的行为时，政府要出面调控。只要市场是公平的，能够让主体在市场正常从事商品的生产和交易，就能促进国家经济的发展。其二，对行政行为进行法律规制，加强行政程序立法。在现代国家，行政权（执行权）的运行必须要有法律依据，如果行政权规制不到位，这种权力很有可能侵犯公民权利。行政权无时无刻不在我们身边，它的典型特点是具有极强的干涉性。正因行政权（执行权）具有这样的特点，我们需要对其进行制约。其三，对行政权严格制约，加强行政救济也是俄罗斯行政法的一个特点。俄罗斯社会发生转型之后，将公民权利和自由作为国家最高价值，在发生行政侵权事件之后必须加以适当救济。其四，行政机关在方式上注重非强制手段的运用，这一点在现代国家治理过程中很有特色。最典型的是行政合同，本来应由行政部门强制推行的事项，但如果强制推行有可能导致矛盾激化，所以要吸收行政相对人参与到行政权的行使过程中，这便出现了现代管理过程中的行政管理行为。

俄罗斯从过去纯粹的管理论向当今控权平衡模式发展，既强调对政府权力的控制，又强调公民个人和政府平衡。[1] 具体的表现是：其一，将国家置于法律框架内，对公民承担相应义务，保障公民相应利益，这是一种控权论的典型表现。其二，国家行政机关和管理机关结构合理，加大反腐力度，选拔优秀人才，进而保障国家管理机关或行政机关有高效的运行体制和为整个社会服务的能力。在这样的理论或框架之下，尽可能实现控制政府权力和保障国家行政管理工作有效运行。政府软弱无能导致的将是整个国家的公益事业得不到发展，经济水平无法提高，最终也将损害个人利益。

## 第二章 俄罗斯行政法的概念、调整对象和基本原则

行政法是一个独立的公法部门，根据法的基本划分方法，最典型的是分为

---

〔1〕 参见刘春萍：《俄罗斯联邦行政法理论基础的变迁》，法律出版社2006年版，第46—49页。

公法和私法。私法是调整平等主体之间私人利益的法。在私法中最典型的是民法，调整私主体之间的人身、财产关系。相对于财产关系，人身关系比较独立。尤其在俄罗斯民法理论中，民法是调整财产流转关系的，而调整人身关系的法律由婚姻家庭法单独规定。这可能是立法差异方面导致的。私法调整的是私人之间的关系，其特点是在尊重个人权利的情况下，个人按照自己的意志有处分自己权利的可能性。公法和私法最大的区别是，公法代表国家意志，关注的是全社会的整体利益和秩序。在当代俄罗斯，行政法是独立的公法部门，调整与国家行政活动有关的社会关系，这是现代俄罗斯对行政法的界定。

俄罗斯立法机关是俄罗斯上院和下院，也就是联邦委员会和国家杜马，执行机关主要是政府，二者是分立的。立法机关可立法但不具体执行法律，执行机关主要以立法机关的法律为依据进行行政管理，如果出现越权，俄罗斯法院进行制衡，按照权力分立与制衡的原则运行。同时，侧重于保障人和公民的权利与自由，与俄罗斯的宪法规定有关，即人和公民的权利与自由是最高价值。既然是最高价值，法律的设定要以最大限度地保障公民的权利与自由为出发点和落脚点。

我国行政法是一个独立的部门法，调整因行政主体行使行政职权而产生的特定社会关系的法律规范的总和，在这一点上其与当代俄罗斯行政法概念有一定的相似之处。我国行政法理念的发展趋势是限制执行权或政府权力，保障公民的权利与自由。我国行政法学界有平衡论——提倡对公民权利的保障和对政府权力的制约。这与当今俄罗斯行政法的转变是有相似之处的。

从法调整的社会关系视角区分法的部门是当代俄罗斯法律的典型特点。俄罗斯行政法调整具体行政行为过程中产生的行政主体和相对人之间的权利义务关系。俄罗斯行政法调整对象的特点表现为：其一，既调整外部关系，也调整内部组织关系。调整外部关系是直接的行政主体和行政相对人之间的关系，如税务局和纳税人之间的关系，政府和老百姓之间的关系。行政机关内部也会产生各部门、各主体之间一定的权利义务关系。在这样的情况下，外部关系和内部组织关系都属于行政法调整对象。其二，调整管理者的活动，也调整被管理者的活动。管理者包括政府和政府的各职权部门及主体之中的相对人，公民在具体从事行为时，也要受到权利义务的制约。

当今俄罗斯行政法的具体调整对象：其一，公共组织管理产生的管理关系，也就是行政组织内部的管理关系；其二，实施执行权的职能和权力过程中产生的管理关系，在执行权力体系和公共管理的不同环节产生的关系；其三，与地方自治执行权力机关的活动有关的关系，以及在进行管理过程中颁布管理法律文件、订立行政合同运用管理行为等其他形式时产生的管理关系；其四，在代表（立法）机关、审判机关和检察机关发挥职能过程中产生的内部组织性质的管理关系；其五，与审查有关保护公民的权利和自由免受公共管理机关（包括公职人员）的行为和决定侵害的案件、保护受到侵害的公民权利和自由的案件有关的关系，法官个人还可以审查行政违法案件以及对于其他的司法性的机关做出的对个人处以行政处罚决定进行申诉的案件；其六，社会组织和其他的非国有组织实施国家所赋予的、涉及专门管理活动的国家权力时产生的管理关系。〔1〕

由此可见，当今俄罗斯行政法调整对象比较广泛，这是与行政法自身的特点有关系的，行政法律是时刻和公民联系在一起的。司法权的特点和行政权的直接性、干涉性不同，是一种被动性、中立性的权力。行政权力的行使不以被动为要件，反而是要主动，行政机关发现违法，要立即进行纠正。行政权力行使过程中也要求公正行使。在法院内部，尽管法院行使司法权是一种被动、独立性的权力，但内部的行政管理关系却和行政法调整有一定的相似之处。

审查有关保护公民权利自由方面的事项也和行政管理有关系。俄罗斯设置了人权代表制度。俄罗斯有一个独立的机关被称为俄罗斯人权代表，接受公民有关权利被侵害的申诉，进而独立开展调查，在独立调查的基础上进行处理，以保证人的权利免受侵害。社会组织和其他国家机关实施的国家赋予的涉及专门管理活动的国家权力时产生的社会关系，就构成了行政法律关系，受到行政法的调整。

当今俄罗斯行政法调整对象体现了分权原则。这种分权原则和社会制度的转变有关。国家管理和行政执法的基础是执行权，它的前提是立法权、执行权、司法权的分立。在这种情况下，行政法所规制的是执行权本身的具体运行

---

〔1〕 刘春萍：《转型期的俄罗斯联邦行政法》，法律出版社2005年版，第34—35页。

状况。同时，当今俄罗斯行政法更注重行政机关的行政责任和公民、组织在遭受违法侵害时的救济。这样的特点是和俄罗斯整个国家的价值观念产生的变化有关系。

当今俄罗斯行政法的基本原则包括：其一，个人及个人利益的优先地位原则。这个原则和俄罗斯整个宪法规定有关，俄罗斯宪法的最高价值是人和公民的权利与自由。最大限度地保障公民个人权利和自由不仅仅是一种政治主张，它也要求将这种政治主张贯彻到国家的法律制度中。其二，法治原则，即依法治国。民主和法治是两个方面，如果要保障民主，必须要有法治，这种法治叫法的统治，而不是用法统治。两者是有区别的，法律的统治是指法律居于国家的最高地位，法代表了全体人民的利益，实行法治就是尊重人民意志。而用法治理，则将法律变成了统治者治理国家的工具。在这种情况下，法律可能变成维护和体现少数人意志和利益的工具。在当今俄罗斯社会，法治原则必然被提倡。其三，公开原则。让权力在阳光下运行，让大家看得到，将整个事件的真相向社会公布。公开是保证法治或公平运行的保障，在行政法上也贯彻了公开原则。具体包括知情权的实现，满足公民对信息的需要，俄罗斯有信息公开法。同时，促进公民对行政的参与，增强公民对行政机关的信赖。在此基础上加强对行政机关的监督，防止腐败。其四，行政责任原则。行政法上的责任是由行政主体不履行行政义务而产生的。行政主体有职权，这种权力实际上也是行政主体应该履行的义务，如果应该履行而不履行，是对义务的违反，则要承担行政责任。反言之，如果行政主体不履行或不恰当地履行行政责任，则可能导致公民个人权利得不到保障。因此，对行政主体行使执行权时要进行监督，包括司法机关对行政主体的监督以及社会监督。其五，政党与行政相分离原则。俄罗斯采用的是多数选举制和比例选举制相结合的方式产生立法机关的议员，政党对国家的影响巨大，但在俄罗斯的行政法中确立了政党与行政相分离原则，确保行政权（执行权）的稳定。

将我国行政法的基本原则与俄罗斯行政法的基本原则进行比较，共同特点可以概括为以下几个方面。其一，依法行政原则。行政权的特点是无授权即禁止，政府要做一件事，必须要有法律的明确授权。一切行政行为应依法律而为，受法律的约束，法律优先。其二，尊重和保障人权原则。尊重和保障人权是2004年我国宪法修正案的内容，其要求国家的各项法律在制定执行过程中都应遵循对人的权利和自由的基本保障，不能以公共利益为借口来损害公民个人的权利和利益。其三，越权无效原则。级别越权、事务越权、地域越权均包含在内。其四，信赖保护原则。政府作出的承诺要严格遵守，实际上是诚实信用原则。在行政法领域，对行政主体特别是政府机关也提倡信赖保护，政府应遵守自己的承诺，不得随意撤销，从而保障行政相对人的信赖利益。其五，比例原则。行政行为应兼顾行政目标的实现和保障相对人的利益，将造成的不利影响限制到最小范围。

## 第三章 俄罗斯行政法上的行政主体

我国行政法上的行政主体是指参加行政法律关系，依法拥有行政职权，能以自己的名义行使行政职权并能独立地对自己行使行政职权的行为产生的后果承担相应法律责任的国家机关或社会组织。[1] 行政主体行使职权会对行政相对人的权利义务造成影响，因此行政相对人在行政法律关系中居于从属、被支配地位。俄罗斯行政法中没有行政主体和行政相对人的区别，而是把行政法律关系的参与者或者可能的参与者，都列入行政法主体的范畴当中，即“行政法主体就是公共管理活动的一方，是具体行政法律关系的参与者。他基于自己的意愿或者因专门的法律规范赋予的义务而参加到行政法律关系之中，并被赋予了相应的权利、义务、职权、责任”。[2] 但是，国家机关、国家机关的所属部门和公职人员却是所有行政法律关系主体的一方。[3]

俄罗斯行政法教科书将人和公民放到了行政法主体的首要位置，凸显出人和公民的权利与自由所承载的价值，保证其处于国家优先保护地位。苏联解体之后的俄罗斯在宪法上明确突出公民权利自由的最高价值，而且宪法上明确写明公民的权利与自由具有直接的执行力，所有国家机关的立法和具体的行政法

---

[1] 张正钊、胡锦光主编：《行政法与行政诉讼法》，中国人民大学出版社2009年版，第37页。

[2] 刘春萍：《转型期的俄罗斯联邦行政法》，法律出版社2005年版，第69页。

[3] Конин Н. М. Административное право России. -М.: Проспект, 2010. С. 35.

律措施，都不得侵害公民的基本权利。因此俄罗斯在行政法教科书中把人和公民提到了行政法主体的最前面，这是一个变化。

行政法主体是指基于自己的意愿或专门法律规范所赋予的义务，参与到行政法律关系中，被赋予相应权利、义务、职权、职责的具体行政法律关系的参与者。成为行政法主体的前提是，参与到具体的行政法律关系中。其中包括自愿参与，或根据法律法规的规定参与。自愿的情况是主动参与，例如我们要获得驾驶资格，实际上是要获得一种行政许可，此时就会产生一种行政法律关系。另一种是执行权力机关本身根据法律的规定要执行一定的职权，例如执行权力机关因维护社会治安的需要对公民或者法人采取相应的强制措施或者作出行政处罚。这是行政机关的职权，同时也是其职责。这是行政法律关系主体的特点，自愿地或者被赋予权力而参与到具体法律关系当中的主体。

行政权利能力与行为能力。在民法上，自然人首先要有民事权利能力。民事权利能力始于出生，终止于死亡，从出生到死亡都拥有民事权利能力。行政权利能力是指行政法主体行使权利自由并且履行义务、实施职权的一种潜在可能性。参与到具体行政法律关系中的才是行政主体，在行政权利能力方面仅仅是赋予了行政主体参与行政法律关系，实现自己的权利，履行自己义务的一种可能性。不同的行政法主体，权利能力不同。在俄罗斯行政法上对主体做了不同的分类，最典型的有自然人或者公民，还有国家机关、企业、事业单位、机关团体等，能够自己独立地参与行政法律关系的都可以成为行政法律关系的主体。行政权利能力与主体的种类有一定的关系。同样是行政法主体，自然人和公民是有区别的，有些权利只能由公民来行使。在俄罗斯联邦，国家工作人员或者说国家公务员，要求必须是俄罗斯的公民。公民的行政权利能力从出生时刻产生，在死亡时刻终止，这一点和民事权利能力是相同的。组织的行政权利能力从建立时产生，到其依照法律的规定解散或者终止时终止。组织是由人来创建的，某一个组织拥有权利能力应该从创建时或者按照法律的规定创建时刻起拥有，到破产或者解体时才能够终止。国家公职人员的行政权利能力从他获得职位的时候开始拥有，到丧失职位时终止。这里的行政权利能力指的是履行国家公职的能力。

行政行为能力是行政法主体通过自己的决定和行为获得和实现权利，为自己和其他人建立义务、履行义务，保障公民权利和自由的能力。这种行政行为能力更多地强调行政法主体以自己的名义实施某项行为并且承担相应责任的能力。行政行为能力体现在主体独立行使其权力，独立行使法定职权或者制定管理文件，采取强制措施，承认保障维护公民的权利与自由，承担给公民法人造成损害的赔偿责任，实施行政或者纪律违法时承担相应的行政或者纪律责任。行政行为能力是和行政权利能力联系在一起的，不同的行政法主体，其行政权利能力不同，行政行为能力也不一样。俄罗斯行政法上的行为能力类似于民事行为能力，如自然人由于年龄不同，其行政行为能力也不同。一个人想要担任国家的公职人员，想拥有选举权或者被选举权，法律要求该人要年满 18 周岁。一个公民要是被追究行政违法的责任，按照俄罗斯行政违法法典的规定，其应该达到 16 周岁才可以。这是因年龄不同对他行政行为能力做出的一定的限制。按照前文关于行政行为能力的要求，未满 16 周岁不能承担行政违法的责任；未满 18 周岁，不能够享有选举权和被选举权；此外还有其他一系列权利与年龄紧密联系在一起。除了年龄以外，健康状况、精神状况也会对行政行为能力产生影响。

俄罗斯行政法主体的种类有如下几种。自然人主体。俄罗斯将自然人放在了首要位置，突出对人的权利和自由的保障。在自然人中，包括公民和外国人以及无国籍人。在很多方面，公民和外国人以及无国籍人是没有大的差异的，比如健康、生命、自由、财产，都要受到法律的平等保护。但其在政治权利上有差异。按照俄罗斯的法律规定，担任俄罗斯国家公职人员或成为俄罗斯的总统，必须是有俄罗斯国籍的人。

公民在国家管理领域的权利和义务。其一，公民可以直接或者通过自己的代表来管理国家事务。对国家事务的管理，是公民享有的基本权利，因为公民是这个国家的成员。按照现代民主国家的基本理念，国家的权力来自于组成这个国家的公民。在这种情况下，既然权力来自于公民，那么公民当然有权利参与国家事务的管理。其二，结社权。公民个人相对于国家而言，永远是弱者。如消费者权益保护法或者合同法规定，格式条款应做出对消费者或者公民个人有利的解释，除非征得了消费者或者个人的明确同意。因为个体在面对国家或组织的时候，其永远是弱势一方。结社权是赋予公民的一项重要的权利，即联合起来对抗某一项比个人强大的权力。其三，集会游行示威权。俄罗斯的宪法和行政管理法上规定的集会游行示威的权利，行使时应获得警方的批准，按照指定路线并且不得损害公共秩序和公共利益。其四，向国家机关和地方权力机关提出诉求的权利。提出诉求是公民的基本权利之一，俄罗斯有一个非常有名的活动，是普京每年与全俄各地的民众进行电话连线，这个活动已经持续了十几年，即通过电视直播的方式，选择当地的群众向普京提问，普京现场进行回答，这其实是实现公民诉权的一种方式。除此以外，公民可以选择诉讼等其他方式实现诉权。其五，人身自由不受侵犯。在现代任何一个民主、法治国家里，公民所享有的人身自由都要受到严格的保护。其六，住宅不受侵犯。关于住宅不受侵犯权，我们国家也有明确的规定。住宅是一个典型的私人场所，是保障个人安全的地方，同时也是提供休息的私密空间，这个场所应受到严格的保护，这在俄罗斯也有明确的规定。但是，住宅不受侵犯权不是绝对的，在法律有明确规定的情况下，比如住宅内正在发生犯罪，警察有进入住宅制止犯罪的权力。同样，俄罗斯的相关法律规定，税务官在得到授权的情况下，可以到他人的住宅里去搜查以核实该人是否已经完全缴纳了税款。尽管在个别的法律中有明文授权执行权力机关可以进入到他人的住宅，但相对而言对于住宅的保护力度仍然比较大。其七，迁徙自由权。迁徙自由权是俄罗斯宪法上明确规定的一项权利，公民在本国领域内可以自由地流动。其八，自由获取和传播信息权。自由获取和传播信息实际上是要保障公民的知情权以及言论自由权。人和人之间的沟通靠的是信息。其九，获得国家赔偿权。如果国家的权力机关或者某种国家行为导致公民受损失，公民有权利向国家提出赔偿请求。上述权利在俄罗斯宪法和行政法上是有明确规定的。上述这些权利仅仅是一种列举性的，还有很多的权利没有被列举进来，但按照人和公民权利自由优先的基本价值取向，其他权利同样是要受到严格保护的。〔1〕

与权利相对应的是义务。作为行政法主体的公民，在国家事务管理领域，其所承担的义务也是由法律明确规定的。其一，基于维护宪政制度、维护他人的健康权利和合法利益、保卫国防和国家安全的目的可以对公民权利进行适当

〔1〕 参见刘春萍：《转型期的俄罗斯联邦行政法》，法律出版社2005年版，第82—85页。

的必要的限制。如对于言论自由，行使言论自由权利的时候不得危害国家的宪法制度。在俄罗斯，宪法、行政违法法典、刑法等明文禁止危害俄罗斯联邦现有政权体制的言论。其二，基于法院判决可以限制公民的权利。在现代国家，法院是社会最后一道缓冲器。当事人双方或者是某一公民和国家机关之间产生争议，这种争议不能够通过双方之间的协商解决的时候，要把争议提交给法院来处理，法院根据法律的规定对公民的某些权利做出具体的限制。如根据俄罗斯行政违法法典和刑法典有关规定，法院可以判决某人在一定时限内不得从事某种职业。其三，公民的权利需要具备一定的条件才可以实现。如俄罗斯宪法中规定的社会经济权利，受到国家经济发展状况的限制，国家如果保障所有退休人员都能够获得国家的退休金，保证退休人员体面的生活，那么国家的财政负担会加重。如果国家经济发展状况较好，这类权利将获得较好的保障。[1]

对公民权利的行政法保障。从整个俄罗斯行政法体系来看，对公民权利实现的保障具体包括立法保障和组织保障。立法保障主要是通过相应的法律法规对公民权利进行直接的保护。通过明确的立法，对俄罗斯联邦宪法上规定的公民所享有的权利进行明确的保护。除了立法保障，还有组织上的保障。组织上的保障可以分为司法保障和非司法保障。各种与公民权利有关的纠纷或者案件都属于法院的受案管辖范围。如果公民个人权利遭受到国家机关或者其他主体的侵害，可以向法院提起诉讼，请求法院进行保护。除了司法保障外，俄罗斯还设置了非司法性质的组织保障，具体包括国家管理机关和公职人员的保障，俄罗斯宪法明确规定，俄罗斯联邦总统是俄罗斯公民的保护者，作为最高的国家公职人员，负责对所有俄罗斯公民提供保护。除此之外，其他国家机关，如政府总理、各部部长以及各联邦主体的行政首脑，都负有保障俄罗斯联邦公民的权利和自由的基本职责。人权全权代表制度，该制度旨在恢复被侵犯的人和公民的权利与自由，促进俄罗斯人和公民的权利与自由的立法完善并使之符合国际法公认的规则和规范，发展国际人权方面的合作和有关人权与自由问题。俄罗斯人权全权代表负有查明案件真相、写出报告，以向相应的机关要求整改，向国家相应的机关提出自己的建议，根据自己对人权问题的观察和分析，

---

〔1〕 参见刘春萍：《转型期的俄罗斯联邦行政法》，法律出版社 2005 年版，第 85—86 页。

提出完善人权保护的建议，也可以提出相应的议案。这种人权全权代表在俄罗斯的实行体现了宪法所宣誓的人与公民的权利自由是最高价值这一根本宗旨。直属于总统的人权问题委员会，人权问题委员会的任务是促进实施作为人和公民的基本权利和自由，保障总统尊重和遵守人的权利和自由，完善对人的权利和自由的立法保障，保护处于俄罗斯联邦境外的公民的权利和庇护权。俄罗斯总统人权委员会除了和人权全权代表有相似之处外，俄罗斯宪法还明确规定，俄罗斯联邦要保护的不仅是境内的俄罗斯人，还包括境外的俄罗斯人。这个规定的合理之处体现在对整个俄罗斯联邦公民的全面保护。

俄罗斯联邦的执行权力机关是俄罗斯行政法主体的重要组成部分。俄罗斯执行权力机关是根据俄罗斯宪法上所确立的三权分立原则设置的。俄罗斯联邦的执行权力机关可以分为两大类，一类是联邦执行权力机关，另一类是联邦主体的执行权力机关。

俄罗斯联邦政府负责执行权的实施。执行权的实施职责是极其广泛的，涉及国家的内政、外交、国防、安全、治安、经济、医疗、教育、文化、卫生、宗教、国土资源、海洋管理、内河管理。政府属于联邦执行权力机关，除了政府外，还包括俄罗斯联邦所属的各部、各委员会、各局。此外，执行权力机关还包括俄罗斯联邦内务部、外交部、司法部、教育部、文化部、卫生部等部门，还包括俄罗斯联邦的国家安全委员会、国家事务委员会、外交委员会等。在联邦制下，联邦主体的执行权力机关在整个联邦体系中也起到了极其重要的作用。

执行权（行政权）是一种事先性、管理性的权力。这种权力要求效率。这种效率如何去保证呢？在具体的制度设计上分为个人负责制和集体负责制。个人负责制中，行政长官起决定性作用。而在俄罗斯，政府的具体决策是集体负责制而非个人，也就是重大事项——包括国家的经济发展、基本规划——都要通过政府会议的形式表决，具体由俄罗斯的总理主持，各部部长参加，共同讨论进行表决，形成一致意见。这些职能部门分别在各自的领域行使其职权，与我国政府的组成部门一样，其基本权限在相应的法律中有明确的规定。

国家公务员是俄罗斯行政法主体的重要组成部分。无论权力怎么设置，最终所有的权力都需要由人来具体负责实施。在俄罗斯，公务员是指在国家机关中任职、从事国家公务，履行该职位所确定的义务，并因履行义务而获得财政预算薪金的工作人员。无论是俄罗斯的公务员，还是我们国家的公务员，公务员的薪金均来自国家财政。国家公务员是保障实施国家权力及履行职责义务的一种职业活动。在俄罗斯，国家职位被划分为三个档次，即ABC三级，其中从事B类职务和C类职务的人是国家公务员，从事A类职务的人不是国家公务员。A类职务是俄罗斯联邦根据联邦法律规定产生的领导人，如俄罗斯联邦总统、俄罗斯政府总理、俄罗斯上下两院议会的议长，以及联邦各主体的最高公职人员。[1] 在俄罗斯，上述由联邦法律和地方法律所确定的职位并不属于公务员系列，而是代表了某个机关的权力，如俄罗斯联邦总统作为一种职位，永远不变，但是总统候选人可以发生变化。B类职务是为A类职务服务的，各部部长应服从总理，为总理办事，总理一个人不可能处理所有的事情，因此需要将事务分给不同的人负责完成，担任B类职位的人即属于这类国家公务员。而C类职位又为B类职位服务，所以在一个执行权力机关里，行政层级是非常明确的。公务员从事的是一种组织性的工作，如果从创造价值的角度看，其创造的是一种精神价值，组织管理负责具体落实某一个政策。与俄罗斯公务员在自己的职权范围内实施权力性行为从而引发法律后果不同，在执行权力机关还有业务人员和辅助人员等，其中业务人员是作为专家发挥作用的。辅助人员不起决定性作用，仅仅起到帮助性作用。

俄罗斯的公务员体系之所以被划分成ABC三级，原因在于最高级的公务员不是通过层级往上升的，而是被直接任命的，或者是直接被选举产生的。比如俄罗斯总统，通过选举上任。其他两级则通过任命或者竞争任职，根据学历、年龄等条件，符合条件的人都可以参加竞争。这是俄罗斯公务员任职的途径。

俄罗斯的行政法主体中还有企业、组织和机构。企业作为现代市场经济的主体具体包括国有企业、市政企业、非国有的小企业等。它们作为行政法的主体，“与执行权力机关的主要区别在于它们并不行使领导职能，而是行使旨在满足公民、社会和国家的物质、精神和其他需求的在经济、社会文化和其他方

---

〔1〕 参见刘春萍：《转型期的俄罗斯联邦行政法》，法律出版社2005年版，第120页。

面的职能的一种组织形式”。[1] 20世纪80年代末90年代初，俄罗斯进行了私有化改革，其根本目的是把国家的财物或者企业转换成私人所有，但在税收等相关法律制度尚不健全的时候，私有化改革导致了国家资产大量流失，财产聚集到少数人手里，因此，在苏联解体之后，俄罗斯在很短的时间内，出现了一大批世界级的首富。普京上台之后在经济方面进行的重大改革就是把很多重要的企业，如石油、天然气企业，进行了国有化，从私人手里收购回来，成立了国有大型的企业。对于这类企业，国家作为其所有人，国家机关负责企业的建立、企业活动的对象和目的的确定、批准章程、管理企业、任命和免除领导人的职务，在规定的情况下运送国家的定购品以及改组和撤销国有企业。[2] 俄罗斯地方自治组织中的市政府利用自有资产组建的企业是市政企业。市政企业的组建和运营主要依靠地方自治机关的决定，包括市政企业的基本组织机构、经营活动，甚至包括产品的价格等，同时接受地方自治机关的监督。其他的非国有小型企业，相对于前述的国有企业和市政企业而言，国家对其影响较弱，它们的组建、运营等均依照相应的法律进行，国家机关不能直接干预。[3]

## 第四章　行政行为与行政程序

行政行为是指执行权力机关所实施的某种行为。按照俄罗斯行政法的分类，将行政行为划分为行政法的形式和方法。俄罗斯传统上，行政法的形式是制定规范性文件，这与我国的行政立法相似。此外，俄罗斯政府每年在各个方面制定相应的发展规划，如国民经济、法治、文化、教育等。因此，在俄罗斯，政府制定发展规划的行为也是行政行为的一种。政府将某个事项交由特定组织或企业实施，但应以行政合同为依据。

我国行政法将行政行为分为抽象行政行为（行政立法）和具体行政行为。

〔1〕 刘春萍：《转型期的俄罗斯联邦行政法》，法律出版社2005年版，第137页。
〔2〕 参见刘春萍：《转型期的俄罗斯联邦行政法》，法律出版社2005年版，第138页。
〔3〕 参见刘春萍：《转型期的俄罗斯联邦行政法》，法律出版社2005年版，第140—141页。

其中抽象行政行为在我国是不可诉的，不得单独提起行政复议，也不能提起行政诉讼。能诉的是具体行政行为，具体行政行为可以按照行政诉讼法的规定提起行政诉讼。对于俄罗斯联邦，如果按照这种划分，也包括行政立法，俄罗斯联邦政府及各联邦主体的执行权力机关，在自己的职权范围内，都可以发布相应的规范性文件。

行政程序设定的目的在于规范和限制行政权的行使，更好地保障公民的合法权益。如警察在做出行政处罚决定时，首先要求表明警察身份，然后告知当事人（行政相对人）行政处罚的相应法律依据和违法事实，制作书面文件。此外，还要告知当事人如果对处罚决定不服，可以采取的救济方式。这种行政程序，在某种意义上，规范行政权的行使，实现了对行政权的控制。从事后的司法审查，到事中的阳光透明，行政程序立法在各国都备受重视。

俄罗斯行政程序立法的重要性逐渐受到重视，学界普遍认为，行政权是一种实体性的权力，这种权力应按照行政程序实施，从而予以规范和保障。同时，行政程序又相当复杂，这种复杂性表现在社会生活当中，当行政权无孔不入时，如何去规范程序，难度可想而知。俄罗斯“在行政程序领域非常推崇美国的行政程序制度”，〔1〕关于行政程序的立法并未采取统一立法的形式，针对不同的行政事项，起草不同的具体的规范。因此，相关的行政程序规定分散在不同的规范文件中。〔2〕当然，统一的行政程序法典也是俄罗斯学者努力的目标，但在短时间内仍然无法实现。听证、公开以及说明理由也是俄罗斯行政程序制度中的核心内容。

---

〔1〕 刘春萍：《转型期的俄罗斯联邦行政法》，法律出版社2005年版，第206页。

〔2〕《俄罗斯联邦政府法律起草章程》（1994年6月19日颁布）、《拟定联邦执行权力机关和其国家登记的规范法律文件的规则》（1997年8月13日批准）、《联邦中央执行机关的活动程序》、《联邦总统作为行政机关在职权范围内的活动程序》、《俄罗斯联邦政府部长会议决议》、《俄罗斯联邦部长会议及其主席团章程》。

# 第五章　行政违法与行政处罚

俄罗斯针对行政处罚专门出台了一部法典《俄罗斯行政违法法典》，该法典相当于我国的《治安管理处罚法》，但其涵盖的内容更加广泛，综合了自然环境保护、工业、卫生防疫安全、道路交通、金融税收等领域。

《俄罗斯行政违法法典》中明确规定，行政违法行为是自然人或者法人违反法律的有过错的，并且为本法典或者俄罗斯联邦主体行政违法法规规定了行政责任的行为。构成行政违法行为，需要符合以下要素：其一，行为的主体是自然人或者是法人。该主体实施了违反《俄罗斯行政违法法典》所规定的行为，并且要求主观上存在过错，因而要根据《俄罗斯行政违法法典》或是各联邦主体所颁布的相应的法规承担责任的行为。这是关于俄罗斯的行政违法行为的界定。其二，侵害的对象是行政法律调整的，并且由行政规范所保护的社会关系，如侵害到了个人利益。个人利益是由《俄罗斯行政违法法典》所保护的某种社会关系。其三，自然人或者法人实施了违反行政法行为，包括作为或者不作为。作为是积极主动的实施，不作为是负有作为义务但不履行的一种情况。在行政违法领域，这种作为、不作为的情况都是非常常见的，其中最典型的“作为”，如企业排污，故意排放废气、废水、废物。故意排放是一种积极的作为，而如果执法权力机关要求违法排污企业进行整改却拒不整改的情况，则属于该企业的不作为。其四，行为的主观方面要求存在过错，可能是故意，也可能是过失。[1]

行政责任是指“由国家机关、公职人员或者是权力代表对实施行政违法行为的公民或组织采取的由国家规定的行政影响措施”。[2] 行政责任是对实施了行政违法行为的主体所采用的，一个人实施了违法行为要承担行政责任，在一定情况下，如果行政违法行为影响不大，有权机关则可以免除相应的行政

〔1〕 参见《俄罗斯联邦行政违法法典》，刘向文译，中国人民大学出版社 2004 年版，第 5 页；刘春萍：《转型期的俄罗斯联邦行政法》，法律出版社 2005 年版，第 153—155 页。

〔2〕 刘春萍：《转型期的俄罗斯联邦行政法》，法律出版社 2005 年版，第 156 页。

责任。

行政责任的具体实现形式是行政处罚。《俄罗斯行政违法法典》第3章第3条有一个具体规定，行政处罚是国家针对行政违法行为规定的责任措施，其目的是预防违法者本人和他人实施违法行为，即行政处罚是对违反行政法律规范需要承担行政责任的人适用的具体措施。同时，该条还规定，行政处罚的目的不应当是降低实施行政违法行为的自然人的人格或者造成其肉体上的痛苦，也不应当是给法人的业务声誉造成损害。[1] 这一点贯彻了联合国的《公民权利和政治权利国际公约》和《禁止酷刑和其他残忍、不人道或有辱人格的待遇或处罚公约》。

按照《俄罗斯行政违法法典》的规定，行政处罚应坚持以下五个原则。其一，行政处罚的法定性原则，即对实施行政违法行为的行政处罚应依照该法典的规定，并在规定行政违法行为的责任法律范围内科处。其二，对自然人科处行政处罚时，应当考虑自然人实施行政违法行为的性质，考虑过错者的身份、财产状况、减轻行政责任的情节和加重情节等。其三，对法人处行政处罚时，也应当考虑到法人实施违法行为的性质，包括法人的财产状况、财务状况、减轻的情节和加重的情节等。在处以行政处罚时，必须进行综合考虑，甚至要考虑实施违法行为时另一方的过错程度。其四，科处行政处罚不免除其应当履行的义务。如针对企业排污，环境保护执法权力机关责令其停止排污，但该企业仍然继续排污，则执法权力机关做出行政处罚的决定时，该企业仍应履行停止排污的责任和义务。其五，禁止重复评价原则。任何人都不应因同一违法行为遭受到两次以上的处罚。[2]

俄罗斯行政处罚有如下八种。

第一，训诫。行政处罚种类中最轻的一种，训诫本身蕴含着一种意味，即避免再发生或将要发生可能会产生更为不利的后果。训诫应当以书面形式作出。

第二，行政罚款。在俄罗斯，罚款通常以数量和倍数计算，罚款应该达到一定的量，这是对罚款量的要求，罚款的基数以最低劳动报酬为依据确定，数

---

〔1〕《俄罗斯联邦行政违法法典》，刘向文译，中国人民大学出版社2004年版，第8页。

〔2〕刘春萍：《转型期的俄罗斯联邦行政法》，法律出版社2005年版，第171页。

额的确定有上限和下限。行政罚款额的下限是不少于最低劳动报酬 1/10。针对不同主体的行政处罚额上限，其做出了不同的规定："对公民科处的，以最低劳动报酬额计算的行政罚款额，不得超过最低劳动报酬额的 25 倍；对公职人员科处的行政罚款额，不得超过最低劳动报酬额的 50 倍；对法人科处的行政罚款额，不得超过最低劳动报酬额的 1000 倍。"[1] 用最低劳动报酬来规定罚款的数额，使罚款真正地起到了惩戒的作用，也能保证法典的稳定性。俄罗斯这样的规定与其经济状况有关系，从苏联解体到现在的俄罗斯，货币一直不稳定，卢布经常贬值，劳动收入也经常调，如果用一个固定数额来确定罚款，会导致法典经常修改。罚款最低不少于最低劳动报酬的 1/10，最高不超过劳动报酬的 25 倍，并上交至国库。

第三，强制收缴。强制收缴行为人违法行为的工具或者对象。虽然是强制收缴，但要进行拍卖，要把拍卖的钱还给非法行为人。有偿收缴，把工具或者违法行为的对象交给行政机关，但是要把东西的价值还给所有人。如违反武器和弹药收藏或展示规则的，导致对公民科处训诫，然后还有并处（不并处）有偿收缴武器弹药。武器弹药在很多国家，公民个人是可以持有的，只是需要办理相关证件手续，买卖枪支是合法的，如果有人的收藏和保管或展示违反了国家硬性规定，要训诫、警告，并可以做出有偿收回。有偿收缴程序复杂，所以实践中，这种方式在俄罗斯很少使用。

第四，没收。没收是行政处罚的一种方式，是对实施了违法行为获得的物品而采取的一种强制收归国家所有的处理方式。一旦行政机关做出没收的决定，即实际上限制了所有人对物体的所有权，在这种情况下，保证所有人或占有人的权利非常重要。因此做出没收的决定，应该由一个客观、中立的机构做出——即法院做出，且这种没收只能根据法律的规定作出。在俄罗斯治安法官起到很大的作用，没收是一种对行政相对人有重大影响的处罚方式，在俄罗斯行政法上做了严格的限制条件，如《俄罗斯行政违法法典》第 3 条第 7 款第 2 项规定，没收狩猎用的武器、弹药和其他允许使用的狩猎或捕鱼工具，不得适用于狩猎或捕鱼是其主要的、合法的生活资料来源的人。

---

[1] 《俄罗斯联邦行政违法法典》，刘向文译，中国人民大学出版社 2004 年版，第 10 页。

第五，剥夺专门权利。驾驶汽车、狩猎等需要政府的专门许可，也相当于政府给予符合条件的相对人从事某种活动的特别权利。而剥夺专门权利，则是对从事某种活动资格所做的限制，法院在作出判决的时候可以做出某人在多长时间内不得从事某项职业的规定，这样的规定实际上是为了预防某人从事该项工作时可能导致危害结果的发生。这种处罚涉及行政相对人的重大权益，因此需要中立的第三方裁决，具体由法院做出裁决。期限是 1 个月以上，2 年以下。

第六，取消资格。剥夺自然人在法人内部担任某种领导职务的权利，具体为限制某人在某处任职。

第七，行政拘留。在我国违反《行政处罚法》最严重的处罚是行政拘留，行政拘留一般是1—15 天，与我国类似，俄罗斯法行政拘留一般也是1—15 天，最长可延长至 30 天，像行政拘留这种剥夺一个人的人身自由的重大法益，只能由法官作出，在治安处罚上所说的法官都叫治安法官，而我国目前没有治安法官这样的制度。关于适用行政拘留的情形，在《俄罗斯行政违法法典》中被明确列举：发生道路交通事故，驾驶员逃离发生地，不承担责任的行为；不服从警察局工作人员、军人、刑事执行机关人员合法命令的行为；拒不履行法院或联邦法律对其规定的义务的行为；违反集会游行示威法律的程序的行为；公共场所贬低人格尊严或者有损公共道德的醉酒状态行为。

第八，行政驱逐。主要针对外国人，如某外国人在俄罗斯领域上被发现有传染疾病，这种情况下是要被行政驱逐的。

俄罗斯行政处罚的主体较为独立和中立，大部分行政违法案件是由普通法院的法官进行审理的。鉴于俄罗斯的联邦形式，行政违法案件包括《俄罗斯行政违法法典》规定的行政违法案件和各联邦主体法律规定的行政违法案件。针对不同的案件，被授权审理的法官和机关也有区别。但具体而言，审理行政违法案件的主体基本可以概括为以下三类。

第一，法官。其中主要是治安法官。这类法官在俄罗斯的法律体系内自设立以来就起重大作用，法院里一些比较小的案子，不需要交给审判合议庭进行，而是由治安法官承担。《俄罗斯行政违法法典》中明确规定的由治安法院的法官直接受理的案件多达 146 项，其中绝大多数是有关选举领域的违法行为。另有 60 余项行政违法案件由相应的机关或者公职人员转交给法官。具体包括：违反了具体规定有关在内海、领海、大陆架或者俄罗斯联邦特别经济区进行活动的规则或者许可的条件；毁灭稀有的濒临灭绝的动植物；在重点自然保护区侵犯保护和利用自然资源的规则；违反航行规则；轻微的流氓行为；非法制造、出售或者运输气枪等案件。[1] 对人身自由的剥夺和财产的没收都要由治安法官做出处罚。除了治安法官以外，军事法院法官在其职责范围内，也有权审理相应的行政违法案件。这相当于使行政处罚司法化，在一般意义上行政处罚应该由行政主体或行政机关针对相对人作出的行政行为，讲求效率，但《俄罗斯行政违法法典》将这种行政处罚变成了法院的决定，不再是管理服从关系，而是有权的公职人员向法院提出请求，由法院审理做出处罚的裁决，是一种司法的解决途径，这样由中立的第三方根据客观公正的原则来具体处理，可以进一步完善个人权利和自由的保护体系。《俄罗斯行政违法法典》在体系构建中，突出了对公民权利的保护和对行政机关行政权力的限制。

第二，未成年人事务委员会和保护未成年人权利委员会。其主要针对未成年人的处罚，以实现对未成年人的特别保护。

第三，联邦执行权力机关。执行权力机构、结构性分支机构、区域性机构，这些机关在其相应的职权范围内也可以进行处罚，处罚决定相当于我国行政机关执法时自身作出的处罚决定。这些机关具体包括内务机关（警察局）、刑事执行系统的机关和机构、税务机关、负责执行联邦预算的机关、海关机关、出口监督机关、边防局的机关和部队、兵役局长、联邦劳动检查机构及隶属于它的国家劳动检查员、俄罗斯联邦国家卫生防疫局机关、对粮食及其加工产品的质量和合理利用情况实施国家监督的机关、在土地的土壤改良方面实施国家监督的机关、国家自然资源保护区和国家公园地区的保护机关、渔业资源保护机关、汽车运输机关、铁路运输机关、对电信实施国家监督的机关、国家住房检查机构，等等。[2]

我们通过对上述联邦执行权力机关的列举可以发现，有权审理行政违法案件的主体既包括法官、机关，也包括公职人员。公职人员被授权以相应机关的名义审理行政违法案件。

---

〔1〕参见刘春萍：《转型期的俄罗斯联邦行政法》，法律出版社 2005 年版，第 169 页。

〔2〕参见《俄罗斯联邦行政违法法典》，刘向文译，中国人民大学出版社 2004 年版，第 146—174 页。

# 第五编　俄罗斯诉讼法

为了保证实体程序的运转，程序法应运而生，程序法包括行政诉讼法、刑事诉讼法、民事诉讼法、宪法诉讼法。诉讼法是保障诉讼程序顺利进行，保障并实现诉讼各方参与人实体权利的法律。实体法固然重要，但程序法也有其独立的存在价值。适用程序法，目的是为了实现实体的公正。通过某种程序设置，保证受害人权利的行使，保证无罪的人不受追究，有罪的人受到公正的制裁。我国非常重视司法改革。社会生活在发生变化，但成文法却有可能脱离社会。法律本身具有滞后性。法律是规则，更多地来自于对实践的总结，先有实践，后有规则，所以很多情况下，规范是落后于社会规则的。法律规则往往关注的是历史的经验，但一旦立法，就需要解释并规范现实生活。司法改革处于进行时也就是必然的历史现象。早在苏联解体前，作为苏联组成部分的社会主义的俄罗斯便发布了司法改革构想，并提出“开展法制改革”，要“由政治国家转变为法治国家”。[1] 苏联解体之后的俄罗斯，更是大刀阔斧地对司法进行了改革。“俄罗斯独立后，展开一轮新的司法改革，其中开始对苏维埃司法进行评价和批判，犹如苏维埃国家建立之初对沙俄时期司法进行否定和批判一样。”[2] 从苏联解体一直到现在，俄罗斯也一直处于司法改革过程中。

---

〔1〕 於海梅译:《俄罗斯苏维埃联邦社会主义共和国司法改革构想》（上），载《金陵法律评论》2015 年春季卷。

〔2〕 王海军:《苏维埃政权下的俄罗斯司法》，法律出版社 2016 年版，第 287 页。

# 第一章　俄罗斯宪法诉讼

成文宪法不可能穷尽社会生活的所有方面，宪法规定应由各部门法具体贯彻。所以，宪法作为根本法，其他法律不得与宪法相违背。所有下位法如果和宪法相冲突，将导致违宪问题。宪法是根本法，具有最高法律效力，规定了国家最根本的问题。如果国家制定的法律和宪法不一致怎么办？这就涉及宪法的效力如何保障的问题。在世界范围内，宪法监督或违宪审查职权的行使，有以下四种模式。第一种比较典型的是以社会主义国家为代表的最高权力机关监督模式，如我国由全国人民代表大会及其常务委员会负责监督。第二种是以美国为代表的由普通法院进行审查。马伯里诉麦迪逊案确立了司法权与行政权、立法权相互监督的模式。除了以上的两种，还有德国宪法法院监督模式以及法国宪法委员会监督模式。[1] 俄罗斯采用宪法法院模式，这种模式最早发源于奥地利，俄罗斯的宪法法院从 1991 年至今已经运行了近 30 年。有了宪法法院，自然会有宪法诉讼。

俄罗斯的宪法监督也发生过变化。

俄罗斯宪法司法化的历史，可以追溯至苏联时期的宪法监督职能。苏联时期的宪法是如何保障苏联宪法的实施或者说是如何对宪法进行监督的呢？苏联时期的宪法监督职能集中在最高国家权力机关，由国家最高权力机关保障宪法的权威。采用这种方式的理论依据在于：代表机关至上论。这种理论是在民主发展过程中出现的，其认为国家的权力来自人民，这种人民主权论为各个国家所承认，并体现在各自的宪法中。如果国家的权力来源于人民，那么如何行使这样的权力呢？在不同的历史时期，各国有不同的做法，如古希腊的城邦制度，如果一个人不是奴隶而是公民，就享有公民权，公民权中很重要的一项是参与行政管理、参与审判等活动。在城邦制中，由于获得公民权的人数很少，

---

〔1〕 参见陈云生：《中国违宪审查制度的审视与健全构想》，载《广西政法管理干部学院学报》2008 年第 6 期。

可以大家集体行使。老子的思想中提倡小国寡民，小国寡民有没有好处呢？有，人少好办事，大家一商量怎么做就怎么办，这是最典型的“人人都是决定者、执行者”的模式。但是如果一个国家超过了一定的规模，如我国十几亿的人口，国家要办一件事时把十几亿人都召集在一起开会、辩论、表决、执行，而生产生活、工作科研、国防外交都没时间做了，就会出大问题。在这种情况下，代议民主制出现，即由人民选出代议机关里的成员，代表人民行使权力。在代议机关至上论的依据之下，整个国家的权力来自于人民，而人民最后把这种权力授权给了代议机关，由代议机关集中行使。在宪法监督问题上，在很长一段时间，包括资本主义国家都是由议会来监督宪法实施的，原因是议会也是一个代议机关，是代议机关当然拥有代议机关的权力。

俄罗斯作为联邦制国家，各联邦主体都有自己的宪法或宪章。在 20 世纪 90 年代，俄罗斯联邦出现过非常严重的分裂主义倾向，很多地方想独立，甚至爆发了战争。与之相关联的是，20 世纪 90 年代，很多联邦主体的宪法（宪章）里面的规定与俄罗斯宪法相违背，这可以结合阿尔泰共和国宪法案进行分析。阿尔泰共和国是俄罗斯的一个联邦主体，阿尔泰共和国宪法是在 20 世纪 90 年代制定的，宪法里明确规定阿尔泰共和国享有主权，其主权及于所有阿尔泰的领土之上。问题就是，在一个国家当中能不能存在双重主权。苏联解体之后，俄罗斯联邦实行联邦制，在这种联邦制当中，有人提出了双重主权论，认为俄罗斯国家是一个整体，国家是有主权的，俄罗斯联邦下面的共和国也享有主权。[1] 这种理论的直接影响就是各共和国在宪法上规定了自己享有主权。1993 年，俄罗斯联邦宪法规定，俄罗斯多民族的人民是俄罗斯联邦主权的拥有者和权力的唯一源泉。主权只能归俄罗斯联邦所有。这样的宪法原则否定了各共和国享有主权的理论。到了普京执政时期，其对整个国家的构架进行了大规模的改造，宪法法院对违宪法律进行了大规模的审查。基于这样一个背景，阿尔泰共和国总统、政府总理向俄罗斯宪法法院提出了提请审议阿尔泰宪法中涉及主权条款的合宪性问题，主要涉及的是阿尔泰共和国宪法宣称的主权和俄罗

---

〔1〕 参见潘素洁：《苏联模式的弊端与联盟国家解体之关系探微》，载《宁夏大学学报（人文社会科学版）》2002 年第 6 期；张祥云：《关于苏联联邦制的几点思考》，载《世界民族》2004 年第 4 期；温恒国：《单一制联邦：俄罗斯国家结构的法理悖论》，载《俄罗斯中亚东欧研究》2010 年第 3 期。

斯联邦1993年宣称的主权是不是存在违宪的地方，当然，这种情况不仅仅涉及一个阿尔泰共和国，还包括其他众多的共和国和联邦主体。俄罗斯宪法法院根据俄罗斯宪法和联邦法律审查了阿尔泰共和国的宪法规定，认为阿尔泰共和国关于主权的规定与俄罗斯1993年的宪法相违背。宪法法院的判决明确指出了主权具有最高性、独立性、国家权力的自主性，并体现为立法执行权和司法权的完整，以及在国际交往中的独立地位。主权是作为俄罗斯联邦国家体现其宪法地位的最根本特征。主权对外是平等的，对内是最高的。宪法法院这个裁决就认定了其他共和国和其他联邦主体的宪法（宪章）中所宣称拥有主权的规定是违宪的。认定某一个共和国宪法上规定的主权条款违宪，是否导致这部宪法整体失效？如果某一个条文违宪，我们并不认为整部宪法都是违宪的，仅仅是那些违宪的条文要丧失效力。在宪法法院的判决当中，阐明了俄罗斯联邦主体被冠以“共和国”这个词，宪法法院认为，使用“共和国”这样的一个称谓，并不意味着这些主体是主权国家，仅仅是体现这些主体的历史民族传统等因素所形成的宪法地位，共和国和其他的联邦主体是平等的。[1] 在俄罗斯联邦，主权的享有者仅仅是俄罗斯国家，而非组成它的联邦主体。宪法法院的这一判决做出后，对其他作为俄罗斯联邦主体的共和国也具有约束力。如果俄罗斯联邦主体的宪法与俄罗斯联邦宪法相违背，则需要进行修改，否则将丧失法律效力。宪法法院的这一判决，维护了俄罗斯整个国家权力的稳定性。俄罗斯联邦组成的主体，实际上相当于我们国家的省、自治区、直辖市，当然俄罗斯联邦主体构成更为复杂，包括共和国、自治州、边疆区、自治专区和联邦直辖市等。其中共和国地位最高，每个共和国制定了自己独立的宪法，有自己独立的立法机构、行政机构等。上述宪法法院的判决，明确了共和国的地位。除此之外，俄罗斯联邦主体制定的法律，如果不涉及违宪条款，则不由宪法法院审查，而是由俄罗斯其他普通法院负责审查。

宪法法院享有宪法解释权。宪法要在实践当中产生效力，很多条款的内容并不是非常明确的，需要对宪法相关内容进行解释。俄罗斯的宪法法院有对宪

---

〔1〕 参见刘向文、韩冰、王圭宇：《俄罗斯联邦宪法司法制度研究》，法律出版社2012年版，第162—169页。

法作出正式的解释及通过具体的宪法诉讼来对某一条文的含义进行阐明的权力。例如，俄罗斯宪法第 91 条规定，俄罗斯总统享有不受侵犯权，但同时第 92 条规定，俄罗斯总统因健康原因长期不能行使职权的情况下，可提前停止行使总统权力。领导人一旦出现健康问题，说明不能够再行使领导人的职权。在 1996 年之后，叶利钦任第二任总统的时候，他的健康状况恶化，于是有人就怀疑叶利钦没有能力履行总统的职责。按照俄罗斯宪法的规定，由于健康原因长期不能行使职权的时候，可提前终止总统的权力，但是宪法只是做出了这样的规定，却没有明确具体的程序。如果由于总统的健康原因停止他的职权行使，是否会与宪法第 91 条俄罗斯总统享有不受侵犯权相矛盾。在俄罗斯或者说在任何一个国家的劳动法上，公民个人由于健康原因不能够从事劳动的，都可以提前退休。因此，是否与第 91 条相矛盾，议会将这样的询问提交给了俄罗斯联邦宪法法院。俄罗斯联邦宪法法院进行了审理，最后得出三点结论。其一，必须穷尽其他终止总统职权的途径。其二，应保证总统权力的持续性和稳定性。其三，要遵守权力的平衡与配合的原则。[1] 宪法法院给出的这个结论是不明确的。因为一旦宪法法院作出了一个确切的解释，说在什么情况下必须提前终止总统职务，可能导致国家政治生活再一次出现动荡。俄罗斯宪法法院既要对宪法第 92 条的规定进行明确的解释，肯定了由于总统的健康原因不能履行总统职权而提前终止职权的宪法效力，同时又对提前终止总统职权进行了严格的限制。一方面，必须穷尽所有终止总统职权的措施；另一方面，要保证总统权力连续平稳，以保证国家的稳定；最后，权力之间要相互制衡。但到最后也没有明确，到底什么情况下可被认定为因健康原因而不能长期担任总统职务。

宪法法院的另一项非常重要的职权，是参与有关总统弹劾的案件审理权。俄罗斯联邦宪法上有一项规定，即俄罗斯联邦总统存在叛国或者是严重犯罪的情况下，国家杜马议员动议、组建相应的委员会可以提出对总统的弹劾。在叶利钦执政时期，由于他执政根基不稳，当时在俄罗斯议会中占据多数席的政

---

〔1〕 刘向文、韩冰、王圭宇：《俄罗斯联邦宪法司法制度研究》，法律出版社 2012 年版，第 266—268 页。

党——如俄罗斯共产党曾经有两次占有绝对议席——提出过弹劾叶利钦总统的议案。俄罗斯宪法上对弹劾总统作出了非常严格的规定。其一，要有足够多的人数，尤其是议会的议员联名提出弹劾案；其二，议会要专门组成一个审查委员会，对相应的议案进行审查；其三，议会要多数通过弹劾总统的议案；其四，这个议案要提交给俄罗斯联邦的最高法院，由最高法院来确定总统的行为是否符合俄罗斯联邦刑法典的某一个罪的犯罪构成，即由最高法院作出是否确实有罪的结论；其五，一旦最高法院作出了有罪的结论，由联邦委员会将最高法院和国家杜马的认定结论，提交给宪法法院。宪法法院负责程序审理，如果宪法法院再作出了一个肯定性的结论，提交给联邦委员会，则再由联邦委员会最终作出是不是要弹劾总统的决定。实际上，在俄罗斯总统任期未结束之前，被解职的情况有三种。第一种是总统辞职。第二种是总统弹劾，但这条路基本上是被堵死的。第三种就是健康原因。

宪法法院享有立法动议权。宪法法院在对相应的诉讼案件进行审理后发现，国家法律不完善的时候，它有权向相应的立法主体提出立法动议，即向国家杜马提交联邦宪法性法律的草案，以及对宪法的修正案作出解释。在俄罗斯宪法法院的历史上也出现过相应的立法完善建议。俄罗斯独立之后一直沿用苏俄时期的刑事诉讼法，到了 2003 年才通过新的俄罗斯联邦刑事诉讼法。在这之前，实际上，有些条文对人权的保护力度不够。宪法法院在审理相关案件的过程中发现了这一问题，便向国家杜马提出了立法动议，要求杜马尽快制定并完善相应的法律规定，这体现了俄罗斯联邦宪法法院的立法动议权。

俄罗斯宪法法院自建立伊始，每年面临的宪法诉讼案件非常多。尤其是在 20 世纪 90 年代，各联邦主体制定的宪法、宪章均与联邦宪法相冲突。俄罗斯宪法法院这样一个机构，解决了国家法律体系的协调统一问题，保证了国家权力机关的权力平稳和正常运转，在俄罗斯政治生活中起到了非常大的作用，为不同的国家职能、不同的国家机构之间解决纷争提供了解决方案。

宪法法院的诉讼程序由《俄罗斯宪法法院法》和《俄罗斯宪法审议规则》规定。其具体包括几个环节：宪法诉讼案件的受理、宪法诉讼案件审理的准备、宪法诉讼案件的审理和诉讼案件的完成。

宪法诉讼案件的受理，与其他的诉讼有差别，但是相似之处也比较多。启动宪法诉讼程序，需要有人向宪法法院提出诉讼的申请，申请一定要有案件的事实理由和依据。《俄罗斯宪法法院法》规定，俄罗斯宪法法院受理宪法诉讼案件的理由是法定的国家机关、组织和公民个人提交的符合宪法法院规定的书面请求。书面请求的形式可以是询问，向国家杜马提出询问，向俄罗斯最高法院、宪法法院提出询问、请求和控告，其中包括俄罗斯国家机关或个人向宪法法院提交的规范性法律文件合宪性的询问书，法定国家机关向宪法法院提交的解决职权纷争的请求书，公民通过组织向宪法法院提交的宪法控告。宪法法院受理宪法诉讼的依据包括以下四个方面：其一，国家的法律、其他规范性文件、国家权力机关签署的条约以及尚未生效的国际条约出现了是否符合联邦宪法的怀疑或者不确定性。其二，职权纠纷各方当事人在关于权限归属的立场中发现了冲突的情况。其三，对俄罗斯宪法条款的理解，发现了不确定性。其四，国家杜马对俄罗斯联邦总统提出了犯有叛国罪的指控。书面请求应当符合一定的格式。

在宪法诉讼案件审理的准备阶段，一旦有人向宪法法院提出宪法诉讼，宪法法院秘书处要对这种书面申请进行审查，审查当事人提出的诉讼是否符合宪法法院职权范围，是否存在应当归宪法法院审理的情形，提出申请的形式是否正确，以及是否缴纳了费用。如果完全符合，要立案受理；如果不符合，秘书处要明确告知对方。一旦秘书处接受了一个认为符合立案条件的申请，则由宪法法院法官初步研究并给出一个结论。具体由哪个法官负责，由俄罗斯宪法法院院长决定，在 19 个法官当中进行分配。审前准备阶段自案件登记之日起 2 个月，由一个法官或者是几个法官对这样的申请进行初步审查。负责初步审查的法官初步审查结束后，秘书处将申请和材料送达给每个法官，然后召开宪法法院的全体会议，由初步审查的法官汇报自己的结论意见，以解决是否正式受理的问题，提出意见，最后由宪法法院的全体会议投票通过。确定在宪法法院全会上该案件的报告人也就是初步审理的法官。初步审查案件的大法官有作出拒绝受理的权力，在法官向全体会议作报告的时候，其他法官也可以提出拒绝案件审理的建议。如宪法法院已经对相似案件作出了结论，或者公民个人、组织以及联邦机构提出的宪法诉讼案件不属于宪法法院的管辖范围等，都是有可能被拒绝审理的理由。当然，申请人也可以撤回申请，这是申请人个人的权利。根据《俄罗斯宪法法院法》第42条第1款的规定，俄罗斯联邦宪法法院应当自书面请求初步研究结束之日起1个月内，在其全会上就是否受理书面请求问题作出决定。加上初步审查的2个月，俄罗斯联邦宪法法院应当在3个月内就是否受理书面请求问题作出决定。俄罗斯宪法法院的法律规定，如遇到紧急情况，如个人申请要求维护自己的权利，而适用的某一部法律恰好存在违宪情形，宪法法院可以提起终止该法律相应条文的效力，在作出受理书面请求裁定之日起1个月内作出是否并案受理的决定。[1]

宪法法院的工作机制是召开会议，包括全体法官会议和小法庭，小法庭由10人或9人组成，全体法官会议和小法庭的权限不一样。全体法官会议的专有权限包括两类：其一，同宪法法院的基本职能（实施宪法监督）相关的一些问题。如审理共和国宪法和其他联邦主体宪章是否符合俄联邦宪法的案件；解释俄联邦宪法；提出关于对俄联邦总统犯有叛国罪或其他重罪的指控是否遵守规定程序的结论意见；通过俄联邦宪法法院咨文；决定是否就宪法法院权限内问题提出立法提案。其二，同宪法法院的干部、组织工作相关的一些问题。而小法庭解决属于宪法法院管辖但不由宪法法院全会审理的案件，具体包括法律文件合宪性的案件、职权纠纷案件和宪法诉讼案件。[2]

一旦做出案件受理的决定，应当将通知书、申请书等材料提前10日送达给案件所有相关人以准备案件审理。接下来进入到宪法诉讼案件的审理阶段，根据不同的案件性质确定召开全体法官会议还是小法庭会议。宪法法院全体法官会议由院长主持，其他两个法庭，10人庭和9人庭则由法官轮流主持。全体法官会议审理要求有2/3以上的法官出席，其他两个法庭10人庭和9人庭审理案件，要求有3/4以上的组成人员出席。主持人查明出席的情况后告知相关人的权利义务以及相关的回避要求。当法官个人以前参与过相关文件的审查（如法官曾经作为杜马议员对该文件进行过表决等）或者与当事人有亲属关系，则要求回避。这种回避可以是法官个人的申请，也可以依照诉讼程序由参加人提出回避申请，一旦有人提出回避申请，则由审理案件法庭的全体法官投票决

---

〔1〕 参见刘向文、韩冰、王圭宇：《俄罗斯联邦宪法司法制度研究》，法律出版社2012年版，第123—127页。

〔2〕 刘向文、宋雅芳：《俄罗斯联邦宪政制度》，法律出版社1999年版，第475—476页。

定。法庭调查阶段重点要听取报告人报告和当事人发言。为提高效率，负责报告的法官要说明案件争议的根源和本质，然后再由当事人逐一发言，对相关争议问题的实质发表个人的看法。在调查阶段的一个重要程序是听取鉴定人的结论意见。在宪法诉讼中，如果宪法法院法官认为某些问题需要听取专家意见，可以聘请专家。法官尽管精通法律，但并不代表对某一问题有着绝对深入的理解。比如一个从重处罚案，从重处罚是刑法的原则之一，中国刑法上也规定了一个人如果是累犯，判处刑罚就应当从重处罚。俄罗斯刑法典也有类似的规定。但这个规定出现之后，曾有一个公民认为，累犯从重处罚违反了俄罗斯宪法规定的一事不再罚原则，即同一个行为不能遭受到两次处罚。对累犯从重是否违反了一个行为不能遭受到两次处罚的宪法规定呢？向宪法法院提出控诉人的观点，是否有道理？当时的宪法法院在处理这个问题的时候比较困难，于是组建了一个由著名刑法学家组成的鉴定委员会，在具体开庭审理的时候，由鉴定人对申请人的提问进行回答。鉴定委员会的最终结论是，累犯从重处罚并不违反一事不再罚原则。累犯之所以从重，考虑的是累犯的人身危险性问题，而不是实施的行为问题。此外，需要听取证人的证词，相关案件诉讼要有证人。证人到庭之后，要进行宣誓。所有的宪法法院要使用的文件都是经过审查的。最后陈述环节，争议的双方最后对自己的主张进行陈述。

宪法诉讼所有程序问题都要以书面的形式呈现出来。我国诉讼过程中书记员负责记录，诉讼当事人签字。因此法庭上提供的证据、可供判案的依据等均应以书面形式展现出来。俄罗斯宪法法院审理的时候也要求记录。具体的审理记录要由宪法法院的院长、秘书以及法庭审判的主持人签名才能生效。一旦审理完毕在宪法的审理记录上签字，参加庭审的人，主要指宪法法院的法官和一些必要的参加人员，要进入到合议室进行合议。在宪法法院诉讼过程中，只要不涉及国家秘密和一些特别限制的条件，都要求公开审理。审理之前要向社会公布，公民个人只要符合条件，都可以去旁听。合议室经过评议后投票表决形成最终的结论。具体的投票程序是，会议主持人点名各个法官公开表态，法官不得弃权，逐一就案件发表言论，最终以多数票通过。如果针对联邦法律的合宪性案件作出裁决时，赞成票与反对票相等，则被认为是合宪的。裁决的形式包括决议、结论性意见和裁定。决议是针对以下案件做出的裁决：规范性法律文件合宪性的审查、职权纠纷、根据公民的控告或者法院的询问审查在具体案件适用的法律合宪性的审查以及宪法的解释。结论性意见主要针对指控总统犯有叛国罪或者重罪从而弹劾总统的案件，宪法法院审理之后，作出一个审理程序是否合法的结论性意见。除了前述两种之外的案件，都是以裁定的方式作出。对宪法法院裁决的具体要求是，裁决要建立在研究的材料之上，要对被审查的文件原意进行解释，要评价官方的解释及其形成的法律实践，还要结合被审查文件在法律体系中的地位来评价，要特别注意的是，不得采用申请人书面请求中的理由和原因，作出的裁决结论要有充分的论证理由。因此，俄罗斯宪法法院的每一项裁决都相当于一篇学术论文，其不仅仅解决法律问题，还要论述理由。

最终的意见由出庭的全体法官签署，有不同意见的，也可以提出来，附在决议之后。这也反映出，某一个问题的绝对对错是无法判断的，只能以多数人的意见为依据。宪法法院的裁决即终局裁决，公布后生效。

## 第二章　俄罗斯刑事诉讼

刑事诉讼，对于学习法律的人来说都不陌生。刑事案件发生后，都应按照程序查明案件，追究犯罪人的刑事责任，实现社会的公平正义。刑事诉讼的一般程序是立案、侦查、批捕、起诉、一审、二审和执行。俄罗斯刑事诉讼程序也是如此。在俄罗斯，刑事诉讼是指“负有查明、预防和揭露犯罪，确定犯罪人和对犯罪人判处刑罚或其他感化措施等权限的国家机关在法律或者其他法律文件规定的限度内，依照法律规定的程序进行的活动，以及因该活动的进行而在机关与参加人之间产生的关系”。[1] 转型时期的俄罗斯，对其刑事诉讼法也进行了较大的改革。苏联解体后，俄罗斯社会急剧转型，社会的权力运作模式、财产的所有制形式、社会的价值观念等均发生了颠覆性改变。这些改变也

---

〔1〕［俄］古岑科主编：《俄罗斯刑事诉讼教程》，黄道秀等译，中国人民公安大学出版社 2007 年版，第 8 页。

在其刑事诉讼法上有所体现。俄罗斯"刑事诉讼法典的不断修订最能反映俄罗斯社会变革时期的法律转型轨迹"。[1] 新的《俄罗斯刑事诉讼法典》于2001年颁布，2002年7月1日生效。在此之前，俄罗斯适用的是1960年的《苏俄刑事诉讼法典》。从1960年到2001年，在这40多年的时间里，俄罗斯社会发生了翻天覆地的变化。这些变化，也在新的俄罗斯刑事诉讼法中得以体现。

## 一、俄罗斯刑事诉讼法价值的转变

法律的修改变化，首先体现在立法理念的变化上。理念发生变化，相应的制度设计也就必然随之发生改变。俄罗斯刑事诉讼法的变化，也是如此。

第一，刑事诉讼目的的转变。程序法的存在，能够保障实体法的顺利实施。此外，程序法还有其独立的价值。正义不仅仅要得到实现，还要以看得见的方式得到实现。这种看得见的方式，就是通过程序法的完善规定，将案件事实真相呈现在人们面前。与苏俄时期的刑事诉讼法相比，现行的俄罗斯刑事诉讼法的目的发生了明显转变。1960年《苏俄刑事诉讼法典》突出了保障国家安全、打击犯罪的目的。该法典第2条明确规定："苏维埃刑事诉讼法的任务，是迅速和全面揭发犯罪，揭露犯罪人并保证正确适用法律，以便使每一个犯罪的人都受到公正的惩罚，而不使任何一个无罪的人被追究刑事责任和被判处刑罚。刑事诉讼应当有助于巩固社会主义法制，预防和根除犯罪，保护社会利益及公民的权利和自由，教育公民认真遵守苏联宪法、俄罗斯联邦宪法和苏联法律，尊重社会主义共同生活准则。"很明显，1960年苏俄刑事诉讼法的首要目的是打击犯罪，保障国家安全和利益，强调犯罪的人都要受到刑事追究，而无罪的人免受刑事追究。这种价值理念，首先突出的是国家的安全利益，然后才强调个人的权利保障问题。2001年俄罗斯新的刑事诉讼法典，一改苏俄时期的传统，将刑事诉讼从打击犯罪的目的转移到了人权保障的目的上来。该法典第6条规定了刑事诉讼的目的，即"维护受到犯罪侵害的人和组织的权利和利益；保护个人免受非法的和没有根据的指控、判刑、权利和自由受到限制；刑事追

---

[1] 樊崇义、张中：《社会变革与刑事诉讼转型——新〈俄罗斯联邦刑事诉讼法〉评介》，载《政法论坛》2003年第6期。

究和对犯罪人判处公正的刑罚与不对无辜进行刑事追究、免除其刑罚、对每个没有根据地受到刑事追究的人进行平反同样符合刑事诉讼的目的”。对上述两个条文进行比较，我们不难发现，二者是有一定差别的。与苏俄时期刑事诉讼法的目的相比，现行的俄罗斯刑事诉讼法更加注重个人权利的保护，与国家安全相比，个人的权利与自由处于更优的位阶。当然，无论哪一部刑事诉讼法，都具有“解决个人与国家政权之间的冲突以最大限度地减少给社会造成的消极后果”[1] 的目的。但不同的刑事诉讼法，其保护价值的位阶顺序方面存在差异。这些差异也必将体现在刑事诉讼具体制度的构建上。

2001 年的《俄罗斯刑事诉讼法典》首先强调保护人民免受犯罪侵害，同时强调保护没犯罪的人不受刑事追究。这样便把刑事诉讼法对个人权利的保护置于国家之前。其原因是一个人如果犯了罪，他所面对的不仅仅是被害人一方，还有整个国家。刑事犯罪侵害到的是社会的整体利益，是对社会秩序整体的侵害。个人实施犯罪行为后，将启动国家机器予以打击。个人与国家之间，存在着力量方面的严重不对等。再强大的个人，在国家机器面前都是弱小的。在这种情况下，必然需要从立法上对国家机器进行必要的限制，以确保处于弱势一方的个人权利得到尊重。这是当代刑事诉法在制度设计上的出发点。通过必要的制度设计，以达到控辩双方的平衡。为此，俄罗斯刑事诉讼法规定了无罪推定原则。《俄罗斯刑事诉讼法典》第 14 条第 1 款规定：“刑事被告人在未依照本法典规定的程序被证明其有罪并由已经产生法律效力的刑事判决确定有罪之前，被认为无罪。”无罪推定原则能够更好地保护被告人免受任何不人道的、有损个人尊严的对待。除法律上规定的被告人证明自己无罪的义务之外，被告人不需要自我证明无罪，控诉的责任在国家一方。如果公诉方提供的证据无法证明被告人有罪，则不能追究被告人的刑事责任。由此可见，俄罗斯刑事诉讼法的理念是保障人权，并且通过无罪推定、平反等制度设计，确保人与公民权利和自由得到切实的保护。

第二，俄罗斯刑事诉讼模式的转变。“刑事审判的当事人主义诉讼模式和

---

[1] Уголовно-процессуальное право/Под ред. Э. К. Кутуева. -СПб.: Санкт-Петербургский ун-т МВД России. 2019. С. 24.

职权主义诉讼模式代表了当今世界刑事诉讼结构的两种形式。”[1] 俄罗斯刑事诉讼模式产生了由职权主义向当事人主义的转变。1960年的《苏俄刑事诉讼法典》采取的是职权主义模式。职权主义是指法官不中立，控辩双方地位不平等；被告方不享有足以对抗追诉机关的强制手段；侦查与审判通常是国家追诉机关的单方行为；犯罪嫌疑人、刑事被告人负有接受检察长、侦查员、调查人员和法官讯问的义务；追诉方拥有较大的权力。在职权主义模式下，这很容易变为公、检、法三方同时追究被告人的局面。而且，被告人个人的权利与自由不能得到有效的保护。转型后的俄罗斯，其刑事诉讼模式采取了当事人主义。当事人主义的特点是法官的消极、中立身份；强调控辩双方的参与机制；提高了被追究者的诉讼地位；实行控辩双方平等对抗的诉讼结构。当事人主义的诉讼模式，更加强调法官的中立，强调公诉方和被告方的对抗、辩论，强调中立的法官根据证据和法律自由作出裁判。[2] 俄罗斯刑事诉讼法诉讼模式的转变，与刑事诉讼保护公民个人权利与自由的理念是相一致的。

第三，刑事诉讼价值的转变。苏俄时期的刑事诉讼法通过诉讼实现国家安全，通过打击犯罪、惩罚犯罪人和正确适用法律，来维护社会秩序。新的俄罗斯刑事诉讼法更加追求刑事诉讼程序本身的价值。俄罗斯新的刑事诉讼法，在刑事诉讼目的方面加强对被告人合法权益和诉讼权利的保护，强调保护公民的权利与自由，关注对被告人进行刑事追究的正当性。在立法上，其更加尊重刑事诉讼参加人的名誉和人格，体现了刑事诉讼程序参与原则和控辩双方应得到平等的、有尊严的对待原则。在司法权价值选择上，将法官的中立性和被动性作为重要标准。建立了完善的救济程序，以实现司法公正。[3] 可以说，俄罗斯2001年新的刑事诉讼法与苏俄刑事诉讼法相比，在价值理念和制度设计方面都发生了较大的改变。

---

[1] 龙宗智、杨建广主编：《刑事诉讼法》，高等教育出版社2010年版，第333页。

[2] 樊崇义、张中：《社会变革与刑事诉讼转型——新〈俄罗斯联邦刑事诉讼法〉评介》，载《政法论坛》2003年第6期。

[3] 樊崇义、张中：《社会变革与刑事诉讼转型——新〈俄罗斯联邦刑事诉讼法〉评介》，载《政法论坛》2003年第6期。

## 二、俄罗斯刑事诉讼法的原则

刑事诉讼原则对整部刑事诉讼法律规范具有统领性作用。为未来突出刑事诉讼法原则的地位，《俄罗斯刑事诉讼法典》第 2 章以专章形式规定了俄罗斯刑事诉讼法的原则，以突出刑事诉讼原则的地位和作用。“刑事诉讼原则是决定诉讼民主构建的并表现为法律规范的思想、原理。”〔1〕 这些刑事诉讼原则相互作用，且共同发挥着作用。

法制原则。《俄罗斯刑事诉讼法典》第 7 条明确规定了刑事诉讼的法制原则。“法院、检察长、侦查员、调查机关和调查人员无权适用与本法典相抵触的联邦法律。法院如在刑事诉讼过程中确认联邦法律或其他规范性文件不符合本法典，应根据本法典做出决定。法院、检察长、侦查员、调查机关和调查人员在刑事诉讼中违反本法典的规范所取得的证据不予采用。法院的裁定，法官、检察长、侦查员、调查机关和调查人员的决定应是合法的，并说明理由。”法制原则实际上是将俄罗斯宪法的规范在刑事诉讼领域具体化。俄罗斯《宪法》第 15 条第 2 款规定：“国家权力机关、地方自治机关、公职人员、公民及其团体必须遵守俄罗斯联邦宪法和法律。”法制原则为刑事诉讼的进行提供了统领性的规定。该原则特别强调，如果其他规范与刑事诉讼法不符的，应根据刑事诉讼法作出判决。这也强调了在刑事诉讼领域刑事诉讼法的核心地位。

法院审判原则。该原则由《俄罗斯刑事诉讼法典》第 8 条规定。“在俄罗斯联邦，刑事案件的审判只能由法院进行。非依本法典规定的程序和根据法院的刑事判决，任何人不得被认定为有罪。受审人不得被剥夺由本法典规定享有审判管辖权的法院和法官审理其刑事案件的权利。”刑事判决必须由法院作出。在法院没有认定某人有罪之前，要假定该人无罪。俄罗斯联邦禁止设立特别法庭。同样，任何机关都无权从事刑事司法活动。〔2〕 任何受到审判的人，都应被充分保障刑事诉讼法所规定的各项权利。

尊重个人的名誉和人格原则。这一原则被规定在《俄罗斯刑事诉讼法典》

---

〔1〕［俄］古岑科主编：《俄罗斯刑事诉讼教程》，黄道秀等译，中国人民公安大学出版社 2007 年版，第 90 页。

〔2〕 Уголовный процесс/отв. ред. Гриненко А. В. –М. : Норма, 2009. С. 36.

第9条中。“在刑事诉讼中禁止实行侮辱刑事诉讼参加人名誉的行为和做出这种决定，禁止以侮辱诉讼参与人人格的态度或造成其生命或健康威胁的行为对待诉讼参与人。刑事诉讼的任何参与人不得受到暴力、拷打、其他残酷的或侮辱人格的待遇。”

人身不受侵犯原则。该原则被《俄罗斯刑事诉讼法典》第10条规定。“没有本法典规定的合法根据，任何人不得因犯罪嫌疑受到拘捕或羁押。法院作出决定前的羁押时间不得超过48小时。法院、检察长、侦查员、调查机关和调查人员必须立即释放任何被非法拘捕、被非法剥夺自由以及被非法关进医疗住院机构或精神病住院机构的人以及羁押期超过本法典规定的人。被选择羁押作为强制处分的人，以及因犯罪嫌疑而被拘捕的人，应该关押在对其生命和健康没有威胁的条件下。”这一原则是对基本人权的贯彻，以确保在刑事诉讼中实现人和公民的权利与自由。这一规定既包括针对被告人适用拘留等刑事强制措施，也包括对被告人适用强制医疗等措施，因为强制医疗措施也同样会剥夺被告人的自由。

刑事诉讼中维护人和公民的权利与自由原则。这一原则被规定在《俄罗斯刑事诉讼法典》第11条中。具体而言，法院、检察长、侦查员、调查机关和调查人员必须向犯罪嫌疑人、刑事被告人、被害人、民事原告人、民事被告人以及刑事诉讼的其他参与人说明他们的权利义务和责任，并保障他们有可能行使这些权利。如果享有作证豁免权的人同意作陈述，调查人员、侦查员、检察长和法院必须事先向上述人员说明他们的陈述可能在刑事案件以后的审理中被用作证据。如果诉讼参与人或相关人遭遇威胁，护法机关应采取保障上述人员安全的措施。因权利和自由受到侵犯对人造成的侵害，以及进行刑事追究的公职人员对人造成的损害，均应该依照本法典规定的根据和程序进行赔偿。这一原则要求，在刑事诉讼过程中必须向被告人说明其应享有的权利与义务。在这一条中，有一项作证豁免权的规定，根据《俄罗斯刑事诉讼法典》第5条第40项的规定，作证豁免权主要是指刑事被告人不作对自己和近亲属不利的陈述的权利。

住宅不受侵犯原则。该原则被《俄罗斯刑事诉讼法典》第12条规定，除特殊情形外，只有经过住户的同意或根据法院的决定，才能对住宅进行勘验。

除特殊情形外，只有根据法院的决定才能对住宅进行搜查和提取物品。规定这一原则的目的是约束国家公权机关随意对公民住宅进行搜查、提取物品等行为。特殊情况主要包括住宅里正在发生犯罪行为，或有充分的证据证明在他人的住宅里藏有危险品。对这些特殊情况，俄罗斯刑事诉讼法规定，搜查完毕应当向法院及时报告。实际上，这也是通过司法的方式来保护公民住宅的安全，保障人的权利与自由。

通信自由受保护原则。这一原则被规定在《俄罗斯刑事诉讼法典》第13条中。根据该条的规定，除非根据法院的决定，禁止限制公民的通信、电话和其他谈话、邮件电报和其他通信秘密的权利。搜查、扣押邮件和电报以及在邮件机构提取邮件和电报、对电话和其他谈话进行监听和录音，只能根据法院的决定才能进行（特殊情形外）。这一条也是为了最大限度地保障公民的权利与自由而作出的。国家权力机关有可能通过监听等技术措施获取公民的通信信息，进而对公民的个人隐私等造成侵害。俄罗斯将批准监听的权力赋予了法院，通过司法的方式，保障自由权的实现。

无罪推定原则。该原则被《俄罗斯刑事诉讼法典》第14条所规定，具体是指，刑事被告人在未依照本法典规定的程序被证明其有罪并由已经产生法律效力的刑事判决确定其有罪以前，被认定为无罪。犯罪嫌疑人或被告人没有义务证明自己有罪。证明对被告的指控和推翻为犯罪嫌疑人或刑事被告人辩护理由的责任由控方承担。所有依本法典规定的程序不能确定对被告人有罪的怀疑，均应对被告人作出有利的解释。有罪判决不得根据推测作出。“控诉方代表国家对犯罪嫌疑人、被告人进行追诉，他们拥有犯罪嫌疑人、被告人无法拥有的强大的国家强制力量。”〔1〕无罪推定是现代刑事诉讼的基本理念，是为了平衡个人和国家机器之间严重不平衡作出的制度性规定。这一原则的存在，可以保护被告人遭受不应有的对待，从制度上确保被告人权利与自由的实现。

控辩双方辩论原则。该原则被《俄罗斯刑事诉讼法典》第15条规定，主要是指，刑事诉讼实行控辩双方辩论制；指控、辩护和刑事案件判决等职能相互分开，不得由同一机关或同一公职人员进行；法院不是刑事追究机关，不得

〔1〕易延友：《刑事诉讼法：规则、原理与应用》，法律出版社2013年版，第70页。

参与指控方或辩护方；法院为控辩双方履行诉讼义务和行使其权利创造条件；指控方和辩护方在法院面前一律平等。刑事案件控辩审的职能必须相互独立，控辩双方地位平等方能实现辩论主义，在确保法院在中立的情况下，独立判断被告人行为是否构成犯罪。为此，不得由同一机关或同一公职人员担任控审职能，以避免与案件有过接触的人产生不良印象。控辩双方在法律面前地位平等，方能实现当事人主义的诉讼理念。

犯罪嫌疑人和刑事被告人辩护权受保障原则。该原则被《俄罗斯刑事诉讼法典》第 16 条规定，具体包括：犯罪嫌疑人和刑事被告人被保障享有辩护权，他们可以自己进行辩护，或者通过辩护人和（或）法定代理人进行辩护；法院、检察长、侦查员或调查人员应向犯罪嫌疑人和刑事被告人说明其权利，并保障他们有可能得到本法典不予禁止的一切方式和手段的辩护；在本法典规定的情况下，办理刑事案件的公职人员应保障犯罪嫌疑人和刑事被告人的辩护人和（或）法定代理人必须参加刑事诉讼；在本法典和其他联邦法律规定的情况下，犯罪嫌疑人和刑事被告人可以无偿得到辩护人的帮助。这是专门对刑事被告人辩护权的规定，以确保被告人得到切实有效的辩护，并且有可能获得辩护人的无偿帮助。

证据的自由评价原则。该原则被《俄罗斯刑事诉讼法典》第 17 条规定，具体是指，法官、陪审员以及检察长、侦查员、调查人员根据自己基于刑事案件中已有全部证据的总和而形成的内心确信，同时遵循法律和良知对证据进行评价；任何证据均不具有事先确定的效力。在评价行为人的行为是否构成犯罪时，必须根据刑事诉讼法的规定，由法官按照自己的良知进行判断。这里很重要的一点是规定了良知对评价证据的作用。良知在法典上出现，是为了从规范之外探寻规范的含义，最终保证裁判者排除所有的合理怀疑。既然是依据法律和良知来判断是否达到证明标准，自然不允许对证据的效力做事先的规定。

刑事诉讼的语言保障原则。该原则被《俄罗斯刑事诉讼法典》第 18 条规定，具体是指，诉讼用俄语以及俄罗斯联邦成员共和国的国家语言进行，俄联邦最高法院和军事法院办理案件一律用俄语。对不通晓或不足够通晓刑事案件所用语言的参与人，应说明其享有使用母语或其他所通晓的语言进行刑事诉讼的权利。必要时为刑事诉讼参与人将刑事诉讼文书翻译成其母语或其通晓的语言。“有权使用本民族语言文字进行诉讼，是各民族公民政治、法律地位平等在刑事诉讼中的体现。”[1] 这一原则的规定，是为了切实保障诉讼参加人享有的语言权，最大限度地保障刑事诉讼参与人的权利与自由。

俄罗斯刑事诉讼法还规定，每个被判刑人都可以依据俄罗斯刑事诉讼法的规定，要求上级法院复审对他的刑事判决。以上刑事诉讼原则相互联系，共同发挥着保障被告人权利与自由的作用。

## 三、俄罗斯刑事诉讼参与人

刑事诉讼的顺利进行，必须有诉讼参与人的参与保证。按照当事人主义的诉讼模式，俄罗斯刑事诉讼参与人由审判方、控方和辩护方组成，当然，为了保障刑事诉讼的顺利进行，还需要其他诉讼参加人参与诉讼。《俄罗斯刑事诉讼法典》第 5 条第 58 款规定，刑事诉讼参与人是参与刑事诉讼的人员。但这一法定概念并未揭示出刑事诉讼参与人最为实质的特征。[2] 俄罗斯学者给出了更为详细的刑事诉讼参与人的概念。刑事诉讼参与人，是负有责任在刑事案件的诉讼中扮演法律规定的角色并且为了完成这一角色而享有相应的权限、权利并承担相应义务的机关和人员。[3] 法院、控诉方、辩护方和其他参与人一起，共同参与刑事诉讼，共同促进刑事诉讼的顺利进行。

法院是刑事诉讼的参与人。按照俄罗斯刑事诉讼法的规定，只有法院才有权力认定某人有罪和判处刑罚；适用强制医疗等刑事法律性质的措施，也应由法院做出。俄罗斯将涉及剥夺公民重大权益的强制措施，规定只有法院有权做出决定，为保障人与公民的权利和自由设置了一道必要的防线，防止公权力过度侵害公民的权利与自由，确保中立的司法机关为广大公民的自由提供必要的保障。法院还具有撤销或变更下级法院做出的判决的权力。因为下级法院的法官也可能对法律理解错误或对证据的认定存在不同理解，下级法院的法官故意犯错误的除外。这是从审级上为司法可能存在的错误，提供了纠错机制，以确

[1] 程荣斌、王新清主编：《刑事诉讼法》，中国人民大学出版社 2013 年版，第 83 页。

[2] Уголовный процесс/Отв. ред. Гриненко А. В. –М.：Норма，2009. С. 64.

[3] [俄] 古岑科主编：《俄罗斯刑事诉讼教程》，黄道秀等译，中国人民公安大学出版社 2007 年版，第 121 页。

保正确适用法律。这样就为被告人提供了制度保障，被告人可以上诉，公诉机关也可以抗诉。除此之外，法院在审前程序还可以选择羁押、家庭拘禁作为强制处分；可以延长羁押期；将未被羁押的犯罪嫌疑人、刑事被告人安置到医疗住院机构或精神病住院机构分别进行法医学鉴定或司法精神病鉴定；不经住户同意勘验住宅等。

法院的组成。我国法院在审理案件时，是以合议制为主，当然也有部分案件采用独任制。俄罗斯刑事案件审理时，在法院组成方面存在三种模式，即合议庭制、独任制和陪审团制度。[1] 合议庭制是指法院在审理案件时要由3名以上的奇数法官组成的合议庭进行审理。俄罗斯刑事诉讼法规定，如果在法庭调查前受审人提出请求，普通管辖的联邦法院3名法官组成合议庭，审理严重犯罪和特别严重的犯罪。同样，在二审上诉程序审理的案件和监督程序审理的案件中，也要求由至少3名法官组成的合议庭审理案件。

与合议庭制相对应的是独任制。独任制是指一个法官独立审理案件。俄罗斯刑事诉讼法规定，最高刑不超过10年的案件，可以适用独任制审理，但法律规定合议的情况除外。俄罗斯刑事诉讼法规定，和解法官审理的最高刑不超过剥夺3年人身自由的刑事案件，除法律规定的外，也适用独任制审理。究竟是独任制好，还是合议制好？或者说，是不是合议制一定优于独任制呢？应该说，答案不是绝对的。合议制能够保证审判时，更全面地听到不同的声音，发挥审判民主的作用。当然，这种优势的发挥是以每个合议庭成员对案件的准确理解和把握为前提的，但是，实际上这种预设每个合议庭成员都能充分理解案件的观念并非都成立。通常而言，对案件真正起到决定性作用的，恰恰是主审法官。既然如此，独任制也能够起到这种作用。我国适用独任制的刑事案件也比较普遍。

陪审团制度是英美法系国家通常采用的制度。适用陪审团制度，一般而言，要遵照定罪与量刑分开的原则。陪审团负责定罪，法官负责量刑。陪审团制度遵循了“同类人审判”的原理，最大限度地减少了审判偏见的发生。苏联

---

〔1〕 Уголовно-процессуальное право/Под ред. Э. К. Кутуева. -СПб.：Санкт-Петербургский ун-т МВД России. 2019. С. 89.

解体后，俄罗斯也逐渐地推行陪审团制度。当然，这对俄罗斯而言是新事物，在俄罗斯的运行并不十分理想。俄罗斯在适用陪审团制度的过程中，存在着组织陪审团的立法程序复杂、陪审员候选人不到庭或者到庭率低、法律限制陪审员研究控辩双方提交给法庭的证据以及因陪审员参与案件审理导致巨大财政支出等问题。[1] 俄罗斯刑事诉讼法规定，普通联邦法院 1 名法官和由 12 名陪审员组成的陪审团审理被告人要求陪审团参加的案件。当然，俄罗斯刑事诉讼法规定，如果被告人可能被判处死刑，则必须要求有陪审团参与审理案件，以保证被告人权利的实现。我国为发挥司法民主和实现同类人审判，也适用人民陪审员制度，这是按照我国的实际情况，探索出的符合中国国情的一种审理模式。

法院的管辖。不同的案件由不同级别的法院审理，是按和解法官、区法院、联邦主体法院和联邦法院不同层级对案件审理做的具体规定。同样，按照职能也能对案件的审理进行划分，如军事法院审理涉及军人犯罪的案件。此外，还可以按地域划分，案件一般由犯罪地所在法院管辖。当然，如果一个人在多地犯罪，也可以由最初立案地管理，可以由主要犯罪地法院管辖。也就是说，案件会根据法律的规定，可能作出管辖方面的变更。

控方参与人。俄罗斯刑事诉讼法规定，检察长是控方参与人。但检察长怎么可能参与所有的案件审理呢？这是因为，检察院并非是一个严格的司法机关，就其职能而言，其更多地具有行政职能。为保证检察机关的效率，就必须采用下级服从上级的行政首长负责制模式，以确保对犯罪人的刑事追诉。按照俄罗斯刑事诉讼法的规定，检察长是按照俄罗斯刑诉法规定的职权范围以国家名义在刑事诉讼过程中进行刑事追究以及对调查机关和侦查机关的诉讼活动实行监督的公职人员。俄罗斯联邦有总检察长，对整个俄罗斯的法律执行情况履行监督职能。在俄罗斯各地方，也有相应的检察院和检察长。检察长具有广泛的职权范围，具体包括监督联邦法律执行情况，负责刑事案件的侦查、调查或委托指定，亲自侦查，等等。俄罗斯检察院可以对某些刑事案件直接负责侦

---

[1] 加尔马耶夫、斯捷潘延科，《俄罗斯陪审团：历史、现状与问题》，龙长海译，载《黑龙江政法管理干部学院学报》2017 年第 6 期。

查。这一点与我国刑事诉讼法的规定存在差异。我国对案件的侦查权限进行了明确划分，包括公安机关、国家安全机关、监察机关等。

侦查员和侦查处长也是控方参与人。侦查员是在俄罗斯刑事诉讼法规定的权限范围内进行刑事案件侦查的公职人员。侦查处处长则是对其所在的侦查部门负责的人员，其权力在检察长之下。按照行政决策规则，应该按照下级服从上级的模式执行任务，但对上级的决定有异议的，在先行执行的情况下，可以向上级请示。

调查机关也是控方参与人。调查机关具体包括俄罗斯联邦内务机关以及依照联邦法律享有侦缉权的其他行政机关。有侦缉权的其他行政机关具体包括俄罗斯联邦首席法警、俄罗斯联邦首席军事法警、俄罗斯联邦各主体的首席法警及副职、主任法警、主任军事法警，以及俄罗斯联邦宪法法院、俄罗斯联邦最高法院法警；部队军团的指挥员以及军事机构或卫戍区的首长；国家消防机关。上述人员也具有侦查权。但这里的称谓与我国有些区别，俄罗斯更加突出行政部门负责人。这也是要求下级服从上级以提升行政效率的行政规则。俄罗斯刑事诉讼法规定，侦查人员和调查人员分别按照各自的权限行使相应的职权。

被害人也属于控方参与人。被害人也是站在国家方面，与国家共同参与追究犯罪人刑事责任。被害人是因犯罪行为而受到身体、财产、精神损害的自然人，以及因犯罪行为而在财产和商业信誉上受到损害的法人。此外，自诉人、民事诉讼原告、被害人、民事诉讼原告和自诉人的代理人也被列入到控方参与人中。被害人的认定由调查人员、侦查员、检察长或法院作出决定。

刑事诉讼的辩方参与人。犯罪嫌疑人属于刑事诉讼的辩方参与人。犯罪嫌疑人是具有犯罪嫌疑，被侦查机关列为刑事案件嫌疑对象的人。在刑事案件进入提起公诉程序后，犯罪嫌疑人变为刑事被告人。因此，刑事被告人是已经作出决定作为刑事被告追究刑事责任的人，是已经被起诉的人。此外，刑事诉讼的辩方参与人还包括未成年犯罪嫌疑人和刑事被告人的法定代理人、辩护人。辩护人具体是指律师或近亲属及被告人请求的人。按照俄罗斯法律的规定，辩方参与人还包括民事被告人和民事被告人的代理人。民事被告人是依照《俄罗斯民法典》对犯罪行为所造成的损害应承担责任的自然人或法人。因为在刑事案件中也可能产生损害，受害人也需要通过诉讼挽回个人遭受的损失。

刑事诉讼的其他参与人，包括证人、鉴定人、专家、翻译人员、见证人等。

## 四、刑事诉讼的证据与证明

证据和证明是刑事诉讼法上的重要内容，在刑事诉讼中发挥着极为重要的作用。“口说无凭”“抓贼要抓赃、抓奸要抓双”等俗语，都说明了证据的重要作用。当然，对没有证据而随意构陷他人的行为，中俄刑法上都规定了相应的罪名，如侮辱诽谤罪、诬告陷害罪等。刑事诉讼、民事诉讼和行政诉讼，都需要在证据的基础上开展诉讼行为。当然，不同的诉讼有不同的证据规则和证明标准。但证据类型都非常相似，如书证、物证、证人证言、鉴定意见等。我国刑事诉讼法规定，刑事诉讼的证明标准是“事实清楚、证据充分”“排除合理怀疑”。俄罗斯刑事诉讼法的规定是法官根据自己的内心确信，认为排除了合理怀疑，才可以给被告人定罪。民事诉讼的证明标准相比刑事诉讼的证明标准低，不要求排除合理怀疑，采取高度盖然性标准。在不必要的情况下，法官不会主动调取证据，除非是某方当事人调取证据时确实存在困难。如当事人到相关行政机关调取相关证据，却被行政机关拒绝，而这些相关的证据可能关乎案件的事实真相，影响到法院的判决结果，只有在这种情况下，当事人才可以请求法院协助自己调取证据。民事诉讼的证明标准采取的是“优势证据原则”，而非“排除合理怀疑”。民事诉讼的证明标准比刑事诉讼的证明标准低。原告、被告分别有不同的主张，法院支持哪一方的主张，将取决于原、被告举出的证据情况，取决于哪一方举证更充分、更全面、更有说服力、证明力更强。例如，甲称乙从己处借了一万元钱，乙不还，所以甲将乙诉至法院。在上述案件中，如果甲能证明确实已经将一万元借给乙即可。借条就是该类案件的证据。如果没有借条，也可找证人、证言或其他相关证据。如果甲把钱借给对方，却没有证据，法院就不能支持债权人的主张。这就是民事诉讼的证据规则。与以上证明规则不同，刑事诉讼中的举证规则是“控诉方承担举证责任”。如果没有例外情况，被告方不承担证明自己无罪的责任。在刑事诉讼中，尽管我国未规定沉默权，但如果被告不进行陈述，也不能随意对被告定罪处罚。英美法系国家有“沉默权”的规定，即被告有权保持沉默，一旦有所陈述，其言论就会成为呈堂证供。如果被告人不进行陈述，法官不可据此推断被告人实施了犯罪，被告人是否实施了犯罪由控诉方进行充分举证。例外的情况，如刑法上规定被告负有证明自己无罪义务的情况，最典型的就是巨额财产来源不明罪。若有来源不明的巨额钱财的官员不能合理说明其财产来源，法官将作出有罪推定。

俄罗斯的刑事诉讼法对证明对象作出了详细的规定。那么，在刑事案件中，哪些内容是应当证明的呢？对此，俄罗斯刑事诉讼法做出了明确规定。应该证明的情况包括如下七项。

第一，需要证明存在犯罪事实。若发生刑事案件，在收集证据阶段，首先需要证明的是案件发生的时间、地点、方式、方法等。证明案件存在，需要证据的支撑，尤其是对证明案件发生的细节方面的证据。以上证明的是“案件存在”，即提起刑事诉讼的基础是有犯罪的发生。在进行具体证明的阶段，要找到与案件关联性强、客观性强、证明力强的证据。当然，一桩刑事案件发生后，会存在大量证据，办案机关还需要对上述不同的证据进行具体的筛选。

第二，需要证明犯罪人实施犯罪时的主观心理状态、犯罪动机、犯罪目的等内容。如果已经证明存在犯罪案件，那么，为准确定罪和量刑，还必须查找与犯罪人实施犯罪行为相关的主观心理态度方面的证据。犯罪人在实施造成一定危害结果的行为时，其主观上不同的心理状态，将直接决定能否定罪和如何量刑。通常故意犯罪的惩罚力度比过失犯罪的惩罚力度大。如故意致人轻伤就须承担刑事责任，而过失则只有在致人重伤或死亡的情况下，才须承担刑事责任；故意毁损他人财物达到一定数额时须承担刑事责任，而过失损毁他人财物则只须承担民事责任。主观故意不同，其决定刑事案件的有无和刑事责任的轻重问题。在办理刑事案件中，必须有证明犯罪人主观心态方面的证据。当然，人在实施行为时，主观方面的心态并不容易把握。但不容易把握并不代表不能把握，在认真搜集证据的情况下，也可以证明犯罪人实施犯罪行为时的主观心态。俄罗斯刑事诉讼法规定，关于被告人实施犯罪时的主观罪过也属于证明的内容。此外，犯罪动机和犯罪目的也是需要证明的内容。犯罪动机指一个人实施犯罪时的内在起因，犯罪目的指实施犯罪所要达到的结果。需要注意的是，动机在刑事案件中不决定罪的有无，只决定刑罚的轻重。我国刑法和俄罗斯刑法相比，关于犯罪动机的规定并不详细。如故意杀人罪，我国刑法第 232 条只规定了故意杀人的，处死刑、无期徒刑或者 10 年以上有期徒刑；情节较轻的，处 3 年以上 10 年以下有期徒刑。但实际上故意杀人的情况十分复杂，存在为民除害、报复、谋财等情况。相比之下，《俄罗斯刑法典》第 105 条对故意杀人罪的规定十分详细。如基于某种动机实施的犯罪，刑罚处罚力度要大。典型的就是基于仇恨动机所实施的犯罪，这类犯罪与我国极端主义犯罪相似，强调犯罪动机影响到犯罪人的刑罚情况。

第三，说明刑事被告人的身份情况。刑事被告人的身份情况是指犯罪人的成长经历、人格、人身危险性等问题。在判处刑罚时，刑罚具有预防犯罪的功能，如果一个人的人身危险性大，对其判处刑罚的力度就会重。例如，律师常在辩护的过程中提到，虽然行为人实施了犯罪，但有一贯遵纪守法等良好表现，用以说明其人身危险性低，实施犯罪可能是基于一时冲动，也可能是在激情状态下。这类人将来再犯罪的可能性很小，刑罚矫正难度较小。对这类人，从预防的角度看，没有必要判处较重的刑罚。反之，如果一个人一贯表现不好，而且有可能是因犯罪被判处过刑罚的，也就是说，可能是累犯的，则处刑时要考虑从重。

第四，需要证明犯罪所造成损害的性质和大小。按纯粹的“法益侵害说”的观点，犯罪是给社会上的某种法益造成的损害。罪刑的大小应根据犯罪行为给社会造成的实际损害的大小来计算。这是按照犯罪所造成的客观危害结果衡量行为人应承担刑事责任的一种思路，这种也是刑事古典学派倡导的观点。虽然现代刑法并非完全按照以上理念设计，但这种观点存在一定道理，最典型的情形就是损害财物、诈骗等。诈骗的财物越多，损害的财物价值越大，相应的刑罚越重。反之，造成的损害越小，刑罚就相应地减轻。所以犯罪所造成的损害的性质和大小也是在刑事诉讼中需要用证据来予以证明的。

第五，排除犯罪行为有罪性质和应处刑罚性质的情节。这类似于我国刑法规定的正当防卫、紧急避险等问题。例如，甲造成他人死亡，但甲的行为也可能构成正当防卫。如果要认定正当防卫，则应该满足刑法上规定的正当防卫的必要要件。这就需要在刑事诉讼中，对构成正当防卫的要件进行证明，如防卫的目的、防卫的时间、防卫的起因、防卫的限度等内容，这些也是刑事诉讼应当用证据证明的情形。

第六，减轻或加重刑罚的情节。这些情节的存在会影响到犯罪人可能判处刑罚的轻重，必须有相应的证据作为支撑。当然，被告人一方也可以举证证明自己无罪或罪轻。最终这些证据将对法官量刑产生影响。

第七，可能导致免除刑事责任和免除刑罚的情节。我国的刑法也有类似的规定，如犯罪中止的，若未造成损害应免除处罚，造成损害的应减轻处罚，其中“中止”“未造成损害”都需要用证据进行证明。

以上内容是俄罗斯刑事诉讼法明确规定应用证据证明的对象。这些与我国刑事诉讼法的规定大同小异。从刑事案件的启动到作出判决，都是建立在证据之上的。无论是刑事诉讼，还是民事诉讼，起决定作用的都是证据。有什么证据、证据的证明力等，都是决定案件性质的关键问题。在司法实务中，尽管实体法是权利的来源，但没有证据支撑的主张和权利是得不到法律保护的，所有的诉讼都离不开证据的支撑。当然，除了上述情形外，需要证明的内容还包括“查明促成犯罪的情况”。实际上就是“为什么犯罪”的问题，很多情况下它也影响到量刑。最典型的情况就是丈夫长期虐待妻子，导致妻子最终杀害丈夫。这也是刑事犯罪，但考虑到实施犯罪时的具体情况，通常对被告人判处的刑罚是较轻的。这些情形都需要证据予以证明。

俄罗斯刑事诉讼法规定了哪些证据类型呢？俄罗斯刑事诉讼法对证据类型的规定和我国刑事诉讼法的规定基本相同，具体分成如下三类。其一，犯罪嫌疑人、被告人的陈述。其二，被害人的陈述、证人证言。其三，鉴定人的意见、结论、物证、侦查行为的笔录、审判行为的笔录等。以上证据类型与我国刑事诉讼法对证据的划分基本相对应，如我国将证据分为书证、物证、证人证言、被告人供述、被害人陈述、鉴定意见等。也就是说，无论是在俄罗斯，还是在中国，案件类型基本相同，对证据的分类没有太大差异。

证明是刑事案件较为关键的环节。按照俄罗斯刑事诉讼法的规定，证明是指为确认俄罗斯刑事诉讼法所列需要证明的情形而搜集、审查和评定证据。我国的证明相比于俄罗斯更为宽泛。从立案、审查批捕时，就需要用证据证明。检察院在审查批捕逮捕时，首先要考察嫌疑人是否有实施犯罪的证据支撑，此外，还须考察如果不采取逮捕措施，嫌疑人是否会继续实施危害社会的行为。我国的证明过程比俄罗斯的证明过程要长一些。刑事案件在我国和俄罗斯基本相同，因此对证明的规定也有相同部分。在证明部分，还需要关注证明过程中证据的特性。审查证据时，需要着重审查证据的客观性、关联性和合法性。我国也将证据的上述三个特性称作证明力和证据能力。证明力“是指一个证据所具有的能够证明某一事实存在或不存在的能力”。[1] 证据能力，“又称为证据的‘合法性’，是指证据能够转化为定案根据的法律资格”。[2] 我国刑事诉讼法规定了非法证据排除规则。这些非法证据排除规则出台前，存在着控方采用刑讯逼供等非法手段获取证据的情形。目前，在我国的刑事诉讼中，有经验的律师会启动非法证据排除规则。如果辩方提出非法证据排除问题，法院应进行调查核实。这说明证据要通过合法途径取得，否则将会影响到证据的能力。即使一项证据是合法取得的，也不一定具有足够的证明力。证明力的审查标准为是否具有真实性、关联性。相应地，俄罗斯刑事诉讼法又规定了一些审查证据的规则。原始证据和传来证据在审查时，原始证据、证明力一般比传来证据证明力大，但这也不是绝对的。这和我国刑事诉讼法中的证明原理存在相同之处。除此之外，还有无须证明的情况，如常识、规律性的定理等。

## 五、刑事诉讼强制措施

我们可以对俄罗斯刑事诉讼法中有关诉讼强制措施的规定与我国刑事诉讼法中的诉讼强制措施作出比较。

拘捕犯罪嫌疑人。俄罗斯刑事诉讼法规定，有下列情形之一的，调查机关、侦查员或检察长有权拘捕涉嫌可能判处剥夺自由的犯罪人：该人在实施犯罪时被抓住，或在实施犯罪行为后立即被抓；被害人或目击证人指认该人实施犯罪；在该人身上或衣服上、其所在处所或住宅里发现明显的犯罪痕迹的。

强制性处分。俄罗斯刑事诉讼法规定的强制处分与我国不同。其一，具结不外出，指某人被怀疑实施了犯罪，对该人未采取拘留、逮捕，要求其保证在

---

〔1〕 陈瑞华：《刑事证据学》，北京大学出版社2012年版，第79页。
〔2〕 陈瑞华：《刑事证据学》，北京大学出版社2012年版，第86页。

住所中不逃避侦查。这是相信嫌疑人有用自己的信誉进行担保的能力。其二，人保。也就是需要提供一个保证人。此保证人需要具备未实施犯罪、有固定的住所、有稳定的收入并以自己的人格或名誉担保该人不逃避惩罚等案件。其三，由部队指挥机关监管，是指发生在部队的案件在诉讼过程中，尤其是侦查阶段，由部队的侦查机关行使侦查权。我国也有类似的规定，在部队发生的刑事案件，由军队的相应部门负责办理。其四，对未成年犯罪嫌疑人或刑事被告人进行监管。其五，缴纳保证金。指保证人为保证自己遵守规定，提供一定的资金作为担保。其六，监视居住。其七，羁押。在羁押情况下，必须由法院批准。

其他诉讼强制措施，具体包括保证听候传唤到案、拘传、停职、扣押财产。这些是法院为保障刑事诉讼的顺利进行而采取的必要措施。其中，停职是我国刑事诉讼法没有规定的。停职是指某人被怀疑实施了犯罪，且此人担任了一定的职务，具有一定的收入。一旦停止职务，会导致该人收入减少。停职的作出，也需要法院的批准。依照俄罗斯刑事诉讼法规定，一旦某人被停职，但经审理后发现停职是错误的，将按照俄罗斯国家赔偿程序和标准，对该人进行赔偿。扣押财产和拘传，也是我国刑事诉讼法采用的强制措施。

### 六、处理刑事案件的程序

俄罗斯刑事诉讼法规定，刑事案件的开展，需要依照一定的程序进行。

第一，审前程序。刑事案件的提起解决的是刑事案件的来源问题。我国刑事案件的来源通常是有人报警，公安机关进行立案侦查。俄罗斯最普遍的刑事案件来源是检举。而检举在我国也较为普遍。如果某人认为他人有作案嫌疑，可以向公检法机关进行检举。检举是宪法赋予公民的一项基本权利。在检举过程中发现案件线索的，侦查部门要按照分工进行侦查。自首也是案件的来源。自首是指犯罪后自动投案，向公安、检察院和法院或其他相关机关如实供述自己的罪行。对有自首情节的，可以从轻或减轻处罚。发现犯罪的报道也是刑事案件的来源。在我国也存在此类情形，通过媒体报道发现案件线索，进而启动刑事诉讼程序。

发现刑事案件后，便进入到侦查和调查阶段。俄罗斯刑事诉讼法规定了检察院和调查机关有侦查和调查的权力。俄罗斯的内务部，在职能上相当于我国的公安机关，行使调查权。在我国，公安机关和检察院之间的职责划分比较清晰，检察院负责职务犯罪相关案件的侦查，一般的刑事案件由公安机关负责侦查，危害国家安全的案件由国家安全局负责侦查。相比之下，俄罗斯的刑事诉讼法对检察院和内务部管辖的案件有一定交叉性。例如，故意杀人案件由检察院负责侦查，这是俄罗斯法律明确规定的。但在我国，故意杀人案件的侦查机关就是公安机关。而涉及国家杜马议员、联邦政府官员等公职人员犯罪的侦查，及针对上述公职人员实施的犯罪行为的侦查，也由检察院负责。按照俄罗斯刑事诉讼法的规定，除了检察院负责侦查的案件外，其他案件由调查机关行使侦查权。尽管中俄对检察院的称谓相同，但两国对检察院的定位和职权范围的划分却存在较大差异。

第二，法院的审理程序。法院审理案件也有着严格的程序规定，具体包括一审程序和二审程序。在一审程序中，首先是预备开庭程序。当案件移送到法院后，法官首先要对案件进行初步审查。审查的内容主要包括审前程序对刑事诉讼法的遵守情况，阐释并消除法院一审的障碍，按照刑事诉讼法的要求组织庭前程序，为及时、全面、实质性地审理案件创造必要的条件。[1] 预审之后，进入庭前听证程序。庭前听证程序主要确定案件的争议点。庭前程序要确定哪些证据不存在争议，这样便于集中刑事案件的辩论焦点，以节约法庭调查的时间。此外，庭前听证还解决非法证据排除问题。接下来进入到的是审判预审程序。具体由书记员宣读法庭纪律，核实原被告（控辩双方）是否到庭等。然后进入到法庭调查阶段。法庭调查由控方开始，控方对被告方进行指控。调查之后，进入到法庭辩论阶段。控辩双方针对各自提出的论点进行辩论。辩论时，主要围绕事实认定问题、证据问题、适用法律问题展开，主要围绕被告人的行为是否构成犯罪、是否有证据证明、证据是否确实充分等内容进行辩论。辩论之后，被告人作最后的陈述。在经过公平、透明的审理后，被告人需要对自己的行为作出陈述。陈述的主要内容是被告人否认或承认自己有罪。陈述的意义在于表明被告人对犯罪行为的态度，从被告人的陈述中发现被告人是否犯罪、

---

〔1〕 Уголовный процесс/Под ред. Андреевой О. И. – Ростов н/Д: Феникс, 2015. С. 283.

是否悔罪，具有何种程度的人身危险性。这些内容，都可能对法官的定罪量刑产生影响。最后是刑事判决的作出。法院作出刑事判决后，一审程序完成。

一审结束，进入到二审程序。二审程序是对一审程序的救济。俄罗斯刑事诉讼法规定了审级制度及两审终审制。法官只是具备一定专业知识的普通人，尽管其尽职尽责地履行了审判职责，但仍然可能会在事实认定、适用法律等方面出现偏差。在存在这种可能性的情况下，控辩双方都可以启动二审程序。若被告方不服一审判决，可以提出上诉，控方对一审判决不服，可以提起抗诉。上诉期限是判决宣布后的 10 日内。被上诉或抗诉的案件，进入到二审程序。俄罗斯刑事诉讼二审程序对哪些案件需要开庭审理，哪些案件需要书面审理，审理后做出何种判决，如驳回抗诉、驳回上诉、发回重审等，做出了详细规定。这些都属于二审法院的权力。

第三，刑事案件做出判决且判决生效后，进入到刑事判决的执行阶段。一旦刑事判决作出且发生法律效力，也就是一审作出判决且在上诉抗诉期内，没有上诉也没有抗诉的案件，二审刑事判决作出后，判决生效。判决执行是刑事程序的最后一个阶段。[1] 刑事判决一旦作出，就代表着国家对案件的定性，不是代表法官个人的观点，而是代表国家的意志。刑事判决一旦做出，就具有了普遍的约束力，相关国家机关、社会团体、公民个人都必须执行法院的判决。在拒不执行法院判决的情况下，由国家权力机关强制保障实施。在我国和俄罗斯刑法中，都有对拒不执行法院判决、裁定行为的制裁规范。当然，中俄法律都详细规定了不同种类判决的执行机关和执行程序。

## 第三章　俄罗斯民事诉讼

当代俄罗斯民事诉讼法的渊源，需要追溯至俄罗斯社会转型。苏联解体后，俄罗斯的社会改革对其民事诉讼法产生了极大的影响。

---

〔1〕 Уголовно-процессуальное право/Под ред. Э. К. Кутуева. - СПб.: Санкт-Петербургский ун-т МВД России. 2019. С. 452.

## 一、现行俄罗斯民事诉讼法的制定过程

《俄罗斯民事诉讼法典》是2002年通过的，2003年2月1日开始实施。这部现行《俄罗斯民事诉讼法典》在制定过程也有一些特殊之处。

第一，《俄罗斯民事诉讼法典》的起草与现行法的修订同时进行。从1991年苏联解体到2002年新的《俄罗斯民事诉讼法典》通过，苏俄《民事诉讼法典》依然继续有效。只不过其对苏俄民事诉讼法中与现行的国家制度相冲突之处进行了及时的修改。这便导致了在起草新民法典的过程中，出现了对旧的苏俄《民事诉讼法典》的不断修改。当然，对苏俄民事诉讼法的修改，也为制定新的俄罗斯民事诉讼法提供了经验借鉴。

第二，法典起草与司法实践良性互动。法律滞后于社会生活，社会发生了剧烈的变迁，法律也就必然需要作出及时的修改。在旧的制度被推翻，新的制度刚确立且处于不断完善的过程中，法典起草也必须对社会生活作出及时的回应。俄罗斯新的民事诉讼法正是适应了其社会的变迁。在司法实践中出现的各种问题也为立法者不断提出了新的课题，俄罗斯新的民事诉讼法均对之进行了回应。

第三，注重民事诉讼法与其他部门法的协调。俄罗斯的民事诉讼法首先不得违反俄罗斯宪法的规定，所有的部门法都要以宪法为依据。此外，其还关注到了民事诉讼法与其他部门法之间的协调，这使整个法律体系变得和谐完整，避免部门法之间产生相互冲突。

## 二、社会转型对俄罗斯民事诉讼法的影响

俄罗斯放弃了苏联时期的体制，采用了立法权、行政权、司法权的权力分立制度。俄罗斯宪法规定，司法权只可由法院行使，其他立法机关、行政机关等均不得行使司法权，且司法机关要中立、被动。2002年，俄罗斯国家杜马通过了《俄罗斯民事诉讼法典》，并于同年被俄罗斯联邦委员会批准，自2003年2月1日起实施。《俄罗斯民事诉讼法典》的通过，也标志着从1991年开始的俄罗斯司法改革的落幕。它“绝不是简单的对原法典的修修补补，而是从基本

原则和指导思想到具体诉讼制度的一次重大改变”。[1] 俄罗斯社会变革对其民事诉讼法具体产生了如下影响。

第一，政治转型促使民事诉讼法的任务发生了变化。苏联解体后，俄罗斯社会的经济基础、政权组织形式和有关人的价值理念都发生了变化。这种变化必然会在整个国家的规范性文件上得以体现。这在俄罗斯民事诉讼法任务的变化上较为明显。1964 年苏俄《民事诉讼法典》第 2 条规定，“捍卫苏联的社会制度、国家制度、社会主义经济体系和社会主义所有制”是民事诉讼的任务。在苏俄时期的民事诉讼法中，其很明显将保护国家权益列为民事诉讼法的首要任务。“这显然不符合新国家的政治理念，在新民事诉讼法典中必然会被取消。”[2] 但是，1993 年俄罗斯宪法将人与公民的权利和自由列为首要价值。2002 年《俄罗斯民事诉讼法典》也突出了“保护人与公民的权利和自由”的内容。《俄罗斯民事诉讼法典》第 2 条规定：“民事诉讼的任务是正确、及时地审理和解决民事案件，维护公民、组织被侵犯的和发生争议的权利、自由和合法利益……”按照该条的规定，“保护被侵犯的和（或者）有争议的权利、自由与合法利益是俄罗斯民事诉讼的目的”。[3] 俄罗斯联邦设置了宪法法院，其功能在于审查联邦法律是否违宪，是否与俄罗斯宪法规定的保护公民的权利与自由的理念相违背，解决的是联邦各部门之间及联邦和联邦各主体之间在权力方面的争议问题。除了宪法法院所管辖权限之外的其他法律、规范性法律文件、非规范性法律文件与联邦法律相违背的案件由法院管辖。为在民事诉讼方面落实这一宪法原则，俄罗斯具体建立了法院直接保护人权的诉讼机制。因此，俄罗斯 2002 年的《民事诉讼法典》贯彻了保护公民的权利与自由的理念。

第二，经济转型影响诉讼纠纷的解决。社会制度不同对纠纷解决的方式也有所差异。苏联解体后的俄罗斯，将纠纷解决机制主要集中于司法途径。这导致了诉讼案件的激增，其中也包括民事诉讼案件数量的激增。有人做过统计，苏联解体之后的俄罗斯民事案件比苏联时期增长了 5 倍。当然，一国民事案件

---

〔1〕 徐青森：《俄罗斯民事诉讼立法改革》，载《诉讼法论丛》2000 年第 4 卷。

〔2〕 刘鹏：《俄罗斯民事诉讼法的变革》，知识产权出版社 2018 年版，第 33 页。

〔3〕 Гражданский процесс: учебники и практикум для вузов/Под ред. Лебедева М. Ю. – Москва: Издательство Юрийт, 2019. С. 24.

数量的激增也与该国经济发展的状况有关，经济发展状况不良会造成民事案件增加。那么，俄罗斯转型后是如何应对上述情况的呢？针对这个问题，俄罗斯建立了公正有效的简易程序，并理顺了普通程序与简易程序之间的关系。在苏维埃时期，按照苏俄民事诉讼法的规定，所有的民事案件都需要进行合议，即由至少3人以上合议庭审理案件。在这种情况下，法官的工作量非常繁重。苏联解体后的俄罗斯对民事案件进行了分类，大量简单的民事案件适用简易程序，采取独任制审理。俄罗斯通过构建科学的诉讼程序，提高了民事案件审理的效率。

第三，当事人主义诉讼模式的确立。俄罗斯社会转型导致其民事诉讼模式发生了从职权主义向当事人主义的转换。在苏俄时期，民事诉讼上职权主义诉讼模式色彩浓厚。1964年苏俄《民事诉讼法典》采用了超职权主义的诉讼模式。强调法院有独立的职权，主张法院在当事人之外，有独立的搜查、提出证据的权力等。在新的历史条件下，俄罗斯的民事法律出现了向经典的民法理论回归的思潮。要理解俄罗斯民事诉讼法，需要理解私法的三大基本原则。一是平等。没有平等就很难实现等价有偿，只有实现平等才能按照公平原则进行民事交易。二是意思自治。在平等的基础上要尊重当事人之间的意思自治，这是对平等民事主体的尊重。若主体的民事行为能力存在缺陷，则相应地，要适用民事代理制度以弥补主体民事行为能力的欠缺。三是保护财产权。有一定财产的个人才能更好地实现自己的意思，并获得一定的自由。民事诉讼是民事主体之间发生的诉讼行为，民事诉讼主要解决的也是平等民事主体之间的权利义务关系的争议。2002年《俄罗斯民事诉讼法典》更加突出保护私人权利。既然是私人的权利，权利主体当然可以进行处分。民事主体既可以主张权利，也可以放弃权利，还可以对自己的民事权利“打折”。

法律如何保障私人权利的充分实现呢？2002年《俄罗斯民事诉讼法典》采用了当事人主义的诉讼模式。“对诉讼模式的界定主要是以处分原则和辩论原则的展开和运用为判断标准。”[1] 当事人主义的诉讼模式有两大特点，即处

---

[1] 张家慧：《俄罗斯民事诉讼法研究》，法律出版社2004年版，第5页。

分主义和辩论主义。处分主义强调“当事人可以支配自己的实体权利和诉讼权利”。[1] 辩论主义的实质在于请求的事实根据、证据支撑都属于当事人意思自治的范围，法院应当充分尊重当事人的意思自由。理解这一点的关键在于证明标准问题。刑事诉讼的证明标准是排除合理怀疑。这是一项很高的证明标准，要求定罪必须事实清楚、证据充分，且排除了合理怀疑。这是一项为实现实质正义而作出的制度构架。但是，在民事诉讼中，不论是原告主张权利，还是被告反驳原告的主张，都需要有相应的证据支持。法院应审查原被告提出的证据是否合法、真实及具有关联性。最终法院将依据优势证据作出民事判决。当事人主义的诉讼模式中，法院需要分配好证明义务，并对证据进行必要的审查。辩论主义也充分尊重了当事人私权领域的自由。可以说，“俄罗斯经过反思，放弃了苏俄模式的国家干预理念，恢复了传统大陆法系的辩论原则”。[2] 当然，也存在例外规定，即当事人自己无法取得证据时，可以向法院申请调取相关证据。这种规定是俄罗斯立法者在坚持辩论主义的原则下，采取的折中立场，“在规定辩论原则的同时也明确了法院在证明过程中的主动作为”。[3] 当然，关于俄罗斯民事诉讼到底属于哪种模式问题，也有观点认为俄罗斯“形成了当事人主义诉讼模式和职权主义诉讼模式彼此接近的独特混合式诉讼模式”。[4] 无论是在处分主义，还是辩论主义上，都强调对当事人意思自由的尊重。

### 三、俄罗斯现行民事诉讼法的特点

2002 年《俄罗斯民事诉讼法典》具有如下四个特点。

第一，兼顾实体公正和程序公正。在历史上，很多国家都注重实体公正而忽略了程序公正。在现代社会，无论是民事诉讼，还是刑事诉讼，都追求以看得见的方式实现公正。在这种理念中，诉讼程序已经具有了独立的存在价值。

---

[1] 陈桂明、刘鹏：《俄罗斯民事诉讼法典的修改》，载《比较法研究》2005 年第 3 期。

[2] 刘鹏：《俄罗斯民事诉讼法的变革》，知识产权出版社 2018 年版，第 92 页。

[3] 李昕：《俄罗斯新民事诉讼法评析》，载《求是学刊》2006 年第 6 期。

[4] 宫楠：《俄罗斯民事司法改革中法治传统基因的现代演化与创变》，载《学术交流》2017 年第 8 期。

现行俄罗斯民事诉讼法，既要求维护当事人的合法权益，又要求按照公平公正公开的程序实现民事权利。

第二，注重诉讼效率。注重诉讼效率也成了现行俄罗斯民事诉讼法的重要特点。在民事争议发生后，不仅要保护受害者的合法利益，还要及时保护，正所谓“迟来的正义非正义”。这在俄罗斯民事诉讼法上具体体现为如下四方面。其一，改变了苏俄的民事诉讼必须采取合议庭的审理模式，大量案件采用独任制审判。这是因为法院中法官的编制和数量是非常稀缺的资源，法院存在着案件数量多、法官数量少的矛盾。如果只能以合议庭的形式审理案件，必然会造成诉讼效率低下的结果，所以在现行俄罗斯民事诉讼法上独任制审理被大量采用。法律如无特别规定，大多数情况下一审法院和区法院在审理案件时会采用独任制。其二，完善了诉讼期间制度。现行俄罗斯民事诉讼法对诉讼期间进行了明确规定，以提升诉讼效率。其三，设置了简易程序。虽然俄罗斯民事诉讼法“没有规定专门的简易程序，但是确立了许多简化诉讼程序的规定，其中法院的命令程序和缺席判决程序是新增加的两种简化程序”[1]。这些简易程序的设置也极大地提升了诉讼效率。其四，增设预审庭。预审庭是在案件审理之前初步审查部分事宜，以提高诉讼效率，节约司法资源。

第三，司法权扩张。这是现行俄罗斯民事诉讼法的一个显著特点。俄罗斯出现了用司法权来制衡行政权和立法权的趋势。“根据俄罗斯联邦宪法法院的有关决议，对于由俄罗斯联邦有关部委所发布的某些具有联邦性质的规范性决议的合法性问题提出的异议，俄罗斯宪法法院将不予受理，而应由普通司法法院受理。”[2] 法院拥有审查规范性法律文件和非规范性法律文件是否违反效力位阶更高的法律的权力，这种审查权既赋予了联邦法院，又赋予了各联邦主体法院。这些法院既能审查立法文件，又可以审查政府的规范性、非规范性文件是否合法的问题。从这种制度设计看，俄罗斯法院的司法权在扩张。在俄罗斯，公民、组织、检察长都可以提出撤销规范性法律文件的申请。俄罗斯民事诉讼法的这些规定，实际上扩大了司法权的范围。

---

[1] 陈桂明、刘鹏：《俄罗斯民事诉讼法典的修改》，载《比较法研究》2005年第3期。

[2] 张家慧：《俄罗斯民事诉讼法研究》，法律出版社2004年版，第353页。

第四，注重对当事人权利的保障。这一特点也与俄罗斯向市场经济转型的发展方向相符。现行俄罗斯民事诉讼法突出保障个人权利与自由。其一，新民事诉讼法禁止法院主动搜集证据。这也是当事人主义诉讼模式的要求，是充分尊重当事人意愿的表现，当事人可以自由处分自己的权利，并确立当事人提供的证据对法院的判决有拘束力。法院做出的判决必须以双方当事人提出的证据为依据。其二，限制检察长参与诉讼的方式、范围以及在诉讼中提出结论的权力。这保障了当事人双方地位平等及法院的独立。当然，如果检察院可以随意参与民事诉讼，可能会导致对双方当事人行使权利的干涉。如果检察院不参与诉讼，又有可能导致国家利益、公共利益受到损害。所以在俄罗斯现行民事诉讼法上，对检察长参与民事诉讼做出了限制。这在制度设计上，既保证了公共利益的实现，又保证了原被告之间的争议得以解决，尊重了当事人双方的权利。

### 四、俄罗斯民事诉讼法的渊源

俄罗斯民事诉讼法的渊源有宪法、联邦性法律、民事诉讼法典和其他联邦法律规定、俄罗斯联邦和解法官法及国际条约等。能够成为俄罗斯民事诉讼法渊源的是不低于联邦法律层级的含有民事诉讼法规则的规范性文件。因此，在俄罗斯联邦总统令中、在俄罗斯联邦政府决议中以及在部委的指示和命令中的相关规则，不能被法院作为民事诉讼法的渊源。但是，俄罗斯联邦签署的国际条约及国际法公认的规则和准则不仅是俄罗斯法律体系的组成部分，而且相对于俄罗斯国内法而言，还应该具有优先权。[1] 尽管法律规范非常完善，但还可能会出现法律没有明确规定的情形。在解决民事纠纷时，当没有可以适用的具体规范时，应适用最相近的规则进行裁判。对此，《俄罗斯民事诉讼法典》第 1 条第 4 款规定："如果没有调整民事诉讼过程中产生关系的诉讼规范，联邦普通法院与治安法院应该适用调整相近关系的规范（法律类推）；没有相近规范的，则根据俄罗斯联邦实现司法公正的原则工作（法的类推）。"要从刑事

[1] Гражданский процесс：учебники и практикум для вузов/Под ред. Лебедева М. Ю. – Москва：Издательство Юрийт, 2019. С. 27.

法律和民事法律的差异角度来理解这一规则。法官在审理刑事案件时坚持的是罪刑法定原则和疑罪从无原则，严格禁止类推适用刑法。但在民事法律方面，法官不得拒绝裁判。在民事法律没有具体规定的情况下，法官可以依照民事类推规则处理案件。俄罗斯民事诉讼法的任务也被明确规定。《俄罗斯民事诉讼法典》第2条明确规定了民事诉讼的任务，“民事诉讼的任务是正确、及时地审理和解决民事案件，维护公民、组织被侵犯的和发生争议的权利、自由和合法利益，维护俄罗斯联邦、俄罗斯联邦各主体、地方自治组织及民事关系、劳动关系或其他法律关系主体的权利和利益。民事诉讼应该增强法制和法律秩序，预防违法行为，形成对法律和法院的尊重”。因此，按照俄罗斯民事诉讼法的规定，正确及时地审理民事案件，维护公民合法的权利是民事诉讼的首要任务。这一点也是和俄罗斯民事诉讼法价值的转变存在一定关系的。此外，增强法治、预防违法行为、形成对法院的尊重也是民事诉讼的任务。法院通过民事诉讼、刑事诉讼、行政诉讼解决纠纷，并实现对当事人权利的保护，从而维护社会的公平正义。在公正适用法律的过程中，社会会形成对法律的信仰，并且树立法院的权威。法院权威不足，会导致诉讼当事人对法院判决的怀疑。只有公正的审判才能提升法院的权威，只有树立司法权威，才能形成公民对法律的信仰。

### 五、俄罗斯民事诉讼法的基本原则

俄罗斯民事诉讼的基本原则贯穿俄罗斯的整个民事诉讼法。俄罗斯民事诉讼法律制度的构建是以基本原则为依据的。同样，对民事诉讼法进行修改时，也需要使新修改的条文符合民事诉讼的基本原则。民事诉讼法的基本原则“集中体现民事诉讼的目的，反映民事诉讼的基本原理和内在规律，承载民事诉讼价值的要求，概括当事人与法院在民事诉讼中的作用分担，是制定、适用、解释民事诉讼法的依据，也是人民法院、当事人以及其他诉讼参与人进行民事诉讼活动所必须遵循的根本性规则”。[1] 俄罗斯民事诉讼法具体规定了如下基本原则。

---

〔1〕 江伟主编：《民事诉讼法》，中国人民大学出版社2011年版，第43页。

法院独立行使审判权原则。在俄罗斯的权力分立模式的构架中，司法权由法院行使。司法权具有被动性、中立性的特点。对此，《俄罗斯民事诉讼法典》第5条明确规定："属于普通法院管辖的民事案件，只能由普通法院根据民事诉讼立法规定的规则审判。"俄罗斯审判权只能由法院行使。这既是俄罗斯宪法的规则，也被俄罗斯诉讼法明确规定。

法官独任审理与合议庭集体审理相结合原则。现行俄罗斯民事诉讼法对独任审判做了大量规定。如果双方当事人不反对，一审案件可以采用独任制审理。独任制是一名法官审理案件，独任制法官对判决承担责任。如果一方当事人认为不适合于独任制审理，法院也可以采用合议制。其他上诉审和再审等程序采用合议制。

法官独立原则。"作为法院独立行使审判权原则的具体化和落实，俄罗斯民事诉讼中遵循法官独立原则，即法官独立行使审判权原则。"〔1〕《俄罗斯民事诉讼法典》第8条规定："法官独立行使审判权，只服从联邦宪法和法律。法官审理民事案件不受外界影响。任何对法官审判活动的干涉均应予以禁止并承担法律规定的责任。法官独立的保障由《宪法》和联邦法律规定。"这一原则对保障法院独立行使审判权具有极为重要的意义。法院独立行使审判权的前提在于法官独立办案，法官根据自己对事实的认定和对法律的理解，独立作出判断。只有法官独立，才能保障法院判决独立，进而避免案外因素对法院独立行使审判权产生不良影响。

法院面前一律平等原则。不论何人，不论其社会地位、财产状况如何，在法院面前都是平等的，拥有同样的诉讼地位。法院作出的判决同样对双方当事人具有同等约束力。

诉讼的语言原则。《俄罗斯民事诉讼法典》第9条规定："民事诉讼使用俄罗斯联邦国语即俄语，或者使用法院所在地俄罗斯联邦主体共和国的语言。在军事法院进行民事诉讼一律使用俄语。对参加民事诉讼而不通晓民事诉讼使用语言的人，法院应说明并保障其享有使用母语或者自由选择的交流语言进行陈述、答辩、出庭、提出申请、提出上诉的权利以及享有翻译服务的权利。"这

---

〔1〕张家慧：《俄罗斯民事诉讼法研究》，法律出版社2004年版，第74页。

一点与我国民事诉讼法的规定也是相似的。

审判公开原则。该原则是为了让权力在阳光下运行以防止腐败的发生。民事案件审理原则上应该是公开的，但涉及国家利益、当事人的隐私或商业秘密等案件可以不公开审理。

合法性原则。民事诉讼法上的合法性原则是对俄罗斯宪法规定的法治国家的贯彻和具体化。俄罗斯宪法要求国家机关、地方自治组织、公职人员、公民及其联合体都必须遵守俄罗斯宪法和法律。具体在民事诉讼中，合法性原则要求必须要依照民法和民事诉讼法的规定进行民事诉讼。

处分原则。民事诉讼的当事人应基于自己的意志处分自己的权利。这是民事诉讼当事人主义的体现。当然，也存在一些例外规定。例如，《俄罗斯民事诉讼法典》第 45、46 条规定：为保护国家利益和社会利益以及某些公民与社会组织的权益，民事诉讼案件可以由检察长、国家机关或地方自治机构等主动提起。“处分原则的重点在于对当事人诉讼权利自由支配的肯定和保障。”〔1〕处分原则体现出在诉讼过程中对当事人意志的充分尊重。

辩论原则。辩论原则是当事人主义的重要体现，与处分原则之间存在密切的关系。“有利害关系的双方当事人诉讼权利平等是实施辩论原则的前提条件。因为只有在相同的法律条件下，运用平等的攻击和防御手段，有利害关系的双方当事人才能在保护自己实体权利和利益时展开真正的辩论。”〔2〕在法庭上进行充分的辩论，帮助法院查明案件事实，并作出判决。

当事人诉讼权利义务平等原则。《俄罗斯民事诉讼法典》第 38 条第 3 款规定：“当事人享有平等的诉讼权利，承担平等的诉讼义务。”当事人诉讼权利义务平等原则为充分实现当事人主义的诉讼模式，充分实现辩论原则和处分原则提供了保障。

口头陈述与书面陈述相结合原则。在民事诉讼过程中，口头陈述和书面陈述具有同等重要的地位。除法律规定必须以书面形式进行的以外，采用口头陈述和书面陈述均可。

〔1〕 张卫平：《民事诉讼法》，中国人民大学出版社 2013 年版，第 29 页。
〔2〕 张家慧：《俄罗斯民事诉讼法研究》，法律出版社 2004 年版，第 84 页。

直接原则。直接原则要求法官只能依据在法庭进行过调查和核实过的证据作出判决。直接原则的实质在于，为做出合法和理由充分的判决，同一法官应亲自审理所有的案件证据。[1] 法官应直接接触证据并听取双方当事人的意见。法官亲自审理案件，目的是全面了解和掌握案件的事实与证据，进而才可能做出一项公正的判决。

不间断审理原则。不间断审理原则也是俄罗斯民事诉讼法的重要原则之一。按照《俄罗斯民事诉讼法典》第157条第2、3款的规定，审理民事案件时，法庭组成人员不得变更。如果在案件诉讼过程中变更一名法官，案件的诉讼应该从头开始。2017年俄罗斯对民事诉讼法的不间断审理原则作了修订，进而规定，在已经开始审理案件的休息时间，法院有权审理其他民事、刑事、行政案件以及行政违法案件。在休息结束后，法庭庭长宣布继续审理案件。对休息之前已经审查过的证据不重复审查。不间断审理原则是为了保证法官集中精力解决民事纠纷。一旦民事案件合议庭组成人员发生了改变，会导致新参与合议庭的法官对案件情况不了解，进而影响到案件的审理质量。在独任制法官审理案件的情况下，更是如此。不间断审理原则可以保证合议庭内部成员对案件形成一致的看法，确保合议庭在充分了解案情的基础上作出公正的判决。

## 五、主管与管辖制度

主管解决的是哪些案件由法院负责审理的问题，而管辖则是指对法院主管的案件由哪些不同级别和地域的法院负责具体办理的问题，主管是案件管辖的前提。关于主管问题，我国民事诉讼法教科书使用的是受案范围的概念。“受案范围与管辖是民事诉讼中具有密切联系的两个概念。受案范围先于管辖发生，它是确定管辖的前提与基础，只有首先确定某一纠纷属于民事诉讼受案范围后，才有必要通过管辖将它具体分配到某个人民法院；而管辖则是属于人民法院民事诉讼受案范围的案件的具体落实，即哪个人民法院来具体行使审判权。”[2] 很明显，我国规定的受案范围与俄罗斯民事诉讼法中的主管概念基本

---

[1] Гражданский процесс: учебники и практикум для вузов/Под ред. Лебедева М. Ю. – Москва: Издательство Юрийт, 2019. С. 39.

[2] 江伟主编:《民事诉讼法》，中国人民大学出版2011年版，第83页。

是相同的。

俄罗斯的民事诉讼以争议的法律关系的性质和争议的法律关系的主体构成来确定具体案件的主管问题。“在俄罗斯有不止一种，而是多种保护权利的形式，因此，就有必要且应当将各种权利保护形式之间解决纠纷案件和其他法律问题的范围，即主管范围明确地划分开来。”[1] 民事纠纷根据不同的性质和特点由普通法院、仲裁法院、治安法官、公证机关、审理和解决劳动纠纷的机关解决。《俄罗斯民事诉讼法典》第22条对此进行了明确规定。普通法院可对侵犯公民权利和自由的任何行为和决定的申诉进行审理，但审查权属于宪法法院的和应按其他程序审理的案件除外。

管辖解决的是确定由法院主管的案件由哪个具体法院负责审理的问题。级别管辖确定不同级别法院之间对案件的管辖分工问题，而地域管辖则是指同级别但不同地域的法院具体负责审理哪些案件的问题。与我国类似，在俄罗斯，一般民事案件由基层法院负责审理，且遵从原告就被告原则。案件由被告的住所地、经常居住地或财产所在地、侵权行为地及协议管辖法院负责审理。

治安法官管辖的案件。按照《俄罗斯民事诉讼法典》第23条的规定，治安法官作为一审法院审理的民事案件包括：发出法院命令的案件，如双方当事人就某一民事关系达成协议且经过公证员公证后，一方履行协议时，另一方申请法院发布法院履行的命令以确保自己权益的实现；夫妻之间没有关于子女抚养争议的离婚案件；夫妻之间分割不超过5万卢布的共同财产的案件；婚姻家庭关系中产生的其他案件，但关于父母亲身份的争议、确定父亲身份、剥夺亲权、限制亲权、收养子女的案件和其他争夺亲权、确认婚姻关系无效案件除外；诉讼标的不超过5万卢布的案件，但财产继承和知识产权案件除外；确定财产使用程序的案件；联邦法律可以规定属于治安法官审判管辖的其他案件。为了保证民事诉讼程序顺利进行，俄罗斯民事诉讼法明确规定“治安法官不得与区法院发生审判管辖争议”。

区法院是各联邦主体下设的各区的司法机关。俄罗斯的联邦主体相当于中国的省（直辖市和自治区）。在联邦主体之下又划分出若干区，每个区设立了

---

[1] 张家慧：《俄罗斯民事诉讼法研究》，法律出版社2004年版，第92页。

区法院。区法院作为一审的案件管辖范围在治安法官之上，审理除治安法官、军事法院、各联邦主体最高法院和俄罗斯联邦最高院作为一审的案件以外的所有案件，受案范围非常之大。

联邦主体法院作为一审的民事案件管辖范围包括：涉及国家机密的案件；《俄罗斯民事诉讼法典》第45章规定的外国法院判决和外国仲裁裁决的承认与执行案件。另外，根据《俄罗斯民事诉讼法典》第26条第2款的规定："联邦法律可以规定其他案件属于共和国最高法院、边疆区法院、州法院、联邦直辖市法院、自治州法院和自治专区法院管辖。"此外，按照《俄罗斯民事诉讼法典》第26条第3款的规定，莫斯科市法院审理电子信息网络包括国际互联网上除摄影作品及以类似摄影的方法形成的作品以外的著作权和邻接权的案件等。

俄罗斯联邦最高法院作为一审管辖的案件由《俄罗斯民事诉讼法典》第27条进行了明确规定："俄罗斯联邦最高法院管辖的民事案件由2014年2月5日N3-ФКЗ联邦法律《俄罗斯最高法院法》确定。"按照《俄罗斯最高法院法》第2条第5款的规定，俄罗斯联邦最高法院作为一审法院的管辖范围是在国家权力联邦机关和俄罗斯联邦各主体国家权力机关之间及俄罗斯联邦各主体国家权力高等机关之间的经济纠纷案件。俄罗斯民事诉讼法通过这一明确的规定，便把俄罗斯最高法院作为一审民事案件的范围界定清楚了。

### 六、俄罗斯民事诉讼回避与案件参与人

在民事诉讼中，法院处于极为重要的地位。法院负责组织民事诉讼活动的开展，指挥诉讼参加人完成诉讼活动。为了保证民事案件得到公平公正的处理，要求审理案件的法官不能与案件有利害关系，避免对案件的公正审理造成不良影响。"一方面，它是实体裁判公正性的重要保障，可以避免与案件有利害关系的审判人员和其他有关人员因其偏私性而造成裁判不公。另一方面，它是程序公正性的重要体现。"[1] 俄罗斯民事诉讼法详细规定了回避制度。《俄罗斯民事诉讼法典》第16条规定了回避的理由，即曾以检察长、法庭书记员、

---

〔1〕 江伟主编：《民事诉讼法》，中国人民大学出版社2011年版，第61页。

代理人、证人、鉴定人、专家、翻译人员身份参加过案件审理的；与案件参加人或其代理人有血亲或姻亲关系的；与案件的审理结果有切身的、直接的或间接的利害关系，或存在其他可能引发怀疑其客观性与公正性的情形。此外，为了保证合议庭成员之间能够相互独立发表意见，避免相互之间可能产生的影响，俄罗斯民事诉讼法规定“审理案件的合议庭法官互相不得有亲属关系”。为了避免已经参与过案件审理的法官对案件形成先入为主的印象，进而影响判决的公正性，《俄罗斯民事诉讼法典》第17条规定，法官不得重复参与案件审理，即曾经审理案件的治安法官，不得在上诉审法院或监督审法院审理自己曾经审理过的案件；参与过第一审案件审理的法官，不得在上诉审或监督审法院参与同一案件的审理；参与过案件上诉审程序的法官，不得在第一审和监督审法院参与该案的审理；在监督审法院参与过案件审理的法官，不得在第一审和上诉审参与该案的审理；参与过监督审程序审理案件的法官，不得参与该案的一审、上诉审和再审程序。当然，回避也适用于参与民事诉讼的检察长、书记员、鉴定人、专家和翻译人员。有关俄罗斯法官回避的理由对上述人员也均适用，且上述人员也不得重复参与同一案件的审理。回避的方式分为自行回避和申请回避。当参与案件审理的法官等人有俄罗斯民事诉讼法规定的法定回避理由时，应自行申请回避。如果法官等人没有自行回避的，案件参与人有权申请回避。根据《俄罗斯民事诉讼法典》第20条第2款的规定，申请独任法官回避的，由该法官解决。合议庭审理案件时，在被申请回避的法官不参加合议的情况下决定。要求几名法官或合议庭全体组成人员回避的申请，由该合议庭全体人员以简单多数票决定。要求检察长、书记员、鉴定人、专家、翻译人员回避的申请，由审理案件的合议庭决定。如果回避申请得到支持，则“审理案件的治安法官回避，案件由区法院移送给在同一审判区工作的另一位治安法官审理；不能移送的，由上级法院移送给另一区的治安法官审理。区法院审理案件时独任法官回避或者合议庭全体组成人员回避的，案件由同一法院的另一名法官审理或者另外的合议庭组成人员审理；审理案件的区法院无法更换法官的，由上级法院将案件移送到另一区法院审理。共和国最高法院、边疆区法院、州法院、联邦直辖市法院、自治州法院、自治专区法院、俄罗斯联邦最高法院审理案件时，独任法官或法庭全体组成人员回避，案件由该法院的另一名法官审理或另外的合议庭审理”。

民事诉讼的案件参加人包括原被告双方，第三人，检察长，请求法院维护他人权利、自由和合法利益的人及按照俄罗斯法律规定参加诉讼提出结论的人，特别程序中的申请人和其他利害关系人。俄罗斯民事诉讼的参加人范围比较宽。在俄罗斯民事诉讼参加人中，检察长参与民事诉讼是较有特色的制度规定。按照《俄罗斯民事诉讼法典》第45条的规定，“检察长有权请求法院维护公民、不特定范围的人的权利、自由和合法利益或者维护俄罗斯联邦、俄罗斯联邦主体、地方自治组织的利益。维护公民权利、自由和合法利益的请求仅在公民由于健康状况、年龄、无行为能力和其他正当原因不能亲自向法院提出请求时才能由检察长提出。上述规定不限制检察长根据公民向检察长提出的请求向法院提出保护公民在劳动关系以及其他直接涉及此关系中受到侵害或发生争议的社会权利、自由和合法利益的请求，保护家庭和父母子女的请求，社会保护包括社会保障在内的请求，国家和自治政府的住房保障基金的请求，保护健康包括医疗救治的请求，保障周边优良环境的请求，受教育的请求”。在俄罗斯，检察长作为独立的诉讼参与人参与民事诉讼，是国家的代表，保护公共利益，以确保全民遵守法律。检察长可能基于公共利益而提起民事诉讼，也可以作为公共利益的代表参与到已经提起的民事诉讼中来。〔1〕 俄罗斯民事诉讼法还详细规定了诉讼参与人的诉讼权利能力、诉讼行为能力、利害关系人等问题。

## 七、俄罗斯民事诉讼证据制度

证据是支撑整个民事诉讼活动的关键因素。民事诉讼证据规则与刑事诉讼证据规则之间存在差异，证明标准也不相同。

民事诉讼中证明的目的是查明案件情况，准确进行民事裁判。引起某种民事权利义务关系的发生、变更和消灭的法律要件事实都必须由证据予以证明。这些需要用证据证明的事实，是证明对象。〔2〕 参与民事诉讼的权利人需要对

---

〔1〕 См.：Гражданский процесс：Учебник/ Под ред. Коваленко А. Г. и др. – М.：Юридическая фирма《КОНТРАКТ》；《ИНФРА-М》, 2008. С. 48-49.

〔2〕 张卫平：《民事诉讼法》，中国人民大学出版社2013年版，第160页。

自己的主张承担举证责任。在民事诉讼中，除法律有特殊规定外，一般遵循“谁主张，谁举证”的证明责任分配规则。《俄罗斯民事诉讼法典》第56条规定：“每一方当事人均应对论证自己请求和抗辩他人请求所援引的情况进行证明，联邦法律另有规定的除外。法院应确定对案件有意义的情况，确定哪些情况应由哪一方当事人进行证明，法院还可以提出需要讨论的情况，即使当事人没有援引这些情况。”主张权利的一方要对自己的主张提出证据予以证明，反驳的一方也要提出证据对自己的反驳提供支持。如果负有举证责任的一方，未对自己的主张提出证据，则要承担败诉的风险。当然，并非所有主张都需要提供证据进行证明。《俄罗斯民事诉讼法典》第61条规定了免证的情况，即“法院认为众所周知的情况不需证明。已经发生法律效力的前一案件的法院裁判所确认的情况对法院具有拘束力。在审理另一案件参加人相同案件时，不需要重新证明，也不属于争议的问题。在审理民事案件时，已经发生法律效力的仲裁法院判决所确认的情况，在审理另一案件参加人相同案件时，不需要重新证明，也不属于争议的问题。已经发生法律效力的刑事判决，在被判决人员行为是否发生、是否由该人实施的问题上，对审理该行为民事法律后果的法院具有拘束力”。就公证文件的真实性问题，俄罗斯民事诉讼法规定，经过公证的情况，如果公证文件的真实性不能按照俄罗斯民事诉讼法规定的程序推翻，或公证行为未被确认违法的，不需要证明。上述都属于免于证明的情况。

俄罗斯民事诉讼法将证据分为当事人及第三人陈述、证人证言、书证、物证、录音和录像、鉴定意见。中俄两国民事诉讼法对证据的分类基本相同。在俄罗斯民事诉讼证据中，较有特色的是拒绝作证制度。《俄罗斯民事诉讼法典》第69条第4款规定，公民有权拒绝做对自己不利的陈述；夫妻有权拒绝做对自己配偶不利的陈述，子女对父母、父母对子女有权拒绝做不利的陈述；兄弟姐妹相互有权拒绝做不利的陈述；祖父母外祖父母和孙子女与外孙子女之间有权拒绝做不利的陈述；立法机关议员有权就履行议员职责所知悉的信息拒绝陈述；俄罗斯联邦人权特派员有权拒绝就其履行职责而知悉的信息材料陈述；俄罗斯联邦总统特派员在保护企业家权利时，俄罗斯联邦主体的特派员保护企业家权利时，有权拒绝陈述就履行职责而知悉的信息材料陈述。俄罗斯民事诉讼法也对证据的真实性、关联性和合法性进行了规定。《俄罗斯民事诉讼法典》

第59条规定，法院仅接受对审理和解决案件有意义的证据。《俄罗斯民事诉讼法典》第55条第2款规定："违法取得的证据不具有法律效力，不得作为法院判决的依据。"

## 八、俄罗斯民事诉讼审判程序

俄罗斯民事诉讼程序包括一审程序、二审程序、再审程序和涉外案件的审理程序等。

法院命令程序属于一审程序。俄罗斯法院命令程序与我国申请法院支付令程序类似。法院命令是法官依据民事诉讼法的规定，根据向债务人追索金钱或动产的申请而独任作出的法院裁定。法院的命令也是执行文件，按执行程序可以直接执行。俄罗斯民事诉讼法规定的法院命令具有强制执行的效力。《俄罗斯民事诉讼法典》第122条规定了可以发出法院命令的请求种类，具体包括：请求的根据是经过公证的法律行为；请求的根据是以普通书面形式实施的法律行为；请求的根据是公证员对票据发出的拒绝支付、拒绝承兑和拒绝签署承兑日期的命令；请求是追索未成年子女的抚养费而与确定父亲身份、对父亲身份(母亲身份）须追加其他利害关系人等无关；请求追索应发但未向工作人员支付的工资、休假费、休假时应发的其他款项；俄罗斯联邦有执行权的地方机构提出请求在保障法院活动秩序和执行法院、其他机关决议时发生的与侦查被告、债务人和孩子有关的费用；请求追索应发而未发的因违反劳动时间的工资赔偿、解聘时的离职费及属于工作人员的其他费用；请求追索物业服务和市政公共服务包括电信服务费用；请求追索私有住宅或合作建房的成员必须支付或缴纳的费用。

一般的民事诉讼程序从起诉开始。如果有人认为自己的权利遭受到侵害，可以直接向法院提起诉讼。法院在接到起诉之后，应对起诉书进行审查。《俄罗斯民事诉讼法典》第133条规定："法官在收到诉状之日起5日内必须审议法院受理诉状的问题。法院应就受理诉状事宜作出裁定。该裁定为第一审程序的发生根据。"在起诉书中应有明确的诉讼请求、事实情况和证据材料等。法院会对起诉进行审查，如果不符合诉讼法的要求，法院有权驳回起诉。"拒绝受理诉状的，法官应作出说明理由的裁定，裁定应在收到诉状之日起5日内连同诉状和所附具文件一并交付或送交起诉人。拒绝受理诉状后，起诉人不得对相同被告人、相同标的和相同理由再次向法院起诉。对法官拒绝受理诉状的裁定可以提出复议。”法院受理案件之后，会将相应的起诉书送达给被告人。被告人在法律规定的期限内，需要进行答辩，也可以提出反诉。在诉讼过程中，当事人发现有可能对自己的诉讼请求造成损害或威胁的，在诉讼期间内还可以申请诉讼保全，通过扣押被告人的财产等方式，维护原告人的合法权益。

审理进入准备阶段，法院应“明确对正确处理案件有意义的事实情况，确定处理案件时应该依据的法律，确定双方当事人的法律关系，确定案件参与人和诉讼其他参与人的构成，双方当事人、案件其他参与人提交必要的证据及双方是否和解”。诉前准备做完后，进入到预备庭阶段。《俄罗斯民事诉讼法典》第 152 条规定：“预备庭的目的是固定当事人为准备法庭审理而实施的处分行为，确定对正确审理和解决案件具有意义的情况，确定案件的证据是否充分，调查向法院提出请求的期限和诉讼时效是否迟误等事实。”

准备工作完成后，法院应做出开庭审理的裁定，并将案件审理的时间、地点通知当事人和案件其他参与人。民事案件的审理在审判庭进行。按照当事人主义的诉讼原则，在法官的主持下，原被告双方就争议事实和证据展开辩论。在经过法庭的审理之后，法庭做出一审判决。

一审判决作出后，如果一方当事人不服或双方当事人均不服，在法定上诉（抗诉）期限内，可以进行上诉（抗诉）。《俄罗斯民事诉讼法典》第 321 条第 2 款规定：“上诉、抗诉可以在法院作出判决之日起 1 个月内提出，本法典另有规定的除外。”也就是说，一般而言，俄罗斯民事诉讼法规定的上诉或抗诉期限是 1 个月。俄罗斯民事诉讼中之所以出现抗诉的表述，原因是“检察长有权请求法院维护公民、不确定范围的人的权利、自由和合法利益或者维护俄罗斯联邦、俄罗斯联邦各主体、地方自治组织的利益”。[1] 参与民事诉讼的检察长认为一审判决不公时，可以提出抗诉。一旦提起上诉或抗诉，二审法院要对案件进行审理。按照《俄罗斯民事诉讼法典》第 328 条的规定，上诉审法院审理上诉或抗诉案件有权作出：“维持原判，驳回上诉或抗诉；变更或全部、部分

---

〔1〕 李昕：《俄罗斯民事检察制度研究》，中国检察出版社 2012 年版，第 111 页。

撤销一审法院的判决并作出新的判决；完全或部分撤销一审法院的判决并终止司法程序或对申请不予审理；如果上诉、抗诉逾期，且恢复期限的问题未解决，则对上诉、抗诉不予实体审理。”

如果当事人认为已经生效的民事判决侵害了其合法权益，仍然想通过司法救济的途径维护个人权益的，还可以申请再审。《俄罗斯民事诉讼法典》第四编规定了已经发生法律效力的民事裁判的再审程序。根据《俄罗斯民事诉讼法典》第376条的规定，案件参与人和其他人认为自己的权利和合法利益因法院裁判而受到侵害，可以对已经发生法律效力的法院裁判向法律审查法院提出申诉和抗诉，但对俄罗斯联邦最高法院的裁判除外。当然，提出再审申诉必须有“法院严重违反实体法和程序法影响案件审理结果的事实及其证据”。这一规定是对申请再审的实质性要求。再审申诉由原被告双方提起，抗诉则由检察长提起。“法律审查的申诉或抗诉直接向法律审查法院提出”。相应地，俄罗斯民事诉讼法详细规定了不同审级生效民事判决的再审法院。符合再审条件的案件，将会启动再审程序。尤其重要的是，《俄罗斯民事诉讼法典》第387条规定了通过法律审查程序撤销或变更法院裁判的根据，即“严重违反实体法规范或诉讼法规范影响案件结果，如果消除此影响仍不能恢复并保护被侵害的权利、自由和合法利益，甚至不能恢复并保护被侵害的公共利益，可以依照法律审查程序撤销或变更下级法院裁判”。因此，俄罗斯的再审程序“不仅审查合法性问题，而且审查下级法院司法裁判的依据，进而是纠正司法错误、保护公民和组织权利与自由的保障”。[1]根据《俄罗斯民事诉讼法典》第390条第1款的规定，依照法律审查程序审理的案件，法院有权作出不同种类的裁判。具体而言，包括：维持一审法院、上诉审法院或法律审查法院的裁判，驳回申诉或抗诉；全部或部分撤销一审法院、上诉审法院或法律审查法院的裁判，并将案件发回重新审理，发回重新审理时可以指明另行组成合议庭重新审理的必要性；全部或部分撤销第一审法院、上诉审法院或法律审查法院的裁判，对申请不予审理或者终止案件程序；维持法院裁判的一项；在发现对实体法规范适用和解

---

〔1〕 Гражданский процесс：Учебник/ Под ред. Коваленко А. Г. и др. – М.：Юридическая фирма《КОНТРАКТ》;《ИНФРА-М》, 2008. С. 272.

释方面的错误时，撤销或变更第一审法院、上诉审法院或法律审查法院的裁判并作出新的裁判，不将案件发回重新审理；搁置上诉、抗诉案件，不予实体审理。此外，俄罗斯民事诉讼法对已经生效的判决，还规定了审判监督程序和根据新发现的情况对生效法律判决的再审程序。

《俄罗斯民事诉讼法典》第五编规定了涉外案件的诉讼程序。外国公民、无国籍人、外国组织和国际组织有权向俄罗斯法院提出请求，以维护自己受到侵犯的或受争议的权利、自由和合法利益。而且，在针对外国人参与民事诉讼方面规定了对等原则，即如果外国法院限制俄罗斯公民和组织的诉讼权利，则俄罗斯联邦政府可以对该外国公民和组织进行对等限制。如果在民事诉讼中，没有具体限制的，则外国人与俄罗斯公民享有相同的诉讼权利并履行相同的诉讼义务。外国公民和无国籍人的诉讼权利能力和行为能力，依照属人法确定。外国公民依据国籍法，无国籍人依据住所地法。如果外国人在俄罗斯有住所地，则属人法是俄罗斯法。外国组织和国际组织的诉讼权利能力，依据成立地法判断，如果成立地认为不具有诉讼能力，则依照俄罗斯法律判断。这种规定的目的是尽可能赋予相应组织诉讼能力，以保障双方当事人权利义务的平衡。对国际组织的诉讼，要在俄罗斯联邦签署的国际条约和俄罗斯联邦法律规定的范围内进行，并且，对国际组织提起的民事诉讼由俄罗斯联邦法院管辖。依照《俄罗斯民事诉讼法典》第 409 条的规定，外国法院的判决包括批准和解协议的判决，在俄罗斯联邦签署的国际条约规定的情况下，在俄罗斯联邦境内予以承认和执行。

## 第四章　俄罗斯行政诉讼

俄罗斯在 2015 年以前不存在单独的行政诉讼法典，而是依赖民事诉讼程序解决行政争议。2015 年 2 月，俄罗斯联邦委员会批准了《俄罗斯行政诉讼法典》，至此，俄罗斯行政诉讼终于脱离了民事诉讼程序。实际上，俄罗斯行政法学界对于行政程序和行政诉讼的概念界限并不清晰，这一点与俄语中词汇的表达和理解有关。[1] “如果以行政争议的司法解决来理解行政诉讼”，俄罗斯的行政诉讼制度可以追溯至沙皇俄国的亚历山大二世进行改革的时期。[2] 在亚历山大二世推行改革之前，其长期的专制制度使得行政权过于强大，加之“法院作为当时俄国国家政权中最不完善的机构之一”，使得司法解决行政争议成为不可能。而亚历山大二世推行的司法改革改变了原有的行政管理方式，“不再依靠国家的惩罚，而是依靠法院和法律”，在由其批准的1864年《司法条例》中，宣称用司法手段保护个人权利不受行政专横的侵害。[3] 但在亚历山大二世之后，尤其是在亚历山大三世时期，推行了一系列反对1864年司法改革的措施，这导致行政权重新获得强势地位，甚至对司法权进行控制和监督。[4] 这种行政权的滥用及其国内外的各种因素叠加，最终导致了1917年二月革命的爆发，沙俄时期的行政诉讼可谓昙花一现。

苏维埃时期的行政诉讼是逐渐发展的。在苏维埃初期，苏维埃制度刚刚建立，认为行政诉讼是属于资本主义的制度，在社会主义国家不能适用，这也是全面否定行政诉讼的时期。这一时期有关行政争议的解决主要是通过行政机关上下级之间的审查来完成的。1919年5月，苏联成立了中央申诉委员会和地方各级申诉委员会，其目的在于对行政机关进行监督，审理行政争议。此时已经有了对行政权进行制约的意识。至20世纪40年代，苏联逐渐转变了对行政诉讼的认识，恢复了法院对一些案件的审理，进而起到了监督行政机关的作用；六七十年代行政诉讼的观念逐渐地加强；80年代通过了《苏联及加盟共和国行政违法立法纲要》以及《行政违法法典》，这两部法律对行政权进行了严格的约束，逐渐走向了现代的行政诉讼。

2002年《俄罗斯民事诉讼法典》公布，这部民事诉讼法典与苏俄时期的民事诉讼法典在价值、理念、制度设计和效力等方面都有巨大差异。如2002年之前的民事诉讼法典曾规定，有关向公民追索欠交的税款、国家强制保险案

---

〔1〕 俄文中的процесс，порядок，производство，судопроизводство，процедура，иск等词语，均有程序、诉讼程序的含义。参见刘春萍：《转型期的俄罗斯联邦行政法》，法律出版社2005年版，第192—194页。

〔2〕 温恒国：《分合之间：俄罗斯行政诉讼的立法演变》，载《求是学刊》2020年第4期。

〔3〕 王海军：《近代俄国司法改革史》，法律出版社2016年版，第108、185、187页。

〔4〕 参见王海军：《苏维埃政权下的俄罗斯司法》，法律出版社2016年版，第9—10页。

件由相应行政机关向所在地法院起诉，但在新的《民事诉讼法典》中都被删除了，并在民事诉讼程序中对公共权力法律关系进行了规范。[1] 2002年以后的行政诉讼结合了《民事诉讼法典》、《行政违法法典》以及《对公职人员侵犯公民权利与自由的违法行为向法院控告法》发展起来，尚没有专门的行政诉讼法典。尽管如此，但与沙俄时期和苏俄时期相比，此时的行政诉讼已经趋近成熟，其中也涉及理念的转换问题。在政治经济思想文化的剧烈变革后，即从之前的一元制变成了三权分立制度，从计划经济转化为市场经济，从集体主义转化为个人主义等。这些价值观念的变化导致行政法从原来的管理法变成了控权法，行政诉讼也从维护公权力转换到维护私权利，成为控制行政权的重要制约力量。[2]

"早在1998年讨论现行《俄罗斯行政违法法典》的过程中，就有学者提出，考虑将行政违法案件的审理程序分离出来，制定独立的行政诉讼法典。"[3] 进而到2002年，俄罗斯开始起草行政诉讼程序法典。该项工作被看作是完善司法制度的重要内容，并在2006年12月由俄联邦最高法院提出了《俄罗斯行政诉讼程序法典》草案。但由于当时俄罗斯的二元法院体系——普通法院体系和仲裁法院体系——的存在，管辖问题和诉讼规则难以实现统一，该草案未能进入国家杜马的一读程序。直到2012年，普京总统再次将该法典的制定提上日程，此次的制定工作较为顺利，经过国家杜马的三读程序、联邦委员会的赞同程序后，2015年3月8日总统签署了该法律，同年9月15日，《俄罗斯行政诉讼法典》正式生效。[4]

俄罗斯行政诉讼有其宪法基础。《宪法》第46条规定，对国家权力机关、地方自治机关、社会团体和公职人员的决定及行为，可以向法院起诉。依据此规定，俄罗斯公民有权对国家权力机关、地方自治机关及其公职人员的决定及其作为或不作为提起诉讼。这是因为"行政权具有两面效应，它既有维护和保障公民的权益表现出来的促进公共利益的正面效应，同时又存在侵害公民权益

---

[1] 参见哈书菊：《俄罗斯行政诉讼制度的历时性审视》，载《求是学刊》2007年第3期。
[2] 参见哈书菊：《俄罗斯行政诉讼制度的历时性审视》，载《求是学刊》2007年第3期。
[3] 刘春萍：《俄罗斯联邦行政法理论基础的变迁》，法律出版社2006年版，第178—179页。
[4] 温恒国：《分合之间：俄罗斯行政诉讼的立法演变》，载《求是学刊》2020年第4期。

的可能而表现出负面效应”。[1]

俄罗斯行政诉讼的目的在于：其一，保障公民权利免受行政机关专断；其二，维护法制统一；其三，防止公权力的滥用。行政机关（执行机关）依据法律行使权力，即应受到法律的约束，以防止滥用权力，达到控权的效果。控权则包括事前控制和事后控制。行政诉讼即相当于事后控制，对相对人来讲，有权利必然要有救济，如果一个人认为国家公权力机关做出的行政行为损害到了自己的权利，要为这种权利提供一种救济手段，通过向法院提起行政诉讼实现对权利的救济。

按照俄罗斯学者的观点，行政诉讼是对公共管理机关的一种司法监督形式，是法院审查行政行为的合法性以及管理机关通过的行政法律文件的合法性，采取措施恢复受损的权利和法律意义，使违法者承担责任的诉讼制度。俄罗斯的行政诉讼与其他国家相比具有一定的特殊性。其一，俄罗斯行政诉讼的法律依据变动较为频繁。这一点其实是俄罗斯所有法律文本的特点，在行政诉讼法制领域更为突出。自法律生效至2019年7月26日的修正案，《俄罗斯行政诉讼法典》已经进行了22次修改，而我国《行政诉讼法》自1989年颁布至今，只在2014年、2017年进行了修改，相对俄罗斯而言更加稳定。其二，俄罗斯行政诉讼审理的主体是多元的。根据《俄罗斯行政诉讼法典》第17、18条的规定，普通法院、和解法官、军事法院均是行政案件的审理主体。前文提到，2013年以前，俄罗斯法院体系是二元的，即普通法院和仲裁法院，就行政案件而言，两个法院体系是有分工的。涉及经济纠纷和经营活动的行政案件由仲裁法院管辖，其他行政案件则由普通法院管辖。2006年的《俄罗斯行政诉讼程序法典》草案未能进入国家杜马审议程序，一个非常重要的原因就是高等仲裁法院对该草案的管辖问题提出了质疑。2013年时普京进行司法改革，把高等仲裁法院和俄罗斯联邦最高法院合并在一起，所以在整个俄罗斯联邦有一个最高法院，而仲裁法院则在其内部。由仲裁法院负责审理的案件，第一类是法律规定应该登记而在法定的期限内对公民或者组织不予登记或者拒绝登记的案件，第二类是国家权力机关、地方自治机关和其他实施监督职能的机关对公民

---

[1] 哈书菊：《人权视域中的俄罗斯行政救济制度》，中国社会科学出版社2009年版，第67页。

或者组织处以罚款而联邦法律没有规定罚款的案件，实施监督职能的机关违反法律或者其他规范性文件要求在预算中报销的资金应在预算中予以归还的案件，需要判决执行文件和国家市政机关作出了财产处罚内容的其他文件但不予执行的案件，等等。其三，俄罗斯行政诉讼受案范围较大，除了针对具体行政行为进行的诉讼以外，在《俄罗斯行政诉讼法典》第四编专门规定了几类特殊的行政诉讼，包括对规范性法律文件提出异议的行政诉讼、维护公民选举权和参加全民公决权利的行政诉讼、对登记价值确定结果提出异议的行政诉讼、因在合理期限内进行法院诉讼和合理期限内执行法院裁判的权利受到侵害而要求赔偿的行政诉讼、中止政党及其地区分部活动或予以取缔的行政诉讼，等等。这也延续了该法典通过前《民事诉讼法典》中“公法关系案件的审理程序”部分的相应内容。

俄罗斯的行政诉讼可以对具体行政行为提起诉讼，也可以对抽象行政行为提起诉讼，行政机关发布的规范性法律文件，只要公民认为这种规范性的法律文件侵害到了自己的权利或者利益，都可以进行诉讼，受理案件的法院在这种情况下是普通法院。如果公民个人认为，俄罗斯的某一项法律或者是地方的某一个规范性文件违反了俄罗斯联邦宪法的规定，公民也可以向宪法法院提起诉讼，这实际上远远扩大了公民的诉讼权利。

俄罗斯行政诉讼的管辖。从级别管辖上看，俄罗斯联邦最高法院负责审理依据为总统令、政府令、联邦上下两院所颁布的规范性法律文件的案件；俄罗斯联邦各主体法院负责审理依据为各主体层级的规范性法律文件的案件；普通法院的治安法官权限较小，根据《俄罗斯行政违法法典》负责审理行政违法案件；除此之外，大量案件都集中在俄罗斯的区法院。如果俄罗斯联邦总统发布总统令或者总理发布政府令，则该总统令或政府令在整个国家是具有效力的。如俄罗斯制裁土耳其时，俄罗斯总理梅德韦杰夫签署了政府令，从某时刻起禁止从土耳其进口水果，禁止俄罗斯公民到土耳其旅游，这样的命令即具有普遍效力。在生效期内，所有俄罗斯联邦公民都要遵守。如果俄罗斯公民想到土耳其去旅游，但由于俄罗斯政府签发的政府令，或者说政府令的规定，不能去土耳其旅游，该公民应该怎么办？法律已经规定了救济途径。按照俄罗斯法律的规定，对此种规范性法律文件可以向俄罗斯的最高法院起诉。俄罗斯的最高法院能否撤销该政府令，应注意区分情况，审查该政府令是否真的侵害到了公民个人的权利，还是这个国家行为是合法的，并没有侵害到公民的权利，最高法院会根据具体的案件作出处理决定。无论其作出的决定是赞同公民的诉讼请求，还是驳回公民的诉讼请求，法律都给了公民一种权利救济途径。关于地域管辖问题，实际上也是遵循了一般的原则，即原告就被告原则，相对人对行政机关做出的科处罚金或者处罚不服时，可向行政机关所在地申诉；对国家权力机关的处理决定不服可向机关所在地的法院起诉。但也有例外，相对人对判处罚金不服时，可以不向行政机关的所在地起诉，而向自己居住地的法院起诉，对国家机关不服也可以向自己居住地的法院起诉，这里主要考虑了原告的便利，当然也能避免地方保护。如果认为案件由其他法院，尤其是大部分证据所在地的法院审理，能更加迅速或正确裁决，或者一个或者数个法官回避后该法院已经没有能够替换的法官，或者法院审理时发现受理该案违反了管辖规则的，可以移交给主要证据所在地的法院（移交管辖），既可以是横向的移交，也可以纵向地移交给上级法院去审理。

俄罗斯行政诉讼的证据规则。在诉讼过程中，证据起到了决定性的作用，所以法院要严格审查证据的特性，即证据能力、证据资格、证明力，具体到理论上，为证据的合法性、真实性和关联性。合法性指证据能力，真实性和关联性指的是证明力。如果一项证据，尽管是真实的也与案件有关联，但取得方式是非法的，则仍有可能按照排除规则而丧失证明能力。证据的三性是证据的普遍性问题，在刑事诉讼、民事诉讼和行政诉讼中，还有一些不同的规则。在刑事诉讼中，绝大多数情况下举证责任是由公诉机关负责的，也有例外，即法律上明确规定由被告人自己提供证据的，比如巨额财产来源不明罪，被告人要自己证明自己的收入是合法的，否则认为是不法来源。在民事诉讼中，一般原则是谁主张谁举证，法院作裁判时也是依据优势证据原则。在行政诉讼中，无论是我们国家还是俄罗斯的行政诉讼，其本质是“民告官”，恰恰基于这一点，很多证据由行政机关掌握，对于公民个人而言很难获得。在这种情况下，证据规则的设置即应作出对弱者有利的规定。这一点在俄罗斯行政诉讼的证明责任分配上也能够体现出来。《俄罗斯行政诉讼法典》第 62 条规定了证明责任：“案件参加人必须证明自己据以提出请求或抗辩的情节……如果承担国家权力或者其他公权力的机关、组织和公职人员的规范性法律文件、含有立法解释并具有规范性质的文件、决定、行为（不作为）的合法性被提出异议，证明责任由相应机关、组织和公职人员承担。”

在行政诉讼中，法院可以为了正确地处理案件而主动地调取证据，对不执行法院提供证据要求的公职人员可以处以数额为联邦法律规定的最低劳动报酬10倍以下的罚金。俄罗斯民事诉讼坚持当事人主义原则，即谁主张谁举证，但在行政诉讼中，公民去公权力机关调取证据非常困难，法院为了正确解决案件而主动调取证据。这种主动调取证据实际上也是为了解决诉讼双方之间的力量不对等。对此，《俄罗斯行政诉讼法典》还有更进一步的规定，该法第63条规定，占有法院所调取证据的人，应该立即将证据交到法院……由于法院认为没有正当原因而不履行提交法院所调取证据的义务，则对被调取证据的人应依照法定程序和数额科处诉讼罚金。

俄罗斯行政诉讼证据的审查规则。《俄罗斯行政诉讼法典》第84条规定了法院对证据的审查规则。法庭应按照自己基于全面、充分、客观和直接审查行政案件中现有证据而形成的内心确信对证据进行评价。内心确信即法院的法官基于自己对案件的审理、审查，对证据的把握，形成自己对案件证据的某种认识，是由主客观因素综合作用形成的，客观因素是案件当中对提供的证据形成内心确信的根据和基础，主观因素即审判员的社会生活经验、业务能力、世界观、法律意识。在内心确信的主客观因素当中，客观因素是证据，比较好确定，而主观因素则受制于审查证据的人的认知，与审判人员的社会生活经验紧密相关，社会生活经验又包括在社会上融入的时间、阅历、生活经验。内心确信的形成与个人的生活经验有关系，经验丰富的法官处理案件相对会更加得心应手。因此，内心确信是审判人员根据证据对案件所作的结论的正确性和可靠性的一种个人信念，即只要依法裁判，并对案件尽到了必要的注意义务，同时结合他的生活经验、业务能力、世界观和法律意识作出判断。当然法官也可能误判，因此赋予了我们申请二审、再审的权利。不论是行政诉讼、民事诉讼还是刑事诉讼，都要求法官对案件的证据形成内心确信，只是对证明的标准要求不一样，刑事诉讼是排除合理怀疑，民事诉讼和行政诉讼对证据的要求相对低一些。

俄罗斯行政诉讼案件参与人。行政诉讼案件的参与人具体包括原告、被告、第三人和诉讼代理人，与民事诉讼极其相似。俄罗斯行政诉讼参与人的特殊之处在于检察长和检察机关参与诉讼中的问题。当检察长发现侵权行为属于行政违法时，应提起行政违法诉讼，或者将案件材料提交给有权处理的其他机关，检察院有权就发现的侵害公民权利的法令发布检察意见或者提起行政诉讼。为保护国家、社会、公民利益，检察长可以在任何阶段参与到行政诉讼中，这与检察院的地位和职权紧密相关。检察院是国家法律秩序的维护者，在各个执法环节，检察院都负有法律监督职责。比如枪决一个犯人，判处死刑执行枪决的时候检察官要到场，执行人员、行刑人员要到场，检察官需要监督执行。此外，当检察院发现行政机关所发布的规范性法律文件对公民的权利造成侵害时，也有权提出检察建议，要求相应的发布机关进行改正，从这个意义上看，检察院的监督职权是非常大的。

俄罗斯行政诉讼的相关判决生效之后必须执行。《俄罗斯行政诉讼法典》第 16 条规定，已经发生法律效力的行政案件，法院裁判（判决、裁定、裁决）以及法院的合法指令、要求、委托、传唤和通知，对于国家权力机关、其他国家机关、地方自治机关、选举委员会、全民公决委员会、组织、联合组织、公职人员、国家工作人员和自治地方工作人员、公民均具有强制力，应在俄罗斯联邦境内予以执行。对不执行行政案件的法院裁判以及拖延其执行的，将依据《俄罗斯执行程序法》的相关规定，采取罚款等其他处罚措施，并依职权追究负有义务的公职人员的行政责任或刑事责任，由此确保公民权利得到保障，司法权威得到维护。

# 参考文献

## 一、中文文献

1. ［阿塞拜疆］拉基莫夫：《犯罪与刑罚哲学》，王志华、丛凤玲译，中国政法大学出版社 2016 年版。
2. ［俄］别尔嘉耶夫：《俄罗斯思想》，雷永生等译，生活 · 读书 · 新知三联书店 2004 年版。
3. ［俄］古岑科主编：《俄罗斯刑事诉讼教程》，黄道秀等译，中国人民公安大学出版社 2007 年版。
4. ［俄］库兹涅佐娃、佳日科娃主编：《俄罗斯刑法教程》（上卷 · 犯罪论），黄道秀译，中国法制出版社 2002 年版。
5. ［俄］马尔琴科：《国家与法的理论》，许晓晴译，中国政法大学出版社 2010 年版。
6. ［俄］苏哈诺夫主编：《俄罗斯民法》（第 1 册），黄道秀译，中国政法大学出版社 2011 年版。
7. ［日］大木雅夫：《比较法》，范愉译，法律出版社 2006 年版。
8. ［苏］别利亚耶夫、科瓦廖夫主编：《苏维埃刑法总论》，马改秀等译，群众出版社 1987 年版。
9. ［苏］波克罗夫斯基：《俄国历史概要》（上册），生活 · 读书 · 新知三联书店 1978 年版。
10. ［苏］戈尔巴乔夫：《改革与新思维》，苏群译，新华出版社 1987 年版。
11. ［苏］皮昂特科夫斯基主编：《苏联刑法科学史》，曹子丹等译，法律出版社 1984 年版。
12. 《刑法学》编写组编：《刑法学》，高等教育出版社 2019 年版。

13. 陈桂明、刘鹏：《俄罗斯民事诉讼法典的修改》，载《比较法研究》2005 年第 3 期。
14. 陈瑞华：《刑事证据学》，北京大学出版社 2012 年版。
15. 陈兴良：《规范刑法学》，中国人民大学出版社 2015 年版。
16. 陈云生：《中国违宪审查制度的审视与健全构想》，载《广西政法管理干部学院学报》2008 年第 6 期。
17. 程荣斌、王新清主编：《刑事诉讼法》，中国人民大学出版社 2013 年版。
18. 邓小平：《邓小平文选》（第 3 卷），人民出版社 1994 年版。
19. 樊崇义、张中：《社会变革与刑事诉讼转型——新〈俄罗斯联邦刑事诉讼法〉评介》，载《政法论坛》2003 年第 6 期。
20. 高铭暄：《中华人民共和国刑法的孕育诞生和发展完善》，北京大学出版社 2012 年版。
21. 宫楠：《俄罗斯民事司法改革中法治传统基因的现代演化与创变》，载《学术交流》2017 年第 8 期。
22. 关晓萌：《当代俄罗斯总统选举制度研究》，载《俄罗斯东欧中亚研究》2018 年第 5 期。
23. 国春雷：《基辅罗斯外交浅析》，载《俄罗斯研究》2010 年第 4 期。
24. 哈书菊：《俄罗斯行政诉讼制度的历时性审视》，载《求是学刊》2007 年第 3 期。
25. 哈书菊：《人权视域中的俄罗斯行政救济制度》，中国社会科学出版社 2009 年版。
26. 韩亚光：《俄罗斯宪法研究》，知识产权出版社 2012 年版。
27. 胡云红：《俄罗斯陪审团制度的重建及其对完善我国人民陪审员制度的启示》，载《法律适用》2015 年第 2 期。
28. 加尔马耶夫、斯捷潘延科：《俄罗斯陪审团：历史、现状与问题》，龙长海译，载《黑龙江政法管理干部学院学报》2017 年第 6 期。
29. 江伟主编：《民事诉讼法》，中国人民大学出版社 2011 年版。
30. 江智武：《试析当前俄罗斯政局》，载《今日东欧中亚》1998 年第 3 期。
31. 焦富民：《私法理念在〈俄罗斯联邦民法典〉中的复兴及其启示》，载《法商研究》2007 年第 6 期。
32. 黎宏:《刑法学》, 法律出版社 2012 年版。
33. 李曙光、贺丹:《破产法立法若干重大问题的国际比较》, 载《政法论坛》2004 年第 5 期。
34. 李昕:《俄罗斯民事检察制度研究》, 中国检察出版社 2012 年版。
35. 李昕:《俄罗斯新民事诉讼法评析》, 载《求是学刊》2006 年第 6 期。
36. 梁敏燕:《俄罗斯的陪审制度》, 载《长春理工大学学报》2005 年第 2 期。
37. 刘春萍、赵微主编:《当代俄罗斯法学通论》, 黑龙江人民出版社 2003 年版。
38. 刘春萍:《俄罗斯联邦行政法理论基础的变迁》, 法律出版社 2006 年版。
39. 刘春萍:《转型期的俄罗斯联邦行政法》, 法律出版社 2005 年版。
40. 刘鹏:《俄罗斯民事诉讼法的变革》, 知识产权出版社 2018 年版。
41. 刘向文、韩冰、王圭宇:《俄罗斯联邦宪法司法制度研究》, 法律出版社 2012 年版。
42. 刘向文、宋雅:《俄罗斯联邦宪政制度》, 法律出版社 1999 年版。
43. 刘向文:《谈俄罗斯联邦议会上院的改革》, 载《东欧中亚研究》2002 年第 6 期。
44. 刘旭光、蒋莉:《苏联解体以来俄罗斯东正教信仰的复兴》, 载《国际研究参考》2019 年第 8 期。
45. 刘岩:《莫斯科市长的 18 年》, 载《世界知识》2010 年第 21 期。
46. 龙长海:《俄罗斯死刑的现状及困境》, 载《中国刑事法杂志》2011 年第 8 期。
47. 龙长海:《俄罗斯刑法典的困境及原因探析》, 载《中国刑事法杂志》2012 年第 2 期。
48. 龙长海:《俄罗斯刑法罪过原则研究》, 载《刑法论丛》2018 年第 4 期。
49. 龙长海:《犯罪构成理论问题研究》, 法律出版社 2015 年版。
50. 龙长海:《社会危害性理论在原社会主义法系国家的当代命运》, 载《南京大学法律评论》2016 年第 1 期。
51. 龙长海:《俄罗斯刑法人权保障的经验及对中国的启示》, 载《刑法论丛》

2013 年第 2 期。
52. 龙宗智、杨建广主编:《刑事诉讼法》,高等教育出版社 2010 年版。
53. 卢绍君:《民族心理、社会现代化与俄罗斯的政治转型——兼论俄罗斯政治发展的未来方向》,载《俄罗斯中亚东欧研究》2012 年第 3 期。
54. 马岭:《齐玉苓案“批复”废止“理由”析》,载《法学》2009 年第 4 期。
55. 苗连营:《关于设立宪法监督专责机构的设想》,载《法商研究》1998 年第 4 期。
56. 潘素洁:《苏联模式的弊端与联盟国家解体之关系探微》,载《宁夏大学学报》(人文社会科学版)2002 年第 6 期。
57. 申健:《论苏联剧变的体制原因》,经济管理出版社 2000 年版。
58. 田飞龙:《改革宪法、秩序变迁与四十年经验》,载《法治现代化研究》2018 年第 6 期。
59. 田洪鋆:《俄罗斯国际私法立法之“变”与“不变”——兼论对我国国际私法立法思路的启示》,载《当代法学》2018 年第 1 期。
60. 王海军:《近代俄国司法改革史》,法律出版社 2016 年版。
61. 王海军:《苏维埃政权下的俄罗斯司法》,法律出版社 2016 年版。
62. 王志华:《俄罗斯公司法》,法律出版社 2010 年版。
63. 王志华:《俄罗斯与欧洲人权法院二十年:主权与人权的博弈》,载《中外法学》2016 年第 6 期。
64. 王志华:《论俄罗斯国家杜马的权力制衡功能》,载《上海政法学院学报》2019 年第 3 期。
65. 温恒国:《单一制联邦:俄罗斯国家结构的法理悖论》,载《俄罗斯中亚东欧研究》2010 年第 3 期。
66. 温恒国:《分合之间:俄罗斯行政诉讼的立法演变》,载《求是学刊》2020 年第 4 期。
67. 温恒国:《组织行政——俄罗斯行政法学的认知前提》,载《行政法论丛》2009 年第 12 卷。
68. 徐冬根、王国华、萧凯:《国际私法》,清华大学出版社 2005 年版。
69. 徐青森:《俄罗斯民事诉讼立法改革》,载《诉讼法论丛》2000 年第 4 卷。

70. 薛瑞麟：《俄罗斯刑法研究》，中国政法大学出版社 2000 年版。
71. 鄢一美：《俄罗斯当代民法研究》，中国政法大学出版社 2006 年版。
72. 鄢一美：《俄罗斯社会转型期民法再法典化》，载《中国人大》2017 年第 11 期。
73. 杨昌宇：《由俄罗斯总统选举透视其宪法实施》，载《俄罗斯中亚东欧研究》2008 年第 6 期。
74. 杨勉：《克里米亚和塞瓦斯托波尔脱乌入俄的历史背景和现实动因》，载《西伯利亚研究》2014 年第 3 期。
75. 杨晓青：《宪政与人民民主制度之比较研究》，载《红旗文稿》2013 年第 10 期。
76. 杨亚非：《俄罗斯司法改革述评》，载《法制与社会发展》1999 年第 2 期。
77. 易延友：《刑事诉讼法：规则、原理与应用》，法律出版社 2013 年版。
78. 秦前红：《“五四宪法”草案初稿中国家主席制度的雏形》，载《中国法学》2014 年第 4 期。
79. 尤晓红：《俄罗斯宪法法院研究》，中国社会科学出版社 2009 年版。
80. 於海梅：《俄罗斯法院改革初探》，载《法治现代化研究》2009 年卷。
81. 於海梅：《新世纪以来俄罗斯的法院改革——以分析三个联邦规划为视角》，载《金陵法律评论》2014 年第 2 期。
82. 於海梅译：《2013—2020 年“俄罗斯司法系统发展”联邦规划》，载《法治现代化研究》2013 年卷。
83. 於海梅译：《俄罗斯苏维埃联邦社会主义共和国司法改革构想》（上），载《金陵法律评论》2015 年春季卷。
84. 于之：《三法学博士上书质疑城市收容遣送制度》，载《天涯》2003 年第 4 期。
85. 张家慧：《俄罗斯民事诉讼法研究》，法律出版社 2004 年版。
86. 张明楷：《刑法学》（上），法律出版社 2016 年版。
87. 张树华：《过渡时期的俄罗斯社会》，新华出版社 2001 年版。
88. 张卫平：《民事诉讼法》，中国人民大学出版社 2013 年版。
89. 张祥云：《关于苏联联邦制的几点思考》，载《世界民族》2004 年第 4 期。

90. 张正钊、胡锦光主编：《行政法与行政诉讼法》，中国人民大学出版社 2009 年版。
91. 赵微：《俄罗斯联邦刑法》，法律出版社 2003 年版。
92. 邹龙妹：《俄罗斯国际私法研究》，知识产权出版社 2008 年版。
93. 刘向文译：《俄罗斯联邦行政违法法典》，中国人民大学出版社 2004 年版。
94. 黄道秀译：《俄罗斯联邦民法典》，北京大学出版社 2007 年版。
95. 黄道秀译：《俄罗斯联邦刑法典》，北京大学出版社 2008 年版。
96. 苏方道等译：《俄罗斯联邦刑事诉讼法典》，中国政法大学出版社 1999 年版。
97. 黄道秀译：《俄罗斯联邦民事诉讼法典》，人民公安大学出版社 2003 年版。

**二、俄文文献**

98. Гончаров А. А. , Маслова А. В. Гражданское право ( части Общая и Особенная). – М. : Волверс Клувер. 2010.
99. Гражданский процесс: Учебник/ Под ред. Коваленко А. Г. и др. –М. : Юридическая фирма《КОНТРАКТ》; 《ИНФРА–М》, 2008.
100. Гражданский процесс: Учебник/ Под ред. Коваленко А. Г. и др. –М. : Юридическая фирма《КОНТРАКТ》; 《ИНФРА–М》, 2008. С. 272.
101. Гражданский процесс: учебники и практикум для вузов/Под ред. Лебедева М. Ю. – Москва: Издательство Юрийт, 2019.
102. Гражданское право/Под ред. Сергеева А. П. , Толстого Ю. К. – М. : Проспект, 2005.
103. Иванов Н. Г. Уголовное право. Общая часть. М. : Издательство Юрайт, 2014.
104. Конин Н. М. Административное право России. – М. : Проспект, 2010.
105. Коробеев А. И. , Лун Чанхай. Юридическое лицо как субъект уголовной ответственности: от китайского настоящего–к российскому будущему // Уголовное право. –2009. –№ 2.
106. Кряжков В. А. , Лазарев Л. В. Конституционная юстиция в Российской Федерация. – М. : Издательство БЕК. 1998.

107. Марченко М. Н. , Дерябина Е. М. Правоведение. – М. : Проспект. 2016.
108. Наумов А. В. Российское уголовное право. Общая часть. М. , Проспект, 2018.
109. Наумов А. В. Российское уголовное право. Т. 1. Общая часть. М. : Волтерс Клувер, 2011.
110. Уголовно–процессуальное право/Под ред. Э. К. Кутуева. – СПб. : Санкт–Петербургский ун–т МВД России. 2019.
111. Уголовный процесс/отв. ред. Гриненко А. В. – М. : Норма, 2009.
112. Уголовный процесс/Под ред. Андреевой О. И. –Ростов н/Д: Феникс, 2015.
113. Энциклопедия уголовного права. Т. 3. Понятие преступления. –Издание профессора Малинина. СПб. , 2005.
114. Яковлев А. И. Основы правоведения. –М. : Издательский центр《Академия》, 2009.

# 后　记

十年弹指一挥间。在结束本书写作之际，感慨万千！

写这样一本与作者专业并非完全相关的著作，既是偶然，也是必然。2010年，我和周珩老师从俄罗斯留学归来，入职内蒙古大学法学院，随即便被派往内蒙古大学满洲里学院任教，支持满洲里学院的师资队伍。满洲里学院位于“鸡鸣闻三国”的中国最大陆路口岸满洲里市。基于这样的地理位置，满洲里学院想要培养精通俄罗斯法律的相关人才。学院希望我们两位留俄博士能够开设“俄罗斯法律概论”课程。尽管我们都是留俄的法学博士，但实际上，博士的专业面非常窄，绝非像世人所理解的留俄的法学博士即熟悉俄罗斯所有的法律制度。但是，考虑到我们的俄语优势，我们还是接下了“俄罗斯法律概论”课程的授课任务。实难想到，自从2010年开始讲授这一课程，2014年竟有缘来满洲里学院从事管理工作。机缘巧合，笔者竟然连续为内蒙古大学满洲里学院法律系的本科生讲解了十多年。随着课程的持续开设，围绕着俄罗斯主要法律制度的内容，收集到的俄文资料和汉语资料也越来越多，课件也越做越完善。特别是，随后我们为研究生讲授《比较刑法学》《外国宪法学》等课程，我越发意识到，尽管我国学术界有一批学者研究俄罗斯法律制度，但目前恰恰缺少一部较为通俗易懂的俄罗斯法律制度方面的著作。在我们所收集的关于俄罗斯法律制度的著作中，较为全面介绍俄罗斯法律制度的书，还是早在2003年由刘春萍教授和赵微教授主编的《当代俄罗斯法学通论》。如此算来，距今已经过去了17年。这期间，国际形势风云变幻，中俄各领域的合作也越来越紧密，中国到俄罗斯经商、办企业、旅游、留学的人越来越多。然而，这些人中，有多少人了解俄罗斯呢？在我们看来，了解一个国家，首先需要了解该国的法律制度。一国的法律制度，代表着该国的运行模式和在该国中的人所应遵守的行为规则，这也就是法律上讲的属地管辖原则。然而，很多中国人到俄罗斯后，基本处于对俄罗斯法律制度完全不了解的状态。这也造成了中俄合作过程中，出现过各种各样的波折。基于这样的原因，在讲授“俄罗斯法律概论”课程的过程中，我们有意识地收集中俄文资料，边讲解课程，边整理书稿，逐渐汇集成本书。尽管这是一部全面讲解当代俄罗斯法律制度的著作，但由于俄罗斯法律规范修改变化速度极快，作者没能也不可能将所有最新的俄罗斯法律规范涵盖进来，我们希望结合俄罗斯现行立法和法律基本理论来撰写的这部著作，能够使读者了解俄罗斯国家运行的概貌，了解俄罗斯社会运转的基本规则。完成这本书，尽管耗费了我们大量精力，但本书的不足之处在所难免，还请各位读者多多批评指正。本书的前言、第二编、第五编第二章、后记部分由龙长海负责完成，本书的第一编、第三编、第四编、第五编第一、三、四章由周珩负责完成。

本书能够最终问世，我们要感谢为其出版提供帮助的人们。在本书的写作过程中，内蒙古大学满洲里学院法律系的学生帮助我们整理了文字材料，我们指导的研究生及内蒙古大学满洲里学院的张惠娟、高思洋、刁秀春老师帮忙校对了本书的书稿。鉴于人数较多，这里就不一一列出了。本书能够最终出版，要特别感谢国内研究俄罗斯法的学者们，正是各位在不同研究领域的著作，为我们写作这本书提供了翔实的资料。对相关专家学者的著作，我们在写作过程中均作出了引注。但由于时间跨度较长，遗漏之处在所难免，还请各位俄罗斯法学界专家学者海涵。以中国政法大学黄道秀教授为代表的俄罗斯法学界的同仁，对俄罗斯主要法律制度的翻译，也为本书的写作提供了便利。在写作过程中，我们在参考译文的同时，也与俄文进行了校对。所用翻译的法典，在本书参考文献中一一列出，在此表示感谢。本书能够出版，还要感谢内蒙古大学法学院在资金方面的支持，感谢法学院领导对我们的关心关爱！当代世界出版社的张阳女士，为本书的出版付出了艰辛劳动，在此一并表示感谢！

我们真诚期望本书的出版，能够增进国人对俄罗斯法律制度的了解，为中俄合作贡献一份绵薄之力，但不足之处在所难免，还请各位同仁批评指正！

龙长海

2020 年 9 月 20 日

**图书在版编目（ＣＩＰ）数据**

当代俄罗斯法律制度概述/周珩，龙长海著. —北京：当代世界出版社，2021.6
ISBN 978-7-5090-1552-0

Ⅰ. ①当… Ⅱ. ①周… ②龙… Ⅲ. ①法制—概论—俄罗斯 Ⅳ. ①D951.2

中国版本图书馆 CIP 数据核字(2020)第 236669 号

**书　　名**：当代俄罗斯法律制度概述
**出版发行**：当代世界出版社
**地　　址**：北京市东城区地安门东大街 70-9 号
**网　　址**：http://www.worldpress.org.cn
**邮　　箱**：ddsjchubanshe@ 163.com
**编务电话**：（010）83907528
**发行电话**：（010）83908410
**经　　销**：新华书店
**印　　刷**：北京虎彩文化传播有限公司
**开　　本**：720 毫米×960 毫米　1/16
**印　　张**：16. 75
**字　　数**：264 千字
**版　　次**：2021 年 6 月第 1 版
**印　　次**：2021 年 6 月第 1 次
**书　　号**：978-7-5090-1552-0
**定　　价**：72. 00 元